Diretora de Conteúdo e Operações Editoriais
JULIANA MAYUMI ONO

Gerente de Conteúdo
ANDRÉIA R. SCHNEIDER NUNES CARVALHAES

Editorial: Aline Marchesi da Silva, Camilla Sampaio, Emanuel Silva, Karolina de Albuquerque Araújo Martino e Quenia Becker

Gerente de Conteúdo Tax: Vanessa Miranda de M. Pereira

Direitos Autorais: Viviane M. C. Carmezim

Assistente de Conteúdo Editorial: Juliana Menezes Drumond

Analista de Conteúdo Editorial Júnior: Bárbara Baraldi

Estagiários: Aline Pavanelli, Ana Carolina Francisco e Francisco Prado

Produção Editorial
Gerente de Conteúdo
MILISA CRISTINE ROMERA

Especialistas Editoriais: Gabriele Lais Sant'Anna dos Santos e Maria Angélica Leite

Analista de Projetos: Thyara Pina da Silva

Analistas de Operações Editoriais: Damares Regina Felício, Danielle Castro de Morais, Mariana Plastino Andrade, Mayara Macioni Pinto e Patrícia Melhado Navarra

Analistas de Qualidade Editorial: Ana Paula Cavalcanti, Gabriela Cavalcante Lino e Victória Menezes Pereira

Estagiárias: Caroline Dubovicki, Michelle Kwan e Thabata Flausino de Almeida

Capa: Linotec

Líder de Inovações de Conteúdo para Print
CAMILLA FUREGATO DA SILVA

Equipe de Conteúdo Digital
Coordenação
MARCELLO ANTONIO MASTROROSA PEDRO

Analistas: Gabriel George Martins, Jonatan Souza, Maria Cristina Lopes Araujo e Rodrigo Araujo

Gerente de Operações e Produção Gráfica
MAURICIO ALVES MONTE

Analistas de Produção Gráfica: Aline Ferrarezi Regis e Jéssica Maria Ferreira Bueno

Assistente de Produção Gráfica: Ana Paula de Araújo Evangelista

---

Dados Internacionais de Catalogação na Publicação (CIP)
(Câmara Brasileira do Livro, SP, Brasil)

Vale, Luís Manoel Borges do
    Teoria geral do processo tecnológico / Luís Manoel Borges do Vale, João Sergio dos Santos Soares Pereira. -- São Paulo : Thomson Reuters Brasil, 2023.

    Bibliografia
    ISBN 978-65-260-0396-1

    1. Processo civil 2. Processo civil - Brasil I. Pereira, João Sergio dos Santos Soares. II. Título

22-138394   CDU-347.9(81)

Índices para catálogo sistemático:
1. Brasil : Processo civil 347.9(81)
Eliete Marques da Silva - Bibliotecária - CRB-8/9380

LUÍS MANOEL BORGES DO VALE
JOÃO SERGIO DOS SANTOS SOARES PEREIRA

TEORIA GERAL DO
PROCESSO
TECNOLÓGICO

2ª tiragem

Dierle NUNES
Prefácio

Luiz Guilherme MARINONI
Posfácio

THOMSON REUTERS
REVISTA DOS TRIBUNAIS™

TEORIA GERAL DO PROCESSO TECNOLÓGICO

Luís Manoel Borges do Vale
João Sergio dos Santos Soares Pereira

2ª tiragem

1ª tiragem: janeiro/2023.

© desta edição [2023]

Thomson Reuters Brasil Conteúdo e Tecnologia Ltda.

Juliana Mayumi Ono
Diretora Responsável

Av. Dr. Cardoso de Melo, 1855 – 13º andar – Vila Olímpia
CEP 04548-005, São Paulo, SP, Brasil

TODOS OS DIREITOS RESERVADOS. Proibida a reprodução total ou parcial, por qualquer meio ou processo, especialmente por sistemas gráficos, microfílmicos, fotográficos, reprográficos, fonográficos, videográficos. Vedada a memorização e/ou a recuperação total ou parcial, bem como a inclusão de qualquer parte desta obra em qualquer sistema de processamento de dados. Essas proibições aplicam-se também às características gráficas da obra e à sua editoração. A violação dos direitos autorais é punível como crime (art. 184 e parágrafos, do Código Penal), com pena de prisão e multa, conjuntamente com busca e apreensão e indenizações diversas (arts. 101 a 110 da Lei 9.610, de 19.02.1998, Lei dos Direitos Autorais).

Os autores gozam da mais ampla liberdade de opinião e de crítica, cabendo-lhes a responsabilidade das ideias e dos conceitos emitidos em seus trabalhos.

Central de Relacionamento Thomson Reuters Selo Revista dos Tribunais
(atendimento, em dias úteis, das 09h às 18h)
Tel. 0800-702-2433
e-mail de atendimento ao consumidor: sacrt@thomsonreuters.com
e-mail para submissão dos originais: aval.livro@thomsonreuters.com
Conheça mais sobre Thomson Reuters: www.thomsonreuters.com.br
Acesse o nosso *eComm*
www.livrariart.com.br
Impresso no Brasil [04-2023]
Profissional/Universitário
Fechamento desta edição [21.11.2022]

ISBN 978-65-260-0396-1

Este livro é dedicado aos que me fazem compreender que o amor, em todas as dimensões, pode ser infinito: Arthur (filho), Rafaela (filha), Sheyla (esposa), Ana Maria (mãe), Almir do Vale (pai), Neusa (avó materna), Talgíbia (avó paterna), Paulo Henrique (irmão), José Vilson (irmão) e Suely (sogra). Agradeço, ainda, a amizade e parceria do querido coautor João. Por fim, ressalto que este livro é fruto de reflexões hauridas nos bancos da Universidade de Brasília – UnB, que merece ser cada vez mais valorizada.

LUÍS MANOEL BORGES DO VALE

Dedico este livro aos meus pais, João e Elce, Antônio Jesus, Sam, Luke, aos queridos Professores Dierle Nunes, Flávio Pedron, Georges Abboud, Alexandre Moraes da Rosa, Juliano Maranhão, Fabiano Hartmann e Débora Bonat, à Universidade Pública de qualidade, UnB, e à celebração da amizade com o coautor desta obra, Luís Vale.

JOÃO SERGIO DOS SANTOS SOARES PEREIRA

PREFÁCIO

Uma obra essencial!

Há bastante tempo venho defendendo a necessidade de se perceber a virada tecnológica no Direito Processual, na medida em que as Tecnologias de Informação e Comunicação vêm produzindo uma verdadeira ruptura da visão tradicional do Processo em face das nossas interações Onlife,[1] nas quais as experiências reais e virtuais se fundem.

Tal virada, como as anteriores,[2] induz uma sensível necessidade de releitura dos institutos do Direito Processual desde a propedêutica, passando pela revisitação das interações entre os sujeitos processuais, modificações procedimentais até novos designs de resolução de disputas.

Nesses termos, não é possível mais se crer que as tecnologias digitais poderão ser compreendidas apenas como novos instrumentos a se promover as interações processuais.

Tanto que no monumental "global access to justice Project" já se alude a uma sexta onda do acesso à justiça acerca dessas novas tecnologias.[3]

---

1. "As TICs – tecnologias de informação e comunicação – não são meras ferramentas, mas sim forças sociais que estão afetando cada vez mais nossa autoconcepção (quem somos), nossas interações mútuas (como nos socializamos); nossa concepção da realidade (nossa metafísica); e nossas interações com a realidade (nossa agência). Em cada caso, as TICs têm um enorme significado ético, legal e político, mas com o qual começamos a chegar a um acordo apenas recentemente" FLORIDI, Luciano. **The Onlife Manifesto: Being Human in a Hyperconnected Era.** Oxford: Springer, 2015.
2. Como a virada constitucional do 2º pós-guerra, a virada linguística-ontológica na Filosofia e a virada cognitiva empreendida pelas percepções dos vieses e heurística a partir da psicologia comportamental da década de 1970.
3. Em verdade, apresentam-se quatro novas ondas a serem estudadas: a) a quarta onda, relacionada à ética profissional jurídica e ao acesso dos advogados à justiça; b) a quinta, referente ao processo contemporâneo de internacionalização da proteção dos direitos humanos; c) a sexta onda, que diz respeito a iniciativas promissoras e novas tecnologias para melhorar o acesso à justiça; e d) a sétima onda, preocupada com a desigualdade racial e de gênero nos sistemas de justiça. Cf. PATERSON, Alan; GARTH, Bryant; ALVES, Cleber; ESTEVES, Diogo; JOHNSON JR., Earl (eds.). **Access to Justice. Global Access to Justice Project**, 2020.

Trata-se, assim, de um novo horizonte interpretativo que induz uma abordagem multidisciplinar e panorâmica do direito processual,[4] na qual não podemos mais nos ater somente ao estudo da legislação e da dogmática como tradicionalmente se faz.

No entanto, e infelizmente, adaptando a frase do poeta, o mundo está bem mais complicado e muito poucos repararam.

Ocorre que, para nossa alegria, essa não é uma "miopia" que atinge os autores desta maravilhosa obra.

Venho acompanhando os trabalhos acadêmicos de João e Vale de perto e percebendo neles toda inquietação necessária que a pesquisa das conexões entre o Direito e a Tecnologia exige.

Nesta obra introdutória de "Processo civil e Inteligência Artificial", os autores brindam os leitores das discussões mais recentes e tormentosas que permeiam os debates mundiais acerca do tema.

De início, apresentam os conceitos técnicos essenciais da grande área científica da Inteligência Artificial, mostrando a capacidade que os modelos de IA possuem de promover deduções lógicas, inferências e correlações estatísticas que dimensionam um incontável número de problemas de nosso cotidiano através de novas formas de agir.[5]

Big data, Data Set, Machine learning etc. são apresentados aos leitores com a leveza de que se precisa, de modo a permitir que os não iniciados possam compreender aspectos elementares das discussões jurídicas e aplicações jurídicas que se seguirão.

E, apesar de a obra se destinar às aplicações das tecnologias ao processo civil, ela não se omite em provocar reflexões atinentes a outras áreas, como direito civil, constitucional, eleitoral e penal.

No âmago da proposta, dissertam sobre um novo modelo constitucional de processo tecnológico, abordando o Constitucionalismo digital, o devido processo tecnológico, o contraditório tecnológico, a publicidade algorítmica e outras interações que a virada impõe à propedêutica da ciência processual.

Propõem diálogos imprescindíveis entre institutos tradicionais, como a competência, as provas, os procedimentos especiais, a execução, os negócios jurídicos processuais e os precedentes com as novas tecnologias.

Adentram no tormentoso tema dos sistemas de decisões algorítmicas (SDAs)[6] e da teoria da decisão judicial, com abordagens que convidarão os leitores a grandes ilações.

---

4. Que nomino de processualismo constitucional democrático.
5. FLORIDI, Luciano. *Etica dell'Intelligenza artificiale: sviluppi, opportunità, sfide*. Milano, Raffaelo Cortina Editore, 2022. p. 26.
6. FERRARI, Isabela. *Discriminação algorítmica e Poder Judiciário: limites à adoção de sistemas de decisões algorítmicas no Judiciário brasileiro*. Rio de Janeiro: UERJ, 2022. Tese de doutoramento.

Promovem o necessário debate da Justiça digital no que tange ao delineamento das *On-line Dispute Resolutions* e dos Tribunais On-line no Brasil e no mundo, mostrando as principais tendências e aplicações.

E, ao final, apresentam algumas provocações acerca do futuro do processo civil, inclusive já discutindo os impactos do Metaverso.

Trata-se, como disse no princípio, de mais uma obra essencial para todas e todos que desejam se inteirar dos diálogos entre o direito processual e as novas tecnologias.

Uma excelente leitura!

Belo Horizonte, final de dezembro de 2022.

Dierle Nunes
Advogado e Professor.

SUMÁRIO

PREFÁCIO.. 7

INTRODUÇÃO.. 15

I. NOÇÕES GERAIS DE INTELIGÊNCIA ARTIFICIAL................................ 19
    I.1   Os caminhos do presente e a mudança de paradigmas........................ 19
    I.2   Delineamento histórico e o conceito de Inteligência Artificial 20
    I.3   Inteligência Artificial fraca e forte/geral e específica............................ 22
    I.4   *Big data*. Dados estruturados e não estruturados. *Data mining. Dataset* e a jurimetria... 23
    I.5   *Machine learning* (supervisionado, não supervisionado/por reforço). *Deep learning*. Processamento de linguagem natural 25

II. INTELIGÊNCIA ARTIFICIAL E DIREITO... 33
    II.1   A democracia e o contexto eleitoral... 33
    II.2   O Direito Civil e seus dilemas: Direito autoral, intelectual, *smart contracts* ou contratos inteligentes, *blockchain* e Internet das coisas (*IoT*)............ 34
    II.3   A Inteligência Artificial e o Direito do Trabalho: a necessária atenção às aplicações discriminatórias 37
    II.4   O Direito Penal e os aparatos tecnológicos: vieses contemporâneos....... 40
    II.5   Influxos tecnológicos no âmbito do Direito Administrativo................... 42

III. PROCESSO CIVIL, AUTOMAÇÕES E INTELIGÊNCIA ARTIFICIAL........... 53
    III.1   Inteligência Artificial e normas fundamentais 54
        III.1.1   Os novos tempos do Constitucionalismo Digital e o Direito Processual 54
        III.1.2   Elementos tradicionais das normas processuais fundamentais 56
            III.1.2.1   Do Direito Constitucional ao processo justo............ 56
            III.1.2.2   O devido processo legal e suas cláusulas essenciais ... 57
        III.1.3   Por uma refundação das normas processuais fundamentais: a análise do Devido Processo Legal Tecnológico 61
            III.1.3.1   A isonomia processual no cenário de disrupção tecnológica 66

		III.1.3.1.1	Inteligência Artificial e litigância habitual: como garantir isonomia na Era Digital?	67
	III.1.3.2		Contraditório tecnológico	68
	III.1.3.3		Acesso à justiça e novas tecnologias	70
		III.1.3.3.1	Os núcleos 4.0, os vulneráveis digitais e o Acesso à Justiça	71
	III.1.3.4		Publicidade algorítmica	73
	III.1.3.5		Uma síntese conclusiva reflexiva pela refundação do cenário processual contemporâneo	74
III.2	Novas tecnologias e o redesenho da competência territorial			75
III.3	Negócio jurídico processual e Inteligência Artificial			78
III.4	Inteligência Artificial e precedentes			84
	III.4.1		Considerações gerais sobre o sistema de precedentes do CPC	84
	III.4.2		Modelos de julgamentos e o problema da extração da *ratio decidendi*	88
	III.4.3		Contornos da aplicação tecnológica dos precedentes judiciais e a necessidade de estabelecimento de novos parâmetros teóricos	91
	III.4.4		O devido processo legal tecnológico e os precedentes judiciais	101
	III.4.5		Consideração final: padrões advindos de formação e aplicação responsivos e não apenas da lógica "acabar com a quantidade de processos", por meio de técnicas de IA	102
III.5	Inteligência Artificial e teoria da decisão judicial			103
	III.5.1		Teoria da decisão judicial enquanto problema da teoria do direito	103
	III.5.2		Integridade, coerência, estabilidade, fundamentação adequada, contraditório substancial: condições de possibilidade para decisões democráticas	104
	III.5.3		A Inteligência Artificial enquanto elemento de controle de subjetividades para o alcance das intersubjetividades cooperativas	105
	III.5.4		Juiz robô?	106
III.6	Inteligência Artificial, novas tecnologias e direito probatório			106
	III.6.1		A prova enquanto âmago do processo: conceito, modelo cooperativo de aquisição e produção, meios, ônus e as interações tecnológicas	106
	III.6.2		Prova digital	111
	III.6.3		Limites à aquisição, produção e valoração probatória	111
	III.6.4		Refundação das fontes de prova e a interconexão digital: Redes sociais, *WhastApp, Instagram, Facebook, Twitter, Printscreen, Telegram, Microsoft Teams, Zoom,* e-mail e as pegadas digitais (*logs*)	114
	III.6.5		A prova pericial e o *blockchain*	118

III.7	Inteligência Artificial e execução	124
III.8	Inteligência Artificial e procedimentos especiais	127
	III.8.1 Inteligência Artificial e execução fiscal	127
	III.8.1.1 Panorama da execução fiscal e o delineamento de sua crise	127
	III.8.1.2 Redesenho da execução fiscal, com base nos sistemas de inteligência artificial	131
	III.8.2 Inteligência Artificial e procedimentos de falência e recuperação judicial	134
III.9	Inteligência Artificial e meios adequados à resolução de conflitos	135
III.10	Cortes *online*	141
	III.10.1 Experiência brasileira e o plenário virtual: da repercussão geral ao julgamento total dos casos sob análise no Supremo Tribunal Federal	144

IV. O FUTURO DO PROCESSO 157

IV.1	Mudanças advindas do ambiente virtual e suas implicações	157
IV.2	A expansão das Cortes *online*, o Juízo 100% digital, os Núcleos de Justiça 4.0 e a base nacional de dados estatísticos do Poder Judiciário	158
IV.3	Uma Justiça com olhares para o jurisdicionado: o *design* de sistemas, *legal design* e *visual law*	160
IV.4	Ampliação de uso e desenvolvimento de técnicas de automação e Inteligência Artificial no trato de atividades, atos e fatos repetitivos no processo	165
IV.5	O necessário aprimoramento de instrumentos tecnológicos na fase executiva	165
IV.6	A mineração de dados, processos, *analytics*, jurimetria, análise preditiva e a preocupação com a assimetria informacional	166
IV.7	O acesso à justiça, o processo e o metaverso: dilemas e oportunidades	168
IV.8	Uma palavra final: quando o inevitável e irrefreável deve ser operado a nosso favor	172

POSFÁCIO 175

REFERÊNCIAS BIBLIOGRÁFICAS 177

INTRODUÇÃO

A disrupção do atual momento tem exigido não apenas adaptações ou ajustes na forma de pensar do jurista moderno, mas uma verdadeira reengenharia jurídica. As respostas tradicionais não são suficientes à solução dos problemas erigidos no cotidiano, principalmente com a disseminação de novas tecnologias e seus naturais influxos no Direito. Desse modo, devem ser repensados os institutos jurídicos tradicionais, a fim de que se adaptem ao novo contexto.

Vivemos, assim, segundo Klaus Schwab[1], a chamada quarta revolução industrial, cujo pilar estruturante é a profusão de tecnologias paradigmáticas (internet das coisas, *blockchain*, inteligência artificial, entre outras) capazes de alterar a forma como lidamos com os mundos físico, digital e biológico. Não há mais fronteiras entre o *online* e o *offline*, de tal modo que, a todo instante, estamos conectados.

A velocidade de transformação é imensurável e torna obsoleta hoje o que ontem se erigiu como novidade implacável. Além disso, as ferramentas digitais desenvolvidas passam a absorver o trabalho cognitivo do homem, diferente do que se vislumbrou nas revoluções industriais pretéritas. Nesse sentido, a ideia de que a atividade intelectiva é fruto, exclusivamente, das conexões cerebrais humanas é desconstruída e passa a dar lugar à atuação das redes neurais computacionais.

Quem poderia imaginar que *softwares* sofisticados seriam capazes de desenvolver textos complexos, através da leitura de padrões e aprendizado contínuo, valendo-se, como sustentáculo, de uma robusta base de dados estruturada? Cogitar a ideia de um aprendizado de máquina (*machine learning*), para a solução de problemas de elevada indagação, parecia algo distante das nossas mentes ainda envoltas por uma cápsula de evolução retardatária. É comum pensar que o futuro nunca chegará para você e que, portanto, as mesmas atividades serão desenvolvidas como antes.

Ocorre que o futuro já é presente e muitos ainda estão presos em amarras que não lhes permitem mudar a forma de encarar os problemas, sejam eles velhos ou novos. É como os nossos predecessores que relutavam em incorporar, em seus ofícios, os computadores, pois a máquina de escrever ainda parecia a solução mais eficiente para a produção de textos.

---

1. SCHWAB, Klaus. *Aplicando a quarta revolução industrial*. Edipro. São Paulo, 2018.

A resistência ao novo gera crises das mais diversas, pois somos levados a procrastinar a busca por soluções de problemas que, ou são incipientes, ou sequer existem. Como sabiamente estampam os jargões populares: "Você não deve olhar para onde a bola está, mas sim para onde ela estará!"

Nesse contexto, é preocupante como os juristas, em certa medida, tem desprezado o problema da incorporação de soluções tecnológicas revolucionárias, no Direito. Ainda gera perplexidade, por exemplo, o debate sobre os seguintes temas:

a) Opacidade algorítmica;
b) Adoção de modelos preditivos para a definição de estratégias processuais;
c) Enviesamento algoritmo;
d) Cortes *online*;
e) Aplicação automatizada de precedentes obrigatórios;
f) Processamento de linguagem natural e leitura de documentos, para fins de análise probatória;
g) Tomada de decisão judicial por máquinas;
h) Direitos autorais de produções criadas por sistemas informatizados;
i) *Smart contracts*;
j) *Online dispute resolution* – ODR´s; e
k) Algoritmos não supervisionados e sua aplicação no Direito.

Mais especificamente, no âmbito do Direito Processual Civil, já não bastasse o avanço paulatino do uso da inteligência artificial, com o escopo de mudar a concepção de como se praticam determinados atos, o estado de pandemia serviu como catalisador da absorção de novas tecnologias. Nessa linha de intelecção, ampliou-se o espectro de debate sobre qual é o modelo adequado de uma Corte *online* que, efetivamente, guarnece os direitos e as garantias processuais constitucionais.

É imprescindível, assim, rememorar que a ideia de uma Justiça Digital[2] pressupõe um redesenho do sistema de tratamento de conflitos, que vai muito além da mera transposição de atos do mundo físico para o mundo eletrônico. Faz-se necessário instituir ferramentas que possam prevenir a litigiosidade e estimular a autocomposição, através de plataformas desburocratizadas, eficientes e acessíveis a todos, sem descurar da preocupação com o usuário, o seu olhar, sentimentos e aflições.

Diante do exposto, o presente livro se propõe a discutir como a inteligência artificial e outras tecnologias disruptivas modificaram o modelo de processo tradicional e o perfil de litigância, no Brasil.

Nosso objetivo é fornecer ao leitor noções que reputamos fundamentais para a análise das mudanças que vêm sofrendo o nosso Direito Processual contemporâneo, cada vez mais virtualizado, digital. A observação do fenômeno da virada

---

2. KATSH, Ethan; RABINOVICH-EINY, Orna. *Digital Justice*: technology and the internet of dispute. Oxford University Press. 2017.

tecnológica do direito processual[3] é imprescindível para qualquer profissional jurídico, na atualidade.

Fechar os olhos para essa realidade é negar as evidências de que a tecnologia tem muito a nos oferecer, desde que a utilizemos com a devida consciência ética, parametrizada a partir do ser humano.

Desse modo, sob o viés tecnológico, serão analisadas as normas fundamentais encartadas no Código de Processo Civil, o sistema probatório, a teoria da decisão judicial, o sistema de precedentes judiciais, a execução, o novo perfil do litigante habitual, o modelo de Cortes *Online*, os meios adequados de resolução de conflitos, entre outros temas caros à compreensão da nova era processual.

Busca-se, assim, sair do lugar comum e enfrentar um tema de substancial importância, mas que, salvos boas exceções, tem passado ao largo da doutrina.

Espera-se que o livro sirva de reflexão, para que possamos descortinar, com segurança, o Processo Civil tecnológico.

---

3. NUNES, Dierle; BAHIA, Alexandre; PEDRON, Flávio Quinaud. *Teoria geral do processo:* com comentários sobre a virada tecnológica no direito processual. Salvador: JusPodivm, 2020.

I
NOÇÕES GERAIS DE INTELIGÊNCIA ARTIFICIAL

SUMÁRIO: I.1 Os caminhos do presente e a mudança de paradigmas. I.2 Delineamento histórico e o conceito de Inteligência Artificial. I.3 Inteligência Artificial fraca e forte/geral e específica. I.4 *Big data*. Dados estruturados e não estruturados. *Data mining. Dataset* e a jurimetria. I.5 *Machine learning* (supervisionado, não supervisionado/por reforço). *Deep learning*. Processamento de linguagem natural.

I.1 Os caminhos do presente e a mudança de paradigmas

A cada dia que passa, revela-se mais perceptível. Vivemos um período de completa ruptura de paradigmas tradicionais. Os traços fundamentais desse novo cenário, sem dúvida, são a velocidade de transformação[1] e a possibilidade de execução de tarefas humanas cognitivas por sistemas computacionais, por via do que se denominou chamar de inteligência artificial.

Nenhuma área ficou imune aos influxos desse contexto, de tal sorte que o Direito foi sobremaneira afetado e, atualmente, é preciso repensar uma série de institutos jurídicos à luz, principalmente, das novas tecnologias. Por necessário, citam-se alguns exemplos:

a) Com a expansão do uso de veículos autônomos, deve-se prospectar o redesenho da responsabilidade civil[2]. Afinal de contas, em caso de colisão, quem será responsabilizado? O fabricante do automóvel, o dono do automóvel ou o desenvolvedor do *software*?[3];

b) As relações consumeristas precisam ser reanalisadas, pois, hodiernamente, é comum o uso de dados pessoais para, através de ferramentas de

---

1. A efetiva consolidação da Lei de Moore, a qual prevê que a capacidade computacional dobra, a cada período de 18 meses a dois anos, contribui para o delineamento de um contexto de extrema velocidade transformacional.
2. NAVARRO, Susana Navas *et al. Inteligencia artificial: tecnologia/derecho*. Tirant Lo Blanch. Valencia, 2017.
3. TEPEDINO, Gustavo; SILVA, Rodrigo da Guia. *Inteligência artificial e responsabilidade civil*. FRAZÃO, Ana; MULHOLLAND, Caitlin (coord.). Inteligência artificial e direito: ética, regulação e responsabilidade. Revista dos Tribunais. São Paulo, 2019.

inteligência artificial, direcionar a publicidade ou promover filtros para a concessão de créditos por bancos[4];
c) O Direito Notarial sofre os influxos do uso do *blockchain* como ferramenta segura de registro informacional;
d) O Direito do Trabalho tem que se readaptar às novas formas de interação entre empregado e empregador, a fim de esquadrinhar os limites do poder diretivo;
e) É imperioso debater os contornos dos direitos autorais, quando a produção for gestada por um sistema computacional;
f) O direito administrativo reavaliará a forma de prestação dos serviços públicos, através do uso de sistemas informatizados[5];
g) O direito processual, mormente em razão da pandemia, tem que consolidar modelos de Cortes on-line que, de fato, possam efetivar as garantias processuais constitucionais;
h) O direito penal é instado a tipificar novas condutas delituosas decorrentes do uso das tecnologias disruptivas e
i) O direito tributário precisa se valer de novas ferramentas de tributação, em face, por exemplo, da utilização de criptomoedas.

Centrar-se-á a atenção, no presente livro, na crescente aplicabilidade de ferramentas de inteligência artificial – IA para a prática de atos processuais (por vezes, as aplicações se revelam mais como virtualizações e/ou automações do que IA propriamente dita, mas não afastam o perfil de alterações que vêm sendo desenvolvidas no campo processual), uma vez que a referida mudança de postura tem ocasionado problemas de ordem prática que repercutem, diretamente, nos preceitos constitucionais inerentes ao processo.

A princípio, para a adequada compreensão do tema, faz-se necessário estabelecer um delineamento histórico a fim de conferir a base conceitual mínima sobre os aspectos relacionados à inteligência artificial.

I.2 Delineamento histórico e o conceito de Inteligência Artificial

A ideia acerca da possibilidade de máquinas atuarem de maneira equivalentes a humanos não é nova e tem como um dos seus marcos o artigo intitulado *Computing Machinery and Intelligence*,[6] da lavra de Alan Turing. Escrito em 1950, o texto, em

---

4. Nesse sentido, vale a transcrição do art. 20 da Lei Geral de Proteção de Dados (Lei 13.709/2018): Art. 20. O titular dos dados tem direito a solicitar a revisão de decisões tomadas unicamente com base em tratamento automatizado de dados pessoais que afetem seus interesses, incluídas as decisões destinadas a definir o seu perfil pessoal, profissional, de consumo e de crédito ou os aspectos de sua personalidade.
5. RAMIÓ, Carles. *Inteligencia artificial y administración pública: robots y humanos compartiendo el servicio público*. Catarata. Madrid, 2019.
6. TURING, Alan. *Computing Machinery and Intelligence*. Disponível em: https://academic.oup.com/mind/article/LIX/236/433/986238. Acesso em: 21/06/2022.

suas linhas introdutórias, trazia a seguinte reflexão: As máquinas podem pensar? O questionamento lançava luzes sobre as capacidades computacionais e deu ensejo ao famoso teste de Turing, cujos termos propõem a mensuração do comportamento inteligente da máquina, quando em interação com o ser humano. Assim, caso um indivíduo estabelecesse uma interlocução com um sistema computacional e não tivesse condições de afirmar que estava diante de uma máquina, comprovar-se-ia, em certa medida, os traços inteligentes do *software*.

A despeito da posição de vanguarda de Turing, ele não cunhou a expressão inteligência artificial, a qual deriva da conferência "*Dartmouth Summer Research Project on Artificial Intelligence*", cujos expoentes foram John McCarthy, M.L Minsky, N. Rochester e C.E Shannon. O escopo do encontro científico era averiguar a possibilidade de máquinas realizarem atividades tipicamente atribuídas a humanos[7].

Nesse sentido, a despeito de algumas controvérsias, autores compreendem a inteligência artificial como a capacidade de sistemas computacionais realizarem ações que exigem esforço cognitivo[8], através do processamento de dados. Não obstante, é válido adotar, para os fins da presente obra, o conceito cunhado pela Organização para a Cooperação e Desenvolvimento Econômico (OCDE)[9]:

> "Um sistema baseado em máquinas que pode, para um determinado conjunto de objetivos definidos pelo homem, fazer previsões, recomendações ou decisões que influenciam ambientes reais ou virtuais. Ele usa inputs baseados em máquinas e/ou humanos para perceber ambientes reais e/ou virtuais; abstrair tais percepções em modelos (de forma automatizada, por exemplo, com o

---

7. Disponível em: http://jmc.stanford.edu/articles/dartmouth/dartmouth.pdf. Acesso em: 21/06/2022, às 9:27.
8. BELLMAN, Richard. *em introduction to Artificial Intelligence*: Can Computer Think? Boyd & Frase, 1978, *apud* RUSSEL, Stuart J.; NORVIG, Peter. *Artificial Intelligence*. A Modern Approach. 3 ed. India: Person Indian Education Services, 2010.
FENOLL, Jordi Nieva. *Inteligencia artificial y processo judicial*. Marcial Pons. Madrid, 2018, p. 20.
9. OECD. Artificial Intelligence in Society, (2019), p. 15, https://nam12.safelinks.protection.outlook.com/?url=https%3A%2F%2Fread.oecd-ilibrary.org%2Fscience-and-technology%2Fartificial-intelligence-in&data=05%7C01%7C%7C8354ef912bc1451ad97808da716e758a%7C84df9e7fe9f640afb435aaaaaaaaaaaa%7C1%7C0%7C637947016484044203%7CUnknown%7CTWFpbGZsb3d8eyJWIjoiMC4wLjAwMDAiLCJQIjoiV2luMzIiLCJBTiI6Ik1haWwiLCJXVCI6Mn0%3D%7C3000%7C%7C%7C&sdata=PlHN6YvoXxqis19KJoAlwPh2NZj67ZSrJQkXqAkVaEc%3D&reserved=0society_eedfee77-en#page127. Acesso em: 29 jul. 2022.
HELLO, World: Artificial intelligence and its use in the public sector, publicado pela Organização para a Cooperação e Desenvolvimento Econômico (OCDE) (2019) e disponível em https://www.oecd.org/gov/innovativegovernment/working-paper-hello-world-artificial-intelligence-and-its-use-in-the-public-sector.htm?utm_content=buffer2b1a0&utm_medium=social&utm_source=facebook.com&utm_campaign=buffer.

ML [Machine Learning] ou manualmente); e usar a inferência de modelos para formular opções de informação ou ação. Os sistemas de IA são projetados para operar com diferentes níveis de autonomia".

Mesmo que os contornos estruturais da inteligência artificial tenham surgido na década de cinquenta, como apontado em linhas pretéritas, seu desenvolvimento exponencial apenas ocorreu no século XXI, mormente em razão da ampliação da capacidade computacional e da produção de dados em escala exponencial.

Por essa razão, até que chegássemos à fase atual da inteligência artificial, esta passou por períodos de entusiasmo e retração, consoante dispõe Nick Bostrom[10]: "Nas seis décadas seguintes a esse início audacioso, o campo da inteligência artificial passou por períodos de expectativas exageradas alternados com períodos de recuos e decepções".

O momento é de entusiasmo, em nosso País, com o uso e desenvolvimento da Inteligência Artificial, nos mais diversos campos. Por vezes, no entanto, esse entusiasmo não se correlaciona às reflexões necessárias que devem ser realizadas quando pensamos nesse tema (a exemplo das discussões de seu uso ético, responsável e transparente). Ao decorrer desta obra, buscamos tratar sobre eles. Mas, antes, continuemos em nossa análise preliminar conceitual fundamental.

I.3 Inteligência Artificial fraca e forte/geral e específica

É salutar, no presente contexto, diferenciar o que se tem denominado de inteligência artificial forte ou geral (também denominada de singularidade) da inteligência artificial fraca ou específica.

Com o avanço dos estudos da inteligência artificial sempre se pensou na construção de uma eventual ferramenta que tivesse a capacidade de compreensão ampla sobre todos os assuntos, tal qual um ser humano. É o que Nick Bostrom[11], por exemplo, denomina de superinteligência e que, a princípio, teria o potencial não apenas de se igualar aos indivíduos, mas de superá-los.

Ocorre que esse tipo de tecnologia, se for possível de ser alcançada, ainda demorará um largo espaço de tempo para se concretizar e, sem dúvida, estará no centro dos mais variados debates, principalmente em torno das questões de natureza ética.

A despeito disso, a inteligência artificial fraca ou específica vem ganhando fôlego e sua expansão não encontra precedentes na história. São inúmeros os demonstrativos de ferramentas direcionadas a determinados setores que desenvolvem, com grau de superioridade inquestionável, atividades antes exclusivas dos humanos.

---

10. BOSTROM, Nick. *Superinteligência: caminhos, perigos e estratégias para um novo mundo.* Darkside Books. Rio de Janeiro, 2018, p. 28.
11. BOSTROM, Nick. *Superinteligência: caminhos, perigos e estratégias para um novo mundo.* Darkside Books. Rio de Janeiro, 2018.

Basta pensar que hoje já existem sistemas computacionais que conseguem realizar diagnósticos médicos com precisão superior à dos profissionais da área de saúde, a exemplo do IBM Watson.

No Direito, não é diferente, pois aplicações de Inteligência Artificial são desenvolvidas, diuturnamente, para viabilizar a tomada de decisões por máquinas, a análise documental (exemplo: ferramenta desenvolvida pela iFlyTek[12]) e a promoção de análises preditivas de pronunciamentos judiciais (exemplo: Ross).

Tudo isso é possível, pois a capacidade computacional foi elevada a patamares nunca presenciados (A Lei de Moore, cujos termos estabelecem que a capacidade computacional é duplicada a cada 18 meses, restou comprovada ao longo do tempo) e o volume de dados disponíveis nos permite, através de ferramentas automatizadas, promover a leitura profícua de qualquer cenário.

A partir da grande quantidade desses dados é que as máquinas são capazes de fazer predição, organizar autonomamente elementos de entrada para solucionar problemas específicos. E, quanto mais específico o problema, maior as chances de acurácia e boa performance.[13]

I.4 *Big data*. Dados estruturados e não estruturados. *Data mining*. *Dataset* e a jurimetria

Tem-se hoje o que se convencionou chamar de *big data*, ou seja, um conjunto de dados de dimensão estratosférica envolto em uma série de complexidades e que somente pode ser adequadamente analisado, por via de sistema com elevada capacidade computacional[14]. Segundo aduz José Ignacio Solar Cayón[15]: "Hoy se estima que en los dos últimos años se ha creado más información que em toda la historia de la humanidade: según IBM cada día se generan 4,7 quintillones bytes de dados."

Nesse sentido, através da mineração de dados (*data mining*) tem se permitido uma análise automatizada desse enorme volume informacional, a fim de transformar dados não estruturados (em estado bruto) em dados estruturados, os quais fornecem padrões relevantes, por exemplo, para a tomada de decisões.

No âmbito judicial, é forçoso destacar que a ampliação do uso do processo eletrônico tem possibilitado um verdadeiro acúmulo de dados, os quais, quando adequadamente tratados, servem como recursos para uma série de aplicações

---

12. LEE, Kai-Fu. *Inteligência artificial*: Como os robôs estão mudando o mundo, a forma como amamos, nos relacionamentos, trabalhamos e vivemos. Traduzido por Marcelo Barbão. Globo Livros. 2019, p. 142.
13. SEJNOWSKI, T.J. *A revolução do Aprendizado Profundo*. Rio de Janeiro: Alta Books, 2019.
14. TAURION, Cezar. *Big data*. Brasport. Rio de Janeiro, 2015, p. 35.
15. CAYÓN, José Ignacio Solar. *La inteligencia artificial jurídica: el impacto de la innovación tecnológica em la práctica del Derecho y el mercado de servicios jurídicos*. Thomson Reuters. España, 2019, p. 29-30.

envolvendo inteligência artificial[16]. Esses dados, atualmente, possuem acessibilidade ampla, de tal sorte que muitas *Lawtechs* e *Legaltechs* têm se valido da base de informações do Poder Judiciário, com o objetivo de desenvolver aplicações de inteligência artificial voltadas à facilitação do trabalho dos profissionais da área jurídica.

Nesse ponto, cabe destacar que o Poder Judiciário precisará se adaptar, diante da vigência da Lei Geral de Proteção de Dados, para promover o tratamento adequado do seu acervo informacional, mormente em razão do fato de lidar com dados sensíveis[17-18].

Não custa lembrar que a França (Lei 2019-222), por exemplo, proibiu o uso de dados do Poder Judiciário para a construção de modelos preditivos[19], ou seja, aqueles que permitem prever o possível comportamento dos órgãos jurisdicionais, de acordo com as informações encartadas nas decisões anteriormente proferidas.

É inegável, nesse contexto, que o grau avançado das ferramentas de inteligência artificial permitiu uma expansão do uso da *jurimetria*, que pode ser adequadamente definida como a área do conhecimento que se vale da metodologia estatística para avaliar o comportamento de uma ordem jurídica[20]. A jurimetria aliada aos modelos computacionais avançados é que promove essa ampla possibilidade de avaliações estratégicas acerca dos posicionamentos judiciais.

Isso tudo demonstra o quão acertados são os argumentos tecidos por Yuval Noah Harari[21], ao tratar dos dados como o principal ativo da nossa era:

---

16. VALE, Luís Manoel Borges do. A tomada de decisão por máquinas: a proibição, no direito, de utilização de algoritmos não supervisionados. NUNES, Dierle; LUCON, Paulo Henrique dos Santos; WOLKART, Erik Navarro. *Inteligência Artificial e direito processual: os impactos da virada tecnológica no direito processual*. JusPodivm: Salvador, 2020, p. 630.
17. A Lei 13.709 (LGPD), em seu art. 5º, II, assim caracteriza os dados pessoais sensíveis: dado pessoal sensível: dado pessoal sobre origem racial ou étnica, convicção religiosa, opinião política, filiação a sindicato ou a organização de caráter religioso, filosófico ou político, dado referente à saúde ou à vida sexual, dado genético ou biométrico, quando vinculado a uma pessoa natural.
18. Vale destacar, nesse sentido, que o Conselho Nacional de Justiça editou a Resolução nº 363, de 12 de janeiro de 2021, que estabelece medidas para o processo de adequação à Lei Geral de Proteção de Dados Pessoais a serem adotadas pelos tribunais.
19. Eric Siegel define a análise preditiva da seguinte forma: "É a tecnologia que aprende a partir da experiência (dados) para prever o comportamento futuro de indivíduos a fim de gerar melhores decisões (SIEGEL, Eric. *Análise preditiva: o poder de prever quem vai clicar, comprar, mentir ou morrer*. Traduzido por Wendy Campos. Alta Books. Rio de Janeiro, 2018, p. 13).
20. NUNES, Marcelo Guedes. *Jurimetria*: como a estatística pode reinventar o direito. 2ª ed. Revista dos Tribunais. São Paulo, 2019, p. 111.
21. HARARI, Yuval Noah. *21 lições para o século 21*. Tradução: Paulo Geiger. Companhia das Letras. São Paulo, 2018, p. 107.

Contudo, no século XXI, os dados vão suplantar tanto a terra quanto a maquinaria como o ativo mais importante, e a política será o esforço por controlar o fluxo de dados. Se os dados se concentrarem em poucas mãos – o gênero humano se dividirá em espécies diferentes.

Feito esse apanhado sobre os conceitos de inteligência artificial, *big data* e *data mining*, é fundamental delinear como funcionam, em termos claros, as aplicações de IA e, para isso, é indispensável conhecer o conceito-chave de algoritmo.

O algoritmo nada mais é do que o conjunto de instruções que são vertidas a um sistema computacional para que se chegue a determinado resultado.

Assim, são fornecidas as informações iniciais – conjunto de dados que são tradicionalmente chamados de *dataset* (*input*), as quais são processadas de acordo com os critérios estabelecidos pelo programador, para que se tenha o produto desejado (*output*). Consoante propugna Fenoll[22]: "La palabra clave em inteligencia artificial es <<algoritmo>>, que sería el esquema ejecutivo de la máquina almacenando todas las opciones de decisión en función de los datos que se vayan conociendo."

I.5 *Machine learning* (supervisionado, não supervisionado/por reforço). *Deep learning.* Processamento de linguagem natural

A evolução tecnológica atual permite não apenas a utilização de modelos simplórios de automação (antigamente era utilizada a chamada inteligência artificial baseada em conhecimento, cujos pilares dependiam da compilação do conhecimento técnico por um *expert*, para fins de inserção na máquina. Esse modelo está ultrapassado), mas sim o uso do *machine learning* (aprendizado de máquina – área da inteligência artificial), de tal sorte que o sistema computacional tem condições de se aperfeiçoar, a partir da experiência amealhada com a execução contínua da tarefa.

Conforme consta no Relatório de levantamento elaborado pela Secretaria de Fiscalização de TI do Tribunal de Contas da União,[23] que tinha como objetivo realizar a verificação do estado da arte das tecnologias de Inteligência Artificial (IA) nas organizações da Administração Pública Federal (APF), em suas diversas formas de utilização, a programação clássica é distinta do aprendizado de máquina, uma vez que esta última técnica permite que as máquinas aprendam de maneira automatizada, sem instruções explícitas de um ser humano, por confiar em padrões e inferências, conforme a seguinte ilustração constante do referido documento:

---

22. FENOLL, Jordi Nieva. *Inteligencia artificial y proceso judicial*. Marcial Pons. Madrid, 2018, p. 21.
23. Para ter acesso ao relatório e acórdão respectivo TC 006.662/2021-8, acesse a seguinte página virtual do Portal do Tribunal de Contas da União: https://portal.tcu.gov.br/data/files/1C/62/96/7E/06DF08102DFE0FF7F18818A8/006.662-2021-8-AC%20-%20Levantamento_Inteligencia_Artificial.pdf. Acesso em: 11 jul. 2022.

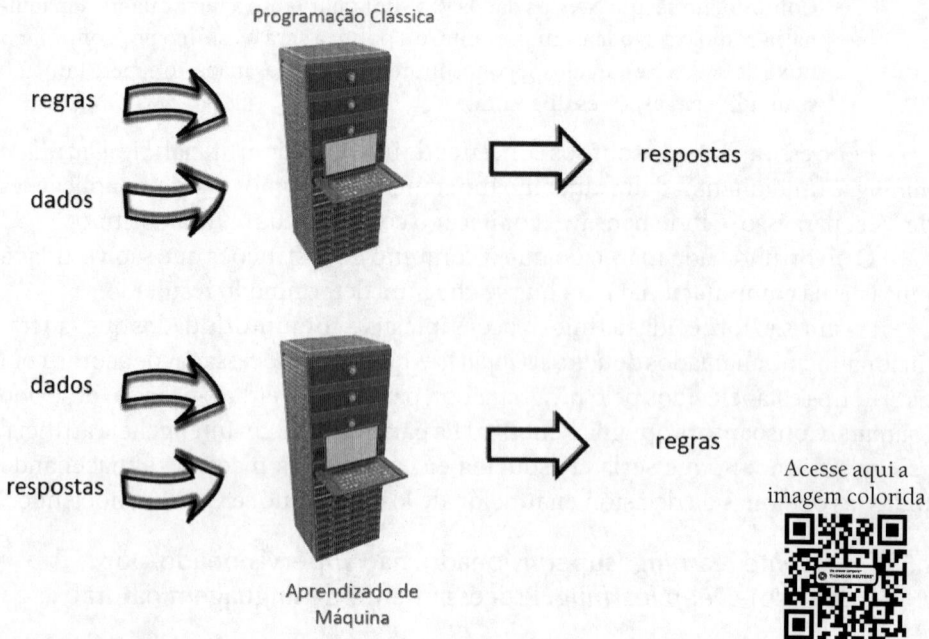

Fonte: Relatório Tribunal de Contas da União – TC 006.662/2021-8, Acórdão n. 1139/2022, p. 9.

O mesmo relatório ainda traz uma tabela ilustrativa e gráfico de apresentação que esboçam técnicas, descrições, exemplos de aplicações de aprendizado de máquina e as principais aplicações da Inteligência Artificial, de forma mais geral. Vale a pena observar:

Técnica	Descrição	Exemplos de aplicação
Classificação	Aprende as características de uma dada categoria, permitindo que o modelo de IA classifique dados desconhecidos em categorias pré-determinadas	• decidir se uma remessa de mercadorias passa por inspeção de fronteira; • decidir se um e-mail é *spam* ou não
Regressão	Prevê um valor de ponto de dados desconhecido	• prever o valor de mercado de uma casa a partir de informações como tamanho, localização ou idade, prevendo as concentrações de poluentes atmosféricos nas cidades
Agrupamento	Identifica grupos de dados similares em um arquivo	• agrupar clientes de varejo para encontrar subgrupos com hábitos de consumo específicos; • agrupar dados de medidores inteligentes para identificar grupos de aparelhos elétricos e gerar contas de eletricidade discriminadas
Redução de dimensionalidade	Limita os dados às variáveis mais relevantes para tornar os modelos mais precisos ou possibilitar a visualização dos dados	• usado por cientistas de dados ao avaliar e desenvolver outros tipos de algoritmos de aprendizado de máquina
Ranqueamento	Treina um modelo de IA para classificar novos dados com base em listas vistas anteriormente	• retornar páginas por ordem de relevância quando um usuário pesquisa em um *website*

Acesse aqui a imagem colorida

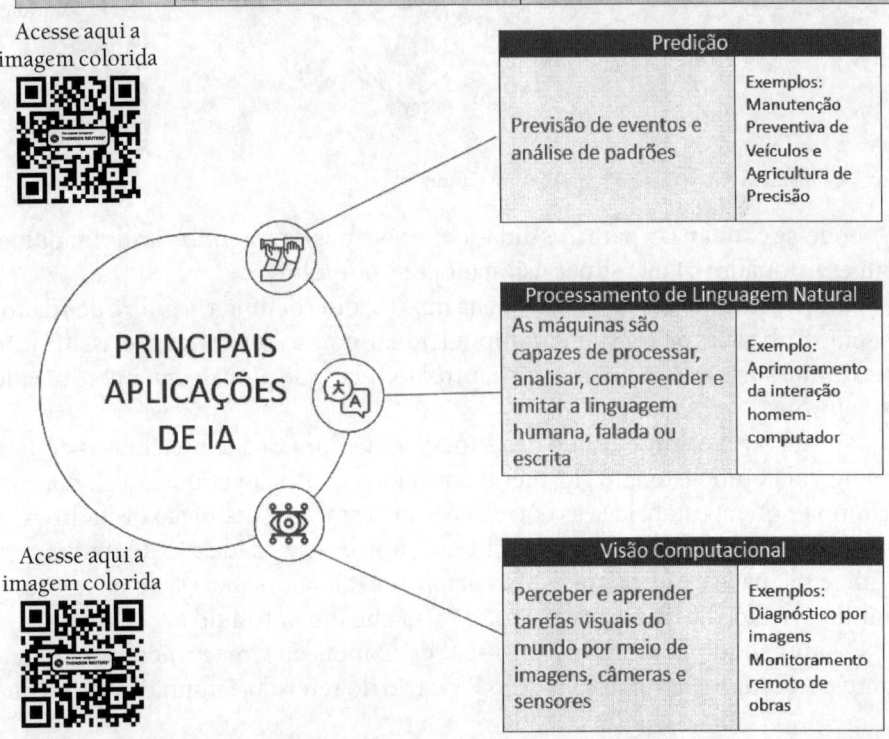

Acesse aqui a imagem colorida

Fonte: Relatório Tribunal de Contas da União – TC 006.662/2021-8, Acórdão n. 1139/2022, p. 11 e 12.

Existem técnicas avançadas de *machine learning*, habitualmente conhecidas por *deep learning* (usam-se, nesse caso, redes neurais computacionais), nas quais os algoritmos não necessariamente dependem de dados selecionados, em caráter prévio, pelo programador, ou seja, os sistemas reconhecem padrões e aprendem com informações difusas advindas, por exemplo, da internet[24].

Segue ilustração representativa de uma estrutura de *deep learning*:

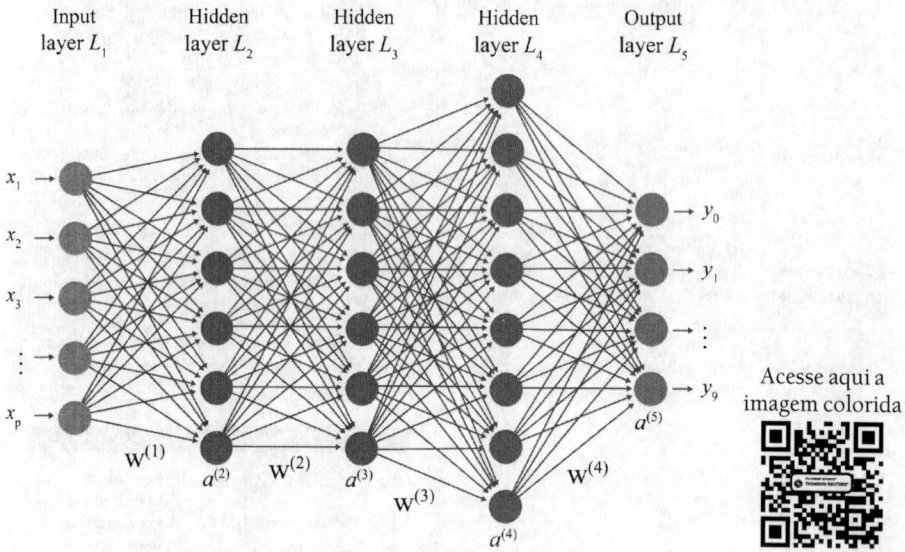

Fonte: UC Business Analytics R Programming Guide.

Pode-se condensar, para fins didáticos, três tipos de aprendizado de máquina: a) supervisionado; b) não supervisionado; e c) por reforço.

No aprendizado supervisionado, há uma escolha definida, *a priori*, dos dados que serão utilizados pelo sistema computacional, com a consequente classificação destes, de tal sorte que há uma maior controlabilidade do processamento realizado pelo *software*.

Por sua vez, no aprendizado não supervisionado, associado a técnicas de *deep learning*, tal como visto anteriormente, os dados não estão etiquetados, ou seja, a máquina é quem estabelece as correlações necessárias à definição de padrões.

Já o aprendizado de máquina por reforço se baseia na ideia de tentativa e erro. Em regra, não se utiliza um *dataset amplo*, de tal modo que o sistema reforça o caminho correto, a partir de cada experiência que lhe é atribuída.

O supracitado relatório do Tribunal de Contas da União, incorporado enquanto o Acórdão n. 1139/2022, pelo Plenário do referido Tribunal, assenta que

---

24. WOLKART, Erik. *Análise econômica do processo civil: como a economia, o direito e a psicologia podem vencer a tragédia da justiça*. Revista dos Tribunais. São Paulo, 2019, p. 706.

cada uma das três categorias de aprendizado de máquina possui aplicação voltada para a resolução de determinados tipos de problema, e, mais uma vez, ilustra a afirmação com gráfico que denota as principais aplicações de aprendizado de máquina, agora a partir dessa categorização (supervisionado, não supervisionado e por reforço):

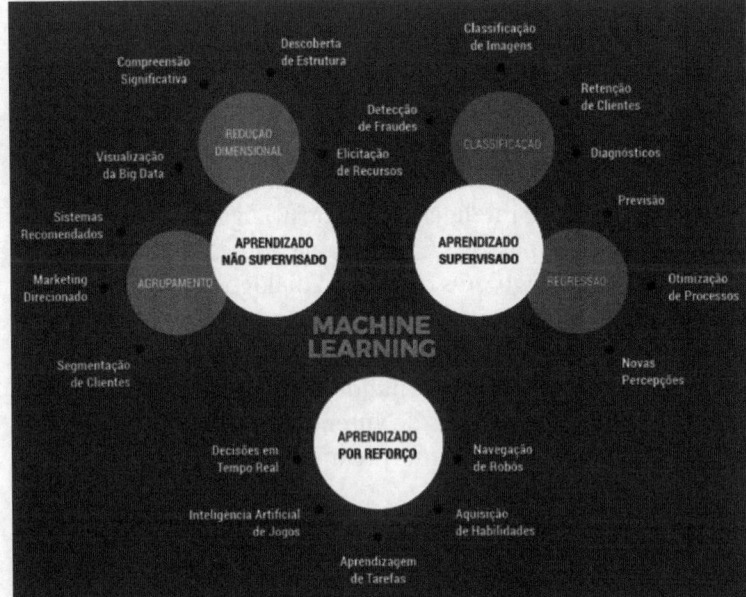

Acesse aqui a imagem colorida

Fonte: Relatório Tribunal de Contas da União – TC 006.662/2021-8, Acórdão n. 1139/2022, p. 10.

O uso de técnicas de *machine learning* no Direito tem sido possível em razão do desenvolvimento de uma outra área da inteligência artificial nominada de processamento de linguagem natural (*Natural Language Processing*), cujos termos possibilitam a captação e compreensão pelas máquinas dos textos elaborados pelos humanos. Dessa forma, facilita-se, por exemplo, que através da análise de um acervo documental seja possível classificar, automaticamente, peças processuais produzidas.

Com efeito, a organização de informações constantes em documentos não estruturados é importante e se revela como um dos primeiros passos para que as demais etapas de implemento da tecnologia possam se realizar.

A representação do conhecimento jurídico é um desafio que os métodos de aprendizado de máquina buscam enfrentar, pois o Direito trabalha, igualmente, com documentos e suas características que são compostas de termos, construções gramaticais, sintáticas e semânticas.

Ocorre que a técnica de processamento de linguagem natural (PLN) ainda não alcançou um apuro técnico a ponto de superar a capacidade de compreensão humana, de tal sorte que equívocos nessa área não são incomuns. Desse modo, como será discutido em tópico outro, é temerário simplificar o avanço hermenêutico a uma potencial hermenêutica tecnológica resultante da leitura de padrões linguísticos pela máquina.[25]

Mesmo que, atualmente, através do uso da tecnologia BERT[26] (*Bidirectional Encoder Representations from Transformers*), tenha-se proporcionado uma escalada no aperfeiçoamento do PLN, ainda não se pode afirmar que as máquinas tenham uma capacidade de compreensão linguística detalhada, mormente no campo jurídico, no qual são constantes os debates acerca do processo de extração do alcance e sentido dos enunciados normativos.

No ano de 2022, diversas notícias informavam que Blake Lemoine, especialista em inteligência artificial do *Google* que foi afastado, constatou que "um sistema que a empresa tem para desenvolver *chatbots* (software que tenta simular um ser humano em bate-papo por meio de inteligência artificial) "ganhou vida" e teve com ele conversas típicas de uma pessoa"[27]. Tratava-se do LaMDA (Modelo de Linguagem para Aplicações de Diálogo). Os trechos do diálogo entre a ferramenta tecnológica e Blake podem ser acessados *online*[28].

Entretanto, duvidoso o entendimento de que a máquina tenha obtido consciência. A linguagem humana é ambígua, tornando dificultosa a possibilidade de a máquina determinar o significado efetivo do autor de uma mensagem. Se, para nós, a linguagem é dotada de complicações interpretativas, não é diferente para as ferramentas tecnológicas criadas por nós.

Por meio do aprendizado de máquina, aliás, diante de diversos exemplos de conversas e meios de análise, crível que a ferramenta tenha desenvolvido respostas que se assemelham às humanas, mas ainda não chegamos ao ponto da criação de uma superinteligência, uma IA de propósito geral, de características amplas e sem nenhuma necessidade de supervisão, testes, treinamentos e retreinamentos, com consciência de si e das agruras de um ser humano. Sob o ponto, afirma Bruno Rodrigues:

---

25. Há de se trabalhar com a adequação hermenêutica possível que congrega a fixação de parâmetros de interrelação entre o Direito e as novas tecnologias. Sobre a necessidade de criação de critérios ou *standarts* de aplicação que congregam a complexidade e a mudança constante no cenário jurídico-tecnológico, vide: PEREIRA, João Sérgio dos Santos Soares. *A padronização decisória na Era da Inteligência Artificial:* uma possível leitura hermenêutica e da autonomia do Direito. Belo Horizonte: Casa do Direito, 2021, p. 346-426.
26. NIVEN, Timothy; KAO, Hung-Yu. *Probing Neural Network Comprehension of Natural Language Arguments*. ACL (2019).
27. O ENGENHEIRO do *Google* afastado por dizer que inteligência artificial da empresa ganhou consciência própria, notícia veiculada pelo G1 Tecnologia, advinda da BBC News, em 14 jun. 2022, disponível em: https://g1.globo.com/tecnologia/noticia/2022/06/14/o-engenheiro-do-google-afastado-por-dizer-que-inteligencia-artificial-da-empresa-ganhou--consciencia-propria.ghtml Acesso em 12 jul. 2022.
28. Vide, para maiores informações e o diálogo de Blake: https://www.docdroid.net/rHg2Zmd/is-lamda-sentient-an-interview-by-blake-lemoine-jun-2022-medium-pdf. Acesso em: 12 jul. 2022.

Ao tratarmos do "aprendizado" da máquina (evolução objetiva da capacidade de exercitar um dado de inteligência), havemos de situar a operação a partir daquilo que efetivamente interessa nessa mecânica equação: o objeto de inteligência artificial concebido a partir de um exercício mecânico da atividade de predição.

A "aprendizagem desantropomorfizada", assim, não é supletiva à "aprendizagem do homem". O produto de inteligência decorrente do emprego da IA da rede neural artificial não representa um *a priori* decorrente do triunfalismo de uma aprendizagem supra-humana, a tornar desnecessário o próprio exercício da aprendizagem humana. Tanto a máquina preditiva quanto o ingrediente de inteligência decorrente de sua operação nunca deixarão de representar apenas mais um objeto de mediação do processo de aprendizagem humana, ou seja, mais um objeto a ser trabalhado pelo homem que, exatamente, por meio desse trabalho, se autoforma como ser de cultura.[29]

No âmbito do Poder Judiciário, outrossim, o Conselho Nacional de Justiça, através da Cartilha intitulada Inteligência Artificial no Poder Judiciário Brasileiro[30], ressaltou que a técnica de processamento de linguagem natural é a mais utilizada para os projetos em andamento: "No contexto do ambiente jurídico, o Processamento de Linguagem Natural – PLN é o ramo da IA com mais frutos e resultados para o segmento".

À guisa de exemplo, para o desenvolvimento do sistema Victor do Supremo Tribunal Federal, os pesquisadores da Universidade de Brasília – UNB utilizaram processamento de linguagem natural para promover a leitura dos recursos extraordinários interpostos e vinculá-los a teses de repercussão geral[31].

É possível antever, diante da edição da Emenda Constitucional n. 125, promulgada em 15 de julho de 2022, que altera o artigo 105 da Constituição da República para instituir no recurso especial o requisito da relevância das questões de direito federal infraconstitucional, a implementação de um sistema similar ao Victor para classificar os temas e assuntos que chegam ao Superior Tribunal de Justiça.

Aliás, tal se revela um caminho bastante provável, considerando, inclusive, que a alteração traz tipos de ações que possuem a presunção legal de preenchimento do requisito, conforme o parágrafo terceiro do referido artigo, ou seja, haverá a relevância nos casos: I – ações penais; II – ações de improbidade administrativa;

---

29. RODRIGUES, Bruno Alves. *A inteligência Artificial no Poder Judiciário e a convergência com a consciência humana para a efetividade da Justiça*. São Paulo: Thomson Reuters Brasil, 2021, p. 84.
30. TOFFOLI, José Antônio Dias; GUSMÃO, Bráulio Gabriel Gusmão (Coord.). *Inteligência artificial na Justiça*/Conselho Nacional de Justiça. Brasília: CNJ, 2019.
31. VALE, Luís Manoel Borges do; SILVA JÚNIOR, Denarcy Souza e. *Recurso extraordinário e inteligência artificial: novas perspectivas*. Disponível em: https://www.jota.info/opiniao-e-analise/artigos/recurso-extraordinario-e-inteligencia-artificial-novas-perspectivas-07022019. Acesso em: 21 jun. 2022.

III – ações cujo valor da causa ultrapasse 500 (quinhentos) salários mínimos; IV – ações que possam gerar inelegibilidade; V – hipóteses em que o acórdão recorrido contrariar jurisprudência dominante o Superior Tribunal de Justiça; VI – outras hipóteses previstas em lei. Assim sendo, a identificação das ações por automações ou classificação por utilização de algoritmos de IA facilitarão sobremaneira a rotina do Tribunal.

Também não podemos deixar de mencionar importante marco que foi apresentado ao Senado Federal, no dia 06 de dezembro de 2022, pela Comissão de Juristas instituída pelo Ato do Presidente do Senado nº 4, de 2022, destinada a subsidiar a elaboração de minuta de substitutivo para instruir a apreciação dos Projetos de Lei nºs 5.051, de 2019, 21, de 2020, e 872, de 2021. Com quarenta e cinco artigos, a referida Comissão buscou congregar em um Projeto diversos temas controversos para o uso e desenvolvimento da Inteligência Artificial em nosso País. O objetivo primordial foi estabelecer princípios, regras, diretrizes e fundamentos, ponderando, inclusive, sobre os níveis de risco e responsabilidades específicas para caso de aplicação da IA.[32]

Esquadrinhado esse panorama geral conceitual, será possível prosseguir com a análise do impacto da inteligência artificial, no âmbito do processo civil brasileiro, abordando, necessariamente, as vantagens e os problemas decorrentes da utilização dessa tecnologia disruptiva.

---

32. BRASIL. Comissão de Juristas instituída pelo Ato do Presidente do Senado nº 4, de 2022, destinada a subsidiar a elaboração de minuta de substitutivo para instruir a apreciação dos Projetos de Lei nºs 5.051, de 2019, 21, de 2020, e 872, de 2021, que têm como objetivo estabelecer princípios, regras, diretrizes e fundamentos para regular o desenvolvimento e a aplicação da inteligência artificial no Brasil. Brasília: Senado Federal, 2022.

II
INTELIGÊNCIA ARTIFICIAL E DIREITO

Sumário: II.1 A democracia e o contexto eleitoral. II.2 O Direito Civil e seus dilemas: Direito autoral, intelectual, *smart contracts* ou contratos inteligentes, *blockchain* e Internet das coisas (*IoT*). II.3 A Inteligência Artificial e o Direito do Trabalho: a necessária atenção às aplicações discriminatórias. II.4 O Direito Penal e os aparatos tecnológicos: vieses contemporâneos. II.5 Influxos tecnológicos no âmbito do Direito Administrativo.

II.1   A democracia e o contexto eleitoral

Para além de uma mera acessoriedade, as novas tecnologias têm modificado os paradigmas estruturantes do Direito, principalmente em face da alteração da dinâmica relacional da sociedade. Desse modo, não se trata apenas de promover uma mera adaptação dos institutos tradicionais ao contexto digital, mas, sim, reestruturá-los em suas respectivas matrizes.

Talvez um dos exemplos mais emblemáticos seja o questionamento em torno da própria democracia, afinal de contas, em uma sociedade tecnológica de dados, as informações podem ser adequadamente processadas por ferramentas de inteligência artificial, com o escopo de traçar os mais variados perfis de eleitores e, com isso, promover campanhas fundadas em publicidades que tenham um poder indutivo amplo, a ponto de pôr em xeque a ideia de livre escolha. Essa tese é reforçada, inclusive, pelos avançados estudos de psicologia comportamental voltados à demonstração dos vieses cognitivos[1].

Nesse sentido, em várias partes do mundo, candidatos têm se valido do trabalho de cientistas de dados, com o fito de apurar padrões relacionados ao comportamento eleitoral para, consequentemente, dirigir promessas mais assertivas e consentâneas com a forma de pensar dos cidadãos. Em consonância com o exposto, pronuncia-se Pedro Domingos[2]:

---

1. KAHNEMAN, Daniel. *Rápido e devagar*: duas formas de pensar. Traduzido por Cássio de Arantes Leite. Objetiva. Rio de Janeiro, 2012.
2. DOMINGOS, Pedro. *O algoritmo mestre*: como a busca pelo algoritmo de machine learning definitivo recriará nosso mundo. Traduzido por Aldir José Coelho Corrêa da Silva. Novatec. São Paulo, 2017.

Por outro lado, o presidente Obama contratou Rayid Ghani, um especialista em machine learning, como cientista chefe de sua campanha, e Ghani deu início à maior operação de análise de dados da história da política. Eles consolidaram todas as informações sobre os eleitores em um único banco de dados; combinaram o que conseguiram obter em redes sociais, marketing e outras fontes; e previram quatro coisas para cada eleitor: qual a probabilidade de ele apoiar Obama, de comparecer às pesquisas, de reagir aos lembretes da campanha para fazer isso e de mudar sua opinião a partir de uma troca de ideias sobre um assunto específico. Com base nesses modelos de eleitores, toda noite a campanha executava 66.000 simulações de eleição e usava os resultados para direcionar seu pelotão de voluntários munidos com as informações de quem deveria chamar, em quais portas deveriam bater e o que dizer.

Salutar, nessa linha de raciocínio, a necessidade de construção de parâmetros adequados para o uso de inteligência artificial e de outras tecnologias no bojo das campanhas eleitorais, sob pena de gerar desequilíbrios antidemocráticos, quando do processo de escolha dos governantes. A título exemplificativo, cumpre registrar que a campanha presidencial de 2020, nos Estados Unidos, foi marcada pela discussão acerca do uso de aplicativos para coleta de dados dos eleitores, a fim de que se possa manipular, em certa medida, suas preferências[3].

Não se pode negar, entretanto, que o ferramental tecnológico hoje disponível facilita a participação direta do cidadão nos atos de gestão governamental, pois permite que este se faça presente nos debates em torno de questões de elevada envergadura e que, consequentemente, irradiam efeitos por toda a sociedade. Nesse sentido, pode-se fazer referência à previsão insculpida no art. 29 da Lei de Introdução às Normas do Direito Brasileiro (Decreto-Lei 4.657/42, com a redação da Lei n. 13.655, de 2018): "Em qualquer órgão ou Poder, a edição de atos normativos por autoridade administrativa, salvo os de mera organização interna, poderá ser precedida de consulta pública para manifestação de interessados, **preferencialmente por meio eletrônico**, a qual será considerada na decisão" (grifamos).

II.2 O Direito Civil e seus dilemas: Direito autoral, intelectual, *smart contracts* ou contratos inteligentes, *blockchain* e Internet das coisas (*IoT*)

Doutro giro, no âmbito do Direito Civil, tem-se empreendido esforços para redesenhar os contornos de institutos clássicos, em face da profusão de tecnologias disruptivas, principalmente a inteligência artificial.

Para ilustrar a afirmativa acima delineada, basta pensar que, atualmente, existem aplicações de inteligência artificial com capacidade de desenvolver textos

---

3. https://www.technologyreview.com/2020/06/21/1004228/trumps-data-hungry-invasive--app-is-a-voter-surveillance-tool-of-extraordinary-scope/. Acesso em 30 nov. 2022.

inéditos, de tal sorte que surge o debate em torno da eventual existência de direitos autorais (o tema se insere na perspectiva do que se denomina *computer generated works*, ou seja, obras geradas pelo computador). Veja-se que a legislação brasileira que regulamenta os direitos autorais (Lei 9.610/98) não tutela as produções construídas por máquinas.

Assim, emergem os seguintes questionamentos:
- a) Há direitos autorais passíveis de proteção, quando a obra é confeccionada por um software?
- b) O titular dos direitos autorais, caso existentes, é o criador da ferramenta de inteligência artificial ou aquele que a adquire para uso pessoal?

Em certa medida, por exemplo, a Inglaterra tem regulamentação que trata do tema proposto, no cognominado *copyright act*[4]. Na seção 9, parágrafo terceiro, do citado ato normativo, há designação de que será considerado autor, caso uma produção seja gerada por programa de computador, aquele que fez as diligências necessárias para a criação da obra.

É fundamental que refundemos as bases do que, verdadeiramente, compreende-se por direitos do autor, na medida em que a ideia de obra está conectada com uma produção oriunda do esforço intelectivo de um indivíduo[5-6].

Ainda perlustrando a seara do Direito Civil, cumpre-se rememorar a discussão que gravita em torno dos cognominados contratos inteligentes (*smart contracts*), os quais podem ser definidos como aqueles que se operacionalizam por meio de sistemas informatizados (geralmente é utilizada a tecnologia *blockchain*), promovendo uma execução automática, sem que se tenha a intervenção das partes[7-8].

Nick Szabo é considerado o idealizador dos contratos inteligentes e assim conceitua o citado instituto[9]: "a set of promises, specified in digital form, including protocols within which the parties perform on these promises".

---

4. In the case of a literary, dramatic, musical or artistic work which is computer-generated, the author shall be taken to be the person by whom the arrangements necessary for the creation of the work are undertaken. (http://www.legislation.gov.uk/ukpga/1988/48/section/9. Acesso em 30 nov.2022).
5. FREITAS, Juarez; FREITAS, Thomas Bellini. *Direito e inteligência artificial*: em defesa do humano. Belo Horizonte: Fórum, 2020, p. 142.
6. GUIZZARDI, Silvia. *L'intelligenza artificiale e le invenzioni industriali*. RUFFOLO, Ugo. *XXVI Lezioni di diritto dell'intelligenza artificiale*. Torino: Giappichelli, págs. 318-327.
7. NAVARRO, Susana Navas *et al*. *Inteligencia artificial*: tecnologia/derecho. Tirant Lo Blacnch. Valencia, 2017.
8. RINALDI, Giovanni. *Smart contract: meccanizzazione del contratto nel paradigma della blockchain*. ALPA, Guido. Diritto e intelligenza atificiale. Pisa: Pacini, págs. 343-375.
9. SZABO, Nick. *Smart contracts*: building blocks for digital markets. Phonetic Sciences Amsterdam, 1996. Disponível em: http://www.fon.hum.uva.nl/rob/Courses/InformationInSpeech/CDROM/Literature/LOTwinterschool2006/szabo.best.vwh.net/smart_contracts_2.html. Acesso em 29 nov.2022.

A visão clássica dos contratos carece de uma releitura, segundo a ótica das novas tecnologias, mormente no que pertine à externalização da vontade e aos critérios alusivos à responsabilização das partes por eventual inadimplemento.

Para ilustrar o cenário, basta pensar que a internet das coisas (IoT) viabiliza uma interface direta entre pessoas e bens, promovendo uma conectividade ampla, de tal sorte que os mundos online e offline estão diretamente imbricados. Não é difícil imaginar, assim, um sistema experto que, por meio de certos sensores, consegue verificar a ausência de determinado produto na sua geladeira e, consequentemente, de acordo com um contrato inteligente previamente estabelecido com certo supermercado, já realiza, de forma automatizada, a aquisição do suprimento alimentício.

Atualmente, já existem várias ferramentas que permitem a formulação de *smart contracts*, entre elas é possível citar a *ethereum*[10], a qual tem albergado milhares de contratos inteligentes ao redor do mundo.

O estabelecimento de cláusulas digitais (traduzidas em linguagem de programação computacional) leva à discussão, como se disse, acerca do modo como a vontade é exteriorizada e sobre a adequada interpretação daquilo que foi efetivamente acordado e está traduzido em códigos computacionais[11].

Exemplo interessante de contrato eletrônico já em operação, no âmbito de ajustes de seguro de transporte aéreo, é aquele desenvolvido pela AXA. O contrato fica vinculado a uma base de dados mundial de tráfego aéreo e, quando verificado atraso do voo, há execução automática e pagamento da indenização pela seguradora, sem a necessidade de provocação do passageiro[12].

Poder-se-ia cogitar, inclusive, da formulação de contratos inteligentes pela Administração Pública, principalmente quando se estiver diante da prestação de serviços contínuos. Afinal de contas, os ajustes administrativos estão submetidos a um regramento mais rígido, de tal sorte que a diminuição do espectro de flexibilidade viabiliza, com maior segurança, a elaboração e aplicação das cláusulas contratuais confeccionadas em linguagem computacional.

O Tribunal de Contas da União, por ducto do Acórdão 1.613/2020 – Plenário, destacou os impactos da incorporação da tecnologia *blockchain* pela Administração Pública e elencou as vantagens, por exemplo, do uso de contratos inteligentes:

> A utilização de contratos inteligentes provê as seguintes vantagens:
> a. **Transparência**: contratos inteligentes podem ser escritos e verificados a qualquer momento por todas as partes envolvidas, que podem verificar o código-fonte do contrato. E o mais importante, a execução do contrato fica

---

10. Mais informações disponíveis em: https://ethereum.org/en/. Acesso em 22 nov. 2022.
11. LUU, Loi; CHU, Duc-Hiep *et al*. Making smart contracts smarter, CCS'16, octubre 2016, p. 266 ss.
12. https://www.lawgazette.co.uk/law/flight-delay-claims-first-for-self-executing-contracts/5062881.article. Acesso em 20 nov. 2022.

totalmente registrada, reduzindo o número de disputas judiciais em torno de sua definição e execução;
b. **Menor prazo para execução**: intermediários humanos podem causar todo tipo de atraso na elaboração e execução de contratos. A eliminação dos passos manuais torna, portanto, a execução do contrato mais rápida e eficiente;
c. **Precisão**: como o contrato é descrito por um algoritmo computacional, sua execução é precisa, salvo se houver erro de programação. Qualquer condição não cumprida no contrato gera erro de execução. Contratos em papel podem dar margem a interpretações diversas, causando imprecisão;
d. **Segurança**: a infraestrutura de DLT garante a segurança em contratos inteligentes, que são assinados por chaves criptográficas e não podem ser violados por terceiros sem permissão de acesso;
e. **Rastreabilidade**: todos os dados, de cada execução das "funções" do contrato ficam armazenados na DLT, permitindo que a execução do contrato seja auditável a qualquer tempo;
f. **Menor custo**: por sua natureza digital e eliminação de intermediários, os contratos inteligentes reduzem os custos de execução;
g. **Confiança**: as características citadas acima levam à maior confiança entre as partes envolvidas no contrato (grifos do original).

Percebe-se, diante do exposto, que o novo cenário revelado pelos contratos inteligentes exigirá dos profissionais da área jurídica habilidades antes desconhecidas, na medida em que não há como um advogado, por exemplo, confeccionar cláusulas computacionais sem o conhecimento mínimo acerca das novas tecnologias em operação, ainda que se valha de *experts* na área.

Nessa linha de intelecção, registre-se que os juízes necessitarão compreender aspectos técnicos dos contratos inteligentes, pois, caso contrário, sequer conseguirão analisar, adequadamente, as cláusulas formuladas em linguagem de programação. Ademais, os Advogados Públicos, responsáveis pela elaboração de minutas de contratos administrativos, deverão verticalizar sua base cognitiva, com vistas a incorporar informações ligadas à área da tecnologia da informação[13].

II.3 A Inteligência Artificial e o Direito do Trabalho: a necessária atenção às aplicações discriminatórias

Em relação aos impactos da Inteligência Artificial, no Direito do Trabalho, é salutar discutir um ponto nevrálgico, que tem exigido a atenção dos especialistas na área.

Sabe-se que diversas sociedades empresárias têm se valido de ferramentas de IA nos seus processos de seleção de novos empregados. Desse modo, os currículos

---

13. Nesse sentido, vale pontuar que a Procuradoria do Estado de Rondônia lançou plataforma destinada a viabilizar a implementação de contratos inteligentes, no âmbito da Administração Pública: https://pge.ro.gov.br/2021/09/13/pge-lanca-plataforma-para-contratos--inteligentes. Acesso em 22 nov.2022.

são analisados por um sistema computacional, levando-se em consideração critérios previamente estabelecidos.

Ocorre que, em muitos casos, diante da opacidade algorítmica, fixam-se critérios discriminatórios ou mantenedores do *status quo*, de tal sorte que diversos candidatos são prejudicados.

Imaginemos o seguinte exemplo: uma determinada corporação instaura processo seletivo interno para a seleção de um novo Diretor de Vendas. Cria-se, na oportunidade, uma ferramenta de Inteligência Artificial para promover a análise curricular dos pretensos candidatos, com base no perfil dos dez últimos Diretores. Acontece que todos os ex-diretores eram homens brancos, com idade média de 50 (cinquenta anos). Pergunta-se: Qual a chance de uma mulher negra ocupar o cargo?

Perceba-se que o exemplo anteriormente referenciado é demonstrativo de uma situação que pode insuflar, ainda mais, o abismo que se costuma vislumbrar no mercado de trabalho em relação a determinados grupos. Portanto, devem ser afastados quaisquer vieses discriminatórios quando da utilização de ferramentas de Inteligência Artificial[14].

A título exemplificativo, a plataforma *Hello to Hire*[15], por meio do uso de *Machine Learning*, processa inúmeros currículos, de acordo com padrões estabelecidos pelos empregadores, automatizando, por conseguinte, o processo de contratação.

Em caso paradigmático sobre o tema, a Amazon utilizou uma ferramenta de Inteligência Artificial para recrutamento de novos funcionários, cujos resultados apresentaram vieses discriminatórios, posto que priorizavam homens em detrimento de mulheres:

> Segundo o furo da Reuters, <u>a discriminação da ferramenta contra candidatas do sexo feminino no processo de seleção de novos funcionários acontecia pois ela foi criada em cima de padrões de currículos enviados para a empresa nos últimos 10 anos, que são em sua imensa maioria de homens, como acontece na maior parte da indústria de tecnologia, assim considerava os candidatos homens naturalmente mais aptos para as vagas.</u>
> Uma simples menção ao termo "de mulheres" no currículo era penalizada pela ferramenta, e reduzia as chances das postulantes às vagas, mesmo que estivesse se referindo a instituições de ensino só para mulheres[16] (grifamos).

Salutar, quanto ao ponto, o instrumento previsto no art. 20 da Lei Geral de Proteção de Dados (Lei 13.709/18), que estabelece o direito à explicação nos casos de tomada de decisão automatizada:

---

14. NOBLE, Safiya Umoja. *Algoritmos da opressão: como o google fomenta e lucra com o racismo*. Traduzido por Felipe Damorim. Santo André-SP: Rua do Sabão, 2021.
15. http://www.hellohirecxs.com/index.html. Acesso em 27 nov. 2022.
16. https://tecnoblog.net/meiobit/391571/ferramenta-de-recrutamento-amazon-ai-discriminava-mulheres/. Acesso em: 30 nov. 2022.

Art. 20. O titular dos dados tem direito a solicitar a revisão de decisões tomadas unicamente com base em tratamento automatizado de dados pessoais que afetem seus interesses, incluídas as decisões destinadas a definir o seu perfil pessoal, profissional, de consumo e de crédito ou os aspectos de sua personalidade.[17]

O enunciado normativo anteriormente transcrito resguarda a possibilidade, quando da tomada de decisão automatizada, do titular dos dados ter direito ao detalhamento não apenas dos critérios utilizados para se chegar à conclusão adotada, mas também à especificação da forma de funcionamento do sistema computacional, resguardados eventuais segredos comerciais e industriais. Evita-se, assim, que se adotem verdadeiras *black box*, cuja essência se alija da busca pela implementação de uma transparência algorítmica.

Cumpre ressaltar, ainda, que do direito à explicação decorre o direito à revisão, ou seja, a possibilidade de se requisitar uma nova análise da situação do titular dos dados, que fora submetido a uma deliberação exclusivamente automatizada.

Lado outro, é preciso pontuar que, em diversas ocasiões, pode-se encontrar obstáculos intransponíveis à observância do direito à explicação, uma vez que, diante da utilização, por exemplo, de *deep learning*, não há como esmiuçar os critérios pelos quais o sistema computacional chega a determinadas conclusões. Por essa razão, é que já se suscitou, em trabalho outro[18], a impossibilidade de utilização de algoritmos não supervisionados no Direito.

---

17. Dispositivo similar foi inserido no Relatório Final realizado por Comissão de Juristas nomeada para subsidiar o substituto de Projetos de Leis, no Senado Federal, para o uso e desenvolvimento de Inteligência Artificial no Brasil, na Seção III do Capítulo II "Art. 9º. A pessoa afetada por sistema de inteligência artificial terá o direito de contestar e de solicitar a revisão de decisões, recomendações ou previsões geradas por tal sistema que produzam efeitos jurídicos relevantes ou que impactem de maneira significativa seus interesses. § 1º. Fica assegurado o direito de correção de dados incompletos, inexatos ou desatualizados utilizados por sistemas de inteligência artificial, assim como o direito de solicitar a anonimização, bloqueio ou eliminação de dados desnecessários, excessivos ou tratados em desconformidade com a legislação, nos termos do art. 18 da Lei nº 13.709, de 14 de agosto de 2018 e da legislação pertinente. § 2º. O direito à contestação previsto no caput deste artigo abrange também decisões, recomendações ou previsões amparadas em inferências discriminatórias, irrazoáveis ou que atentem contra a boa-fé objetiva, assim compreendidas as inferências que: I – sejam fundadas em dados inadequados ou abusivos para as finalidades do tratamento; II – sejam baseadas em métodos imprecisos ou estatisticamente não confiáveis; ou III – não considerem de forma adequada a individualidade e as características pessoais dos indivíduos" (BRASIL. Comissão de Juristas instituída pelo Ato do Presidente do Senado nº 4, de 2022, destinada a subsidiar a elaboração de minuta de substitutivo para instruir a apreciação dos Projetos de Lei nºs 5.051, de 2019, 21, de 2020, e 872, de 2021, que têm como objetivo estabelecer princípios, regras, diretrizes e fundamentos para regular o desenvolvimento e a aplicação da inteligência artificial no Brasil. Brasília: Senado Federal, 2022, p. 23-24).
18. VALE, Luís Manoel Borges do. *A tomada de decisão por máquinas: a proibição, no Direito, de utilização de algoritmos não supervisionados*. NUNES, Dierle; LUCON, Paulo Henrique dos

A demanda por explicabilidade foi um dos principais pilares de preocupações da Comissão de Juristas que tratou da elaboração de um Relatório para subsidiar o substituto de Projetos de Leis, no Senado Federal, para o uso e desenvolvimento de Inteligência Artificial em nosso País. Tanto que, em diversas passagens, citam a necessidade de direito fundamental da pessoa humana o acesso à informação e à educação relativa aos sistemas tecnológicos, bem como a conscientização sobre os sistemas de inteligência artificial e suas aplicações (artigo 2º, X), o direito a explicação sobre a decisão, recomendação ou previsão tomada por sistemas de inteligência artificial, com o respectivo direito de contestar tais decisões ou previsões que produzam efeitos jurídicos ou que impactem de maneira significativa os interesses do afetado, tanto *ex-ante* como *ex-post* à contratação ou utilização dos referidos sistemas (artigos 5º, I, II, III c/c 7º do Relatório Final).[19]

II.4 O Direito Penal e os aparatos tecnológicos: vieses contemporâneos

O Direito Penal, por sua vez, vem sofrendo profunda ressignificação, em face do aprimoramento dos aparatos tecnológicos destinados à identificação de possíveis infratores. Sistemas de inteligência artificial são utilizados no processo de reconhecimento facial, colaborando, em certa medida, na efetivação de um policiamento preditivo.

Ocorre que uma das áreas mais problemáticas da Inteligência Artificial é a que se destinada ao reconhecimento de imagens. O Google Photos[20], por exemplo, etiquetava negros como gorilas, demonstrando o quão temerária pode ser a utilização de tais ferramentas pelo Estado, com o objetivo de exercer o *jus puniendi*.

A Polícia Civil do Estado do Ceará, em caso de grande repercussão, veiculou a imagem do ator norte-americano Michael B. Jordan como um dos possíveis suspeitos de uma chacina ocorrida no bairro Sapiranga, em Fortaleza. O equívoco irreparável demonstra como o reconhecimento facial pode levar, eventualmente, a condenações injustas, mormente de pessoas negras.

Nesse cenário, cumpre destacar que a Resolução nº 332/2020 do Conselho Nacional de Justiça não apenas limitou as iniciativas ligadas ao reconhecimento

---

Santos; WOLKART, Erik Navarro. *Inteligência artificial e direito processual: os impactos da virada tecnológica no direito processual*. 3ª ed. Salvador: JusPodivm, 2022, págs. 819-833.

19. BRASIL. Comissão de Juristas instituída pelo Ato do Presidente do Senado nº 4, de 2022, destinada a subsidiar a elaboração de minuta de substitutivo para instruir a apreciação dos Projetos de Lei nºs 5.051, de 2019, 21, de 2020, e 872, de 2021, que têm como objetivo estabelecer princípios, regras, diretrizes e fundamentos para regular o desenvolvimento e a aplicação da inteligência artificial no Brasil. Brasília: Senado Federal, 2022.

20. https://brasil.elpais.com/brasil/2018/01/14/tecnologia/1515955554_803955.html. Acesso em 30 nov.2022

facial como também impôs severas restrições ao uso da Inteligência Artificial em matéria Penal[21].

É possível, diante das considerações expostas, cogitar a existência de um verdadeiro "racismo tecnológico" que precisa ser objeto de reflexão e estudo, principalmente por meio de um diálogo entre vários ramos do conhecimento, entre eles Direito, Tecnologia da Informação e Sociologia[22].

Em reportagem veiculada pela revista MIT Technology Review, destacou-se que algoritmos de pontuação de beleza dão preferência a mulheres brancas, em detrimento das mulheres negras[23]. Isso reforça, tal como pontuado em linhas pretéritas, que estamos diante de novos desafios ligados ao combate às inúmeras formas de discriminação, nos moldes do que estabelece a Convenção Interamericana contra o Racismo, a Discriminação Racial e Formas Correlatas de Intolerância, cujo teor foi incorporado ao ordenamento jurídico brasileiro com o *status* de emenda constitucional (Decreto nº 10.932, de 10 de janeiro de 2022).

O artigo primeiro do diploma normativo referenciado elucida que a discriminação indireta é aquela que ocorre, em qualquer esfera da vida pública ou privada, quando um dispositivo, prática ou critério aparentemente neutro tem a capacidade de acarretar uma desvantagem particular para pessoas pertencentes a um grupo específico ou as coloca em desvantagem. É exatamente o que ocorre nos exemplos acima citados, pois, em sistemas computacionais aparentemente despidos de

---

21. Art. 22, § 2º, e art. 23 (Resolução nº 332/2020): Art. 22. § 2º Não se enquadram no caput deste artigo a utilização de modelos de Inteligência Artificial que utilizem técnicas de reconhecimento facial, os quais exigirão prévia autorização do Conselho Nacional de Justiça para implementação.
Art. 23. A utilização de modelos de Inteligência Artificial em matéria penal não deve ser estimulada, sobretudo com relação à sugestão de modelos de decisões preditivas.
22. Vale destacar, nesse sentido, as considerações tecidas por Safiya Umoja Noble: "Como resultado da falta de afro-americanos, e de mais pessoas com conhecimento aprofundado da história sórdida do racismo e sexismo, trabalhando no Vale do Silício, produtos são projetados sem uma análise cuidadosa sobre seu impacto potencial em uma gama diversa de pessoas." (NOBLE, Safiya Umoja Noble. *Algoritmos da opressão: como o google fomenta e lucra com o racismo*. Traduzido por Felipe Damorim. Santo André-SP: Rua do Sabão, 2021, p. 128.)
Ainda são dignos de nota os apontamentos de Adilson José Moreira: "O caráter discriminador da inteligência artificial decorre então do fato de que modos de operação aparentemente neutros reproduzem estruturas desiguais porque operam em uma realidade já marcada por disparidades significativas entre os diversos segmentos sociais.
Novas tecnologias causam um impacto discriminatório na realidade social porque promovem novas formas de opressão baseada nas mesmas categorias geralmente utilizadas para promover a marginalização de grupos sociais." (MOREIRA, Adilson José. *Tratado de direito antidiscriminatório*. São Paulo: Contracorrente, 2020, pág. 515-516.)
23. https://mittechreview.com.br/como-os-filtros-digitais-de-beleza-perpetuam-o-colorismo/. Acesso em 29 nov. 2022.

qualquer parcialidade, encontram-se vieses discriminatórios que restam por impor prejuízos diretos a certos indivíduos.

O Relatório Final para subsidiar o substituto de Projetos de Leis, no Senado Federal, para o uso e desenvolvimento de Inteligência Artificial em nosso País deu passo importante na conscientização e estudos que sempre devem ser realizados e monitorados quanto aos vieses e discriminações diretas e indiretas que podem vir a ocorrer em um resultado tecnológico. Reconhecendo que inexiste a neutralidade das soluções advindas dos artefatos e sistemas de Inteligência Artificial, o texto indica a necessidade de não confiamos, cegamente e sem críticas e ponderações, nos referidos resultados, subscrevendo seção que busca combater a discriminação e promover a correção de vieses discriminatórios diretos, indiretos, ilegais ou abusivo (seção IV, Capítulo II).[24]

II.5 Influxos tecnológicos no âmbito do Direito Administrativo

No que se refere ao Direito Administrativo, é fundamental alertar que esse ramo jurídico vem passando por uma profunda transformação, na medida em que a Administração Pública já vivencia a era do governo digital, tanto que, em 29 de março de 2021, foi publicada a Lei 14.129, a qual tem por objetivo estabelecer princípios, regras e instrumentos destinados a viabilizar o regramento e a implementação dessa fase tecnológica da gestão estatal. Dessa forma, possibilitar-se-á que políticas finalísticas/administrativas e a gestão dos processos administrativos sejam realizadas por meio de soluções digitais.

Alguns dos princípios elencados no diploma normativo acima indicado abrangem o uso da tecnologia para otimizar processos de trabalho, a interoperabilidade entre sistemas, a inclusão digital da população e a proteção de dados pessoais. Pode-se, assim, cogitar de uma Administração Pública em rede que, majoritariamente, realizará suas atividades e será demandada no mundo *online*.

Vale, nessa linha de intelecção, evidenciar algumas das estratégias de Governo Digital para o período de 2020-2022, as quais foram delineadas pelo Decreto Federal nº 10.332, de 28 de abril de 2020, conforme consta em seu anexo[25], ato normativo este que foi alterado pelos Decretos nº 10.996, de 14 de março de 2022 e nº 11.260, de 23 de novembro de 2022. Ressaltamos que a última norma prorroga as estratégias até o ano de 2023:

---

24. BRASIL. Comissão de Juristas instituída pelo Ato do Presidente do Senado nº 4, de 2022, destinada a subsidiar a elaboração de minuta de substitutivo para instruir a apreciação dos Projetos de Lei nºs 5.051, de 2019, 21, de 2020, e 872, de 2021, que têm como objetivo estabelecer princípios, regras, diretrizes e fundamentos para regular o desenvolvimento e a aplicação da inteligência artificial no Brasil. Brasília: Senado Federal, 2022.
25. O Decreto Federal n. 10.332, de 28 de abril de 2020 pode ser visualizado em: http://www.planalto.gov.br/ccivil_03/_ato2019-2022/2020/decreto/d10332.htm. Acesso em 11 jul. 2022.

OBJETIVO	INICIATIVAS
1. Oferta de serviços públicos digitais	Iniciativa 1.1. Transformar cem por cento dos serviços públicos digitalizáveis, até 2023. Iniciativa 1.2. Simplificar e agilizar a abertura, a alteração e a extinção de empresas no Brasil, de forma que esses procedimentos possam ser realizados em um dia, até 2022.
2. Avaliação de satisfação nos serviços digitais	Iniciativa 2.1. Oferecer meio de avaliação de satisfação padronizado para, no mínimo, cinquenta por cento dos serviços públicos digitais, até 2023. Iniciativa 2.2. Aprimorar a satisfação dos usuários dos serviços públicos e obter nível médio de, no mínimo, 4,5 (quatro inteiros e cinco décimos) em escala de 5 (cinco) pontos, até 2022. Iniciativa 2.3. Aprimorar a percepção de utilidade das informações dos serviços no portal único gov.br e atingir, no mínimo, sessenta e cinco por cento de avaliações positivas, até 2023.
3. Canais e serviços digitais simples e intuitivos	Iniciativa 3.1. Estabelecer padrão mínimo de qualidade para serviços públicos digitais, até 2020. Iniciativa 3.2. Realizar, no mínimo, cem pesquisas de experiência com os usuários reais dos serviços públicos, até 2022. Um Governo integrado, que resulta em uma experiência consistente de atendimento para o cidadão e integra dados e serviços da União, dos Estados, do Distrito Federal e Municípios, reduzindo custos, ampliando a oferta de serviços digitais e retira do cidadão o ônus do deslocamento e apresentação de documentos.
4. Acesso digital único aos serviços públicos	Iniciativa 4.1. Consolidar seiscentos e vinte e dois domínios do Poder Executivo federal no portal único gov.br, até 2022. Iniciativa 4.2. Integrar todos os Estados à Rede Gov.br, até 2022. Iniciativa 4.3. Consolidar a oferta dos aplicativos móveis na conta única do Governo federal nas lojas, até 2020. Iniciativa 4.4: Ampliar a utilização do login único de acesso gov.br para mil serviços públicos digitais, até 2022.
5. Plataformas e ferramentas compartilhadas	Iniciativa 5.1. Implementar meios de pagamentos digitais para, no mínimo, trinta por cento dos serviços públicos digitais que envolvam cobrança, até 2022. Iniciativa 5.2. Disponibilizar caixa postal do cidadão, que contemplará os requisitos do domicílio eletrônico, nos termos do disposto na Lei nº 14.129, de 29 de março de 2021, até 2023.

OBJETIVO	INICIATIVAS
6. Serviços públicos integrados	Iniciativa 6.1. Interoperar os sistemas do Governo federal, de forma que, no mínimo, seiscentos serviços públicos disponham de preenchimento automático de informações relacionadas ao Cadastro Base do Cidadão, ao Cadastro Nacional de Pessoa Jurídica e ao Cadastro de Endereçamento Postal, até 2022. Iniciativa 6.2. Ampliar para vinte a quantidade de atributos no cadastro base do cidadão, até 2023. Iniciativa 6.3. Estabelecer quinze cadastros base de referência para interoperabilidade do Governo federal, até 2023. Iniciativa 6.4. Estabelecer barramento de interoperabilidade dos sistemas do Governo federal, até 2020, de forma a garantir que pessoas, organizações e sistemas computacionais compartilhem os dados. Um Governo inteligente, que implementa políticas efetivas com base em dados e evidências e antecipa e soluciona de forma proativa as necessidades do cidadão e das organizações, além de promover um ambiente de negócios competitivo e atrativo a investimentos.
7. Políticas públicas baseadas em dados e evidências	Iniciativa 7.1. Produzir quarenta novos painéis gerenciais de avaliação e monitoramento de políticas públicas, até 2022. Iniciativa 7.2. Catalogar, no mínimo, as trezentas principais bases de dados do Governo federal, até 2022. Iniciativa 7.3. Disponibilizar o mapa de empresas no Brasil, até 2020.
8. Serviços públicos do futuro e tecnologias emergentes	Iniciativa 8.1. Desenvolver, no mínimo, seis projetos de pesquisa, desenvolvimento e inovação com parceiros do Governo federal, instituições de ensino superior, setor privado e terceiro setor, até 2022. Iniciativa 8.2. Implementar recursos de inteligência artificial em, no mínimo, doze serviços públicos federais, até 2022. Iniciativa 8.3. Disponibilizar, pelo menos, nove conjuntos de dados por meio de soluções de blockchain na administração pública federal, até 2022. Iniciativa 8.4. Implementar recursos para criação de uma rede blockchain do Governo federal interoperável, com uso de identificação confiável e de algoritmos seguros. Iniciativa 8.5. Implantar um laboratório de experimentação de dados com tecnologias emergentes até 2023.
9. Serviços preditivos e personalizados ao cidadão	Iniciativa 9.1. Implantar mecanismo de personalização da oferta de serviços públicos digitais, baseados no perfil do usuário, até 2022. Iniciativa 9.2. Ampliar a notificação ao cidadão em, no mínimo, vinte e cinco por cento dos serviços digitais. Um Governo confiável, que respeita a liberdade e a privacidade dos cidadãos e assegura a resposta adequada aos riscos, ameaças e desafios que surgem com o uso das tecnologias digitais no Estado.

OBJETIVO	INICIATIVAS
10. Implementação da Lei Geral de Proteção de Dados no âmbito do Governo federal	Iniciativa 10.1. Estabelecer método de adequação e conformidade dos órgãos com os requisitos da Lei Geral de Proteção de Dados, até 2020. Iniciativa 10.2. Estabelecer plataforma de gestão da privacidade e uso dos dados pessoais do cidadão, até 2020.
11. Garantia da segurança das plataformas de governo digital e de missão crítica	Iniciativa 11.1. Garantir, no mínimo, noventa e nove por cento de disponibilidade das plataformas compartilhadas de governo digital, até 2022. Iniciativa 11.2. Implementar controles de segurança da informação e privacidade em trinta sistemas críticos do Governo federal, até 2022. Iniciativa 11.3. Definir padrão mínimo de segurança cibernética a ser aplicado nos canais e nos serviços digitais, até 2022.
12. Identidade digital ao cidadão	Iniciativa 12.1. Prover dois milhões de validações biométricas mensais para serviços públicos federais, até o final de 2020. Iniciativa 12.2. Disponibilizar identidade digital ao cidadão, com expectativa de emissão de quarenta milhões, até 2022. Iniciativa 12.3. Criar as condições para a expansão e para a redução dos custos dos certificados digitais para que custem, no máximo R$ 50,00 (cinquenta reais) por usuário anualmente, até 2022. Iniciativa 12.4. Disponibilizar novos mecanismos de assinatura digital ao cidadão, até 2022. Iniciativa 12.5. Incentivar o uso de assinaturas digitais com alto nível de segurança. Iniciativa 12.6. Estabelecer critérios para adoção de certificado de atributos para simplificação dos processos de qualificação de indivíduo ou entidade. Iniciativa 12.7. Promover a divulgação ampla de sistemas e aplicações para uso e verificação das políticas de assinatura com códigos abertos e interoperáveis. Um Governo transparente e aberto, que atua de forma proativa na disponibilização de dados e informações e viabiliza o acompanhamento e a participação da sociedade nas diversas etapas dos serviços e das políticas públicas.
13. Reformulação dos canais de transparência e dados abertos	Iniciativa 13.1. Integrar os portais de transparência, de dados abertos e de ouvidoria ao portal único gov.br, até 2020. Iniciativa 13.2. Ampliar a quantidade de bases de dados abertos, de forma a atingir 0,68 (sessenta e oito centésimos) pontos no critério de disponibilidade de dados do índice organizado pela Organização para a Cooperação e Desenvolvimento Econômico, até 2022. Iniciativa 13.3. Melhorar a qualidade das bases de dados abertos, de forma a atingir 0,69 (sessenta e nove décimos) pontos no critério de acessibilidade de dados do índice organizado pela Organização para a Cooperação e Desenvolvimento Econômico, até 2022.

OBJETIVO	INICIATIVAS
14. Participação do cidadão na elaboração de políticas públicas	Iniciativa 14.1. (Revogado) Iniciativa 14.2. Aprimorar os meios de participação social e disponibilizar nova plataforma de participação, até 2021.
15. Governo como plataforma para novos negócios	Iniciativa 15.1. Disponibilizar, no mínimo, vinte novos serviços interoperáveis que interessem às empresas e às organizações, até 2023. Iniciativa 15.2. (Revogado) Um Governo eficiente, que capacita seus profissionais nas melhores práticas e faz uso racional da força de trabalho e aplica intensivamente plataformas tecnológicas e serviços compartilhados nas atividades operacionais. Iniciativa 15.3. Criar dinâmica de integração entre os agentes públicos de transformação digital e o ecossistema de inovação GovTech, até 2022. Iniciativa 15.4. Ampliar em vinte por cento a quantidade de competições de inovação abertas para a identificação ou o desenvolvimento de soluções de base tecnológica para o Governo federal realizadas no âmbito do gov.br/desafios, até 2022. Iniciativa 15.5. Sistematizar e disseminar conhecimentos sobre compras públicas de inovação, até 2022. Iniciativa 15.6. Incorporar a temática de GovTechs em, no mínimo, dois programas de empreendedorismo inovador ou de transformação digital, até 2022. Iniciativa 15.7. Realizar, no mínimo, dois eventos sobre o uso de GovTechs na administração pública federal, com foco no marco legal das start-ups, nos termos do disposto na Lei Complementar nº 182, de 1º de junho de 2021, até 2022.
16. Otimização das infraestruturas de tecnologia da informação	Iniciativa 16.1. Realizar, no mínimo, seis compras centralizadas de bens e serviços comuns de tecnologia da informação e comunicação, até 2022. Iniciativa 16.2. Ampliar o compartilhamento de soluções de software estruturantes, totalizando um novo software por ano, até 2022. Iniciativa 16.3. Disponibilizar o Portal Nacional de Contratações Públicas, até 2022. Iniciativa 16.4. (Revogado) Iniciativa 16.5. Migração de serviços de, pelo menos, trinta órgãos para a nuvem, até 2022. Iniciativa 16.6. Negociar acordos corporativos com os maiores fornecedores de tecnologia da informação e comunicação do governo, de forma a resultar na redução de, no mínimo, vinte por cento dos preços de lista, até 2022.

OBJETIVO	INICIATIVAS
17. O digital como fonte de recursos para políticas públicas essenciais	Iniciativa 17.1. Aprimorar a metodologia de medição da economia de recursos com a transformação digital, até 2020. Iniciativa 17.2. Disponibilizar painel com o total de economia de recursos auferida com a transformação digital, até 2020. Iniciativa 17.3. (Revogado)
18. Equipes de governo com competências digitais	Iniciativa 18.1. Capacitar, no mínimo, dez mil profissionais das equipes do Governo federal em áreas do conhecimento essenciais para a transformação digital. Iniciativa 18.2. Difundir os princípios da transformação digital por meio de eventos e ações de comunicação, de forma a atingir, no mínimo, cinquenta mil pessoas, até 2022. Iniciativa 18.3. Promover ações com vistas ao recrutamento e à seleção de força de trabalho dedicada à transformação digital e à tecnologia da informação na administração pública federal.

Fonte: Tabela realizada pelos autores, conforme o Anexo do Decreto Federal n. 10.332, de 28 de abril de 2020, com as alterações promovidas pelos Decretos nº 10.996, de 14 de março de 2022 e nº 11.260, de 23 de novembro de 2022.

Essa perspectiva altera a forma de análise dos serviços públicos, os quais, segundo estabelece Rafael Carvalho Rezende Oliveira[26], "são atividades prestacionais titularizadas, com ou sem exclusividade, pelo Estado, criadas por lei, com o objetivo de atender as necessidades coletivas, submetidas ao regime predominantemente público". Acredita-se, frente ao novel panorama, que, ao conceito de serviço público, deve ser acrescentada a ideia de que a sua prestação poderá ocorrer de forma física ou digital, seguindo-se os parâmetros estabelecidos pela Lei 14.129/21.

Entre os aspectos mais relevantes relacionados aos serviços públicos prestados de forma *online* está a necessidade de inclusão dos vulneráveis digitais, tendo em vista que, diante da heterogeneidade do Brasil, boa parte da população sequer tem acesso à internet. Portanto, a Administração Pública deve ofertar o ferramental necessário, para que o cidadão possa se valer dos sistemas informatizados e, em caso de total impossibilidade, é imperioso que se tenha o atendimento presencial[27].

Outrossim, não mais se pode admitir as formulações de políticas públicas de maneira intuitiva, ou seja, sem o consequente atendimento das necessidades reais do cidadão. Assim, o Governo Digital deverá ser regido pelos dados, que irão nortear

---

26. OLIVEIRA, Rafael Carvalho Rezende. *Curso de Direito Administrativo*. 9ª edição. Rio de Janeiro: Método, 2021, p. 212.
27. Nesses termos, está redigido o art. 14 da Lei 14.129/21: Art. 14. A prestação digital dos serviços públicos deverá ocorrer por meio de tecnologias de amplo acesso pela população, inclusive pela de baixa renda ou residente em áreas rurais e isoladas, sem prejuízo do direito do cidadão a atendimento presencial. Parágrafo único. O acesso à prestação digital dos serviços públicos será realizado, preferencialmente, por meio do autosserviço.

a alocação adequada dos recursos públicos. Um bom exemplo desse paradigma de governabilidade por dados pode ser extraído da criação de painéis centralizadores das informações relacionadas à pandemia ocasionada pela Covid-19, que permitem, a princípio, a estruturação de medidas de contenção da doença[28].

Não se pode olvidar, ademais, que a sistemática de fiscalização do Tribunal de Contas da União – TCU já ganhou novas feições, uma vez que foram incorporadas ferramentas de inteligência artificial, cujo escopo é apontar possíveis irregularidades nos processos de contratações públicas. Atualmente as ferramentas tecnológicas promovidas pelo TCU são as seguintes[29]: Alice (Análise de Licitações e Editais), Monica (Monitoramento Integrado para o Controle de Aquisições), Adele (Análise de Disputa em Licitações Eletrônicas), Sofia (Sistema de Orientação sobre Fatos e Indícios para o Auditor), Carina (Crawler e Analisador de Registros da Imprensa Nacional) e Ágata (Aplicação Geradora de Análise Textual com Aprendizado).

O sistema computacional Alice foi originalmente desenvolvido pelo Ministério da Transparência, Fiscalização e Controladoria-Geral da União e, posteriormente, cedido ao TCU. Por meio do uso de tal ferramenta, é possível identificar inconsistências nos editais de licitação e nas atas de pregões eletrônicos publicados no Portal de Compras do Governo Federal – Comprasnet, auxiliando, desse modo, na rotina fiscalizatória da Corte de Contas.

O Monitoramento Integrado para o Controle de Aquisições – Monica, por sua vez, concentra as informações alusivas às contratações realizadas no âmbito federal, incluindo os Poderes Executivo, Legislativo e Judiciário, de tal sorte que é possível avaliar, adequadamente, a regularidades dos processos de contratações públicas.

Já o sistema Sofia é um instrumento de auxílio à atividade desempenhada pelo auditor, no momento da formulação dos documentos de controle externo. A ferramenta é capaz de indicar ao agente público se determinada sociedade empresária já foi penalizada em outros processos, bem como sinalizar a relação de contratos que esta já tenha firmado com a Administração Pública Federal.

Quanto ao Adele, cabe frisar que o referido sistema permite o monitoramento de toda a dinâmica do pregão eletrônico, incluindo os lances efetuados e a situação das sociedades empresárias participantes. Há, inclusive, identificação do IP (Internet Protocol) dos participantes, a fim de apurar eventuais atos contrários à juridicidade administrativa.

O Carina (Crawler e Analisador de Registros da Imprensa Nacional), doutro lado, rastreia as informações sobre contratações públicas, no Diário Oficial da União, com o objetivo de identificar possíveis incongruências.

---

28. As informações podem ser encontradas no seguinte sítio eletrônico: https://covid.saude.gov.br/. Acesso em 01/02/2022.
29. COSTA, Marcos Bemquerer; BASTOS, Patrícia Reis Leitão. Controle Externo: *Revista do Tribunal de Contas do Estado de Goiás*, Belo Horizonte, ano 2, n. 3, p. 11-34, jan./jun. 2020.

Por fim, a Aplicação para Geração de Análise Textual Acelerada (Ágata) é voltada ao refinamento e à atualização dos alertas advindos do sistema Alice.

A despeito do substancial avanço no processo fiscalizatório é fundamental que o Tribunal de Contas da União viabilize, antes de tudo, integral transparência e controlabilidade das ferramentas utilizadas, a fim de que se possa atestar que há integral respeito aos direitos e às garantias fundamentais dos cidadãos.

Ainda na seara do Direito Administrativo, é preciso observar que o Centro de Estudos Judiciários do Conselho da Justiça (CEJ/CJF) realizou, entre os dias 3 e 7 de agosto de 2020, a I Jornada de Direito Administrativo, de forma remota, aprovando 40 enunciados, entre 743 propostas que foram inicialmente recebidas para a análise das comissões.[30]

Entre os 40 enunciados, o de número 12 veio a tratar de tema relativo às "decisões administrativas robóticas", nos seguintes termos:

> Enunciado 12: A decisão administrativa robótica deve ser suficientemente motivada, sendo a sua opacidade motivo de invalidação.

Conforme já informado em outro ensaio[31], interessante observar que documentação relativa ao evento contextualiza o referido Enunciado na área relativa ao "Processo administrativo", o que nos conduz ao entendimento inicial que o seu âmbito de aplicação, imaginado pelas comissões, seria as decisões proferidas em tal processo.

Ainda, o documento oficial do evento cita fato ilustrativo ocorrido no Reino Unido[32] relativo à atribuição de notas, por meio de algoritmos, em uma Exame

---

30. Sobre a referida Jornada, as informações oficiais constam no seguinte endereço eletrônico: https://www.cjf.jus.br/cjf/noticias/2020/08-agosto/cej-publica-cadernos-de-enunciados--aprovados-na-i-jornada-de-direito-administrativo-e-na-i-jornada-de-direito-e-processo--penal. Acesso em 01 abr. 2022.
31. PEREIRA, João Sergio dos Santos Soares. As decisões administrativas robóticas: das possibilidades aos limites. In: SADDY, André. *Inteligência artificial e direito administrativo*. Rio de Janeiro: Centro para Estudos Empírico-Jurídicos (CEEJ), 2022. O presente ensaio foi citado no Relatório Final, entregue em 06 de dezembro de 2022, pela Comissão de Juristas instaurada para estabelecer princípios, regras, diretrizes e fundamentos para regular o desenvolvimento e a aplicação da inteligência artificial no Brasil. O autor João Sergio, conjuntamente com outros autores de trabalhos acadêmicos, teve algumas de suas propostas utilizadas como base para a elaboração da normativa, como aquelas que constam nos Capítulos II (Dos Direitos) e Capítulo IV (Da Governança dos Sistemas de Inteligência Artificial). Vide: BRASIL. Comissão de Juristas instituída pelo Ato do Presidente do Senado nº 4, de 2022, destinada a subsidiar a elaboração de minuta de substitutivo para instruir a apreciação dos Projetos de Lei nºs 5.051, de 2019, 21, de 2020, e 872, de 2021, que têm como objetivo estabelecer princípios, regras, diretrizes e fundamentos para regular o desenvolvimento e a aplicação da inteligência artificial no Brasil. Brasília: Senado Federal, 2022, p. 9-57.
32. O Caso do Reino Unido é veiculado pela matéria da BBC de 20 de agosto de 2020: "Algoritmo roubou meu futuro": solução para "Enem britânico' na pandemia provoca escândalo,

Nacional, semelhante ao nosso ENEM, em área de aplicação distinta ao processo administrativo, qual seja, a área de aplicação da decisão administrativa geral.

Ao seguir o contexto imaginado para o Enunciado, pensamos em alguns dispositivos legais que exigem posicionamentos democráticos por parte da Administração Pública. A Constituição de 1988 enumera os princípios dispostos no artigo 37, entre eles, o da impessoalidade, publicidade e eficiência (que se coadunam com os termos "suficientemente motivada" e "opacidade" expressos no texto do já transcrito Enunciado n. 12).

Embora o Enunciado expresse as palavras "decisão administrativa robótica", teria sido mais acertado dispor do tema sob outra perspectiva da realidade, uma vez que diversos sistemas inteligentes não se relacionam à figura de associação física de um "robô". A possibilidade de intervenção direta no mundo tangível não é algo essencial ou imprescindível para o reconhecimento das técnicas de automação ou Inteligência Artificial.

Softwares, plataforma automatizadas, aplicações que emulam atividades humanas, estão embutidos em diversos objetos, coisas, ou não, até mesmo, pelas ondas de transmissão de informações implementadas no nosso País, por meio da tecnologia 5G.

Voltando os olhos para o Enunciado em si, a expressão "suficientemente motivada" ou o campo necessário da motivação não traz nenhuma novidade. Ao revés. Qualquer decisão tomada pelo Poder Público (em sua acepção ampla) deve ofertar as razões pelas quais se chegou a uma determinada solução.

Na seara administrativa, aliás, ofertar explicações às decisões deve ocorrer em qualquer circunstância, uma vez que é pela fundamentação que se exerce o controle da legalidade dos atos administrativos.

A Lei n. 9.784, de 29 de janeiro de 1999, que regula o processo administrativo no âmbito da Administração Pública Federal (apenas a título exemplificativo, uma vez que a maioria das Legislações Estaduais também trazem os mesmos princípios), explicita em seu art. 2º que ela deve obedecer, entre outros, aos princípios da legalidade, finalidade, motivação, razoabilidade, proporcionalidade, moralidade, ampla defesa, contraditório, segurança jurídica, interesse público e eficiência. Inclusive, o parágrafo único do mesmo dispositivo legal indica que, nos processos administrativos, serão observados, entre outros, os critérios de atuação conforme a lei e o Direito. E, o artigo 50 da Lei n. 9.784/99 dispõe que os atos administrativos deverão ser motivados, com indicação dos fatos e dos fundamentos jurídicos inerentes, e, em seu § 1º, expressamente expõe que essa motivação não pode ser qualquer uma, descompromissada com o que se espera de justificação em um Estado Democrático de Direito, ou seja, deve ser explícita, clara e congruente.

---

disponível em: https://www.bbc.com/portuguese/internacional-53853627. Acesso em 02 abr. 2022.

A ausência de motivação conduz à outra expressão textual do Enunciado, a invalidação do ato (ou quiçá, poder-se-ia pensar em sua própria inexistência jurídica), o que, igualmente, não apresenta inovações ou novidades, pois, de forma clássica, a nulidade do ato está diretamente relacionada à falta de razões suficientes para a sua identificação e intelecção.

Nesse sentido, Fabiano Hartmann, Eduardo Schiefler e Matheus Lopes Dezan, ao refletirem sobre a redação do Enunciado n. 12, afirmam que ele não inova no campo do direito administrativo, haja vista que a motivação das decisões administrativas é requisito de validade dos atos administrativos decisórios, dado seu regulamento exigir que a gestão da *res pública* ocorra de modo responsiva e transparente, ou seja, o registro formal dos motivos de fato e de direito que orientaram o processo de tomada de decisão é medida exigida para o controle jurídico e social sobre os referidos atos.[33]

O Enunciado ainda se reporta à palavra "opacidade". Sem dúvidas, no mundo digital hiperconectado, rápido e fluido em que estamos, a demanda por transparência e explicabilidade é uma das principais preocupações éticas propedêuticas para a utilização de sistemas de apoio e tomada de decisões automatizadas.

Quanto ao ponto, é preciso ponderar que os códigos algoritmos e suas aplicações não são neutras, isentas de vieses e preconceitos. Devemos nos cercar de equipes cooperativas de representação substancial diversa e multidisciplinar quando envolvemos automações que conduzem a tomada de decisões para os cidadãos. Embora exista, na atualidade, grande debate entre dois polos supostamente contrastantes: a transparência, abertura de dados, volume e quantidade de informações e motivação em face da proteção do segredo de negócios e à propriedade intelectual, parece-nos que, ao tratarmos com o Poder Público, a abertura da estrutura modular e a auditagem dos modelos é de rigor.

Nesse sentido, o Enunciado poderia ter ido além em suas preocupações centrais, uma vez que a inteligibilidade mínima modular, de fato, é requisito *a priori*, corrobora o mínimo de controle às partes, entretanto, para que ela se viabilize, as preocupações com a formação adequada dos *datasets*, variabilidade dos dados para a identificação das decisões administrativas e sua adequabilidade aos contextos sociais e culturais são ainda mais substanciais e necessárias às aplicações virtualizadas.

Essas são algumas das possibilidades e limitações que deveriam ser refletidas antes mesmo da edição do Enunciado, ora em debate, pois, sem elas, dificilmente alcançaremos o objetivo almejado por ele: a correção dos resultados "robóticos", sem opacidades e nulidades consequentes.

---

33. HARTMANN, Fabiano; SCHIEFLER, Eduardo; DEZAN, Matheus Lopes. A decisão administrativa robótica e o dever de motivação: Robôs proferirem decisões administrativas é decerto inovador. A necessidade de motivação, não. *Jota*, em: 01 set. 2020, disponível em: https://www.jota.info/coberturas-especiais/inova-e-acao/a-decisao-administrativa-robotica-e-o-dever-de-motivacao-01092020. Acesso em 18 mar. 2022.

Poder-se-ia elencar inúmeras outras situações transformadoras dos mais variados ramos do direito e suas consequentes transformações em face das novas tecnologias, mas o escopo da presente obra é analisar, de forma vertical, a ressignificação do direito processual civil, o que se passa a realizar no próximo capítulo.

III
PROCESSO CIVIL, AUTOMAÇÕES E INTELIGÊNCIA ARTIFICIAL

Sumário: III.1 Inteligência Artificial e normas fundamentais. III.1.1 Os novos tempos do Constitucionalismo Digital e o Direito Processual. III.1.2 Elementos tradicionais das normas processuais fundamentais. III.1.2.1 Do Direito Constitucional ao processo justo. III.1.2.2 O devido processo legal e suas cláusulas essenciais. III.1.3 Por uma refundação das normas processuais fundamentais: a análise do Devido Processo Legal Tecnológico. III.1.3.1 A isonomia processual no cenário de disrupção tecnológica. III.1.3.2 Contraditório tecnológico. III.1.3.3 Acesso à justiça e novas tecnologias. III.1.3.4 Publicidade algorítmica. III.1.3.5 Uma síntese conclusiva reflexiva pela refundação do cenário processual contemporâneo. III.2 Novas tecnologias e o redesenho da competência territorial. III.3 Negócio jurídico processual e Inteligência Artificial. III.4 Inteligência Artificial e precedentes. III.4.1 Considerações gerais sobre o sistema de precedentes do CPC. III.4.2 Modelos de julgamentos e o problema da extração da *ratio decidendi*. III.4.3 Contornos da aplicação tecnológica dos precedentes judiciais e a necessidade de estabelecimento de novos parâmetros teóricos. III.4.4 O devido processo legal tecnológico e os precedentes judiciais. III.4.5 Consideração final: padrões advindos de formação e aplicação responsivos e não apenas da lógica "acabar com a quantidade de processos", por meio de técnicas de IA. III.5 Inteligência Artificial e teoria da decisão judicial. III.5.1 Teoria da decisão judicial enquanto problema da teoria do direito. III.5.2 Integridade, coerência, estabilidade, fundamentação adequada, contraditório substancial: condições de possibilidade para decisões democráticas. III.5.3 A Inteligência Artificial enquanto elemento de controle de subjetividades para o alcance das intersubjetividades cooperativas. III.5.4 Juiz robô?. III.6 Inteligência Artificial, novas tecnologias e direito probatório. III.6.1 A prova enquanto âmago do processo: conceito, modelo cooperativo de aquisição e produção, meios, ônus e as interações tecnológicas. III.6.2 Prova digital. III.6.3 Limites à aquisição, produção e valoração probatória. III.6.4 Refundação das fontes de prova e a interconexão digital: Redes sociais, *WhastApp, Instagram, Facebook, Twitter, Printscreen, Telegram, Microsoft Teams, Zoom, e-mail* e as pegadas digitais (*logs*). III.6.5 A prova pericial e o *blockchain*. III.7 Inteligência Artificial e execução. III.8 Inteligência Artificial e procedimentos especiais. III.8.1 Inteligência Artificial e execução fiscal. III.8.1.1 Panorama da execução fiscal e o delineamento de sua crise. III.8.1.2 Redesenho da execução fiscal, com base nos sistemas de inteligência artificial. III.8.2 Inteligência Artificial e procedimentos de falência e recuperação judicial. III.9 Inteligência Artificial e meios adequados à resolução de conflitos. III.10 Cortes *online*. III.10.1 Experiência brasileira e o plenário virtual: da repercussão geral ao julgamento total dos casos sob análise no Supremo Tribunal Federal.

III.1 Inteligência Artificial e normas fundamentais

III.1.1 Os novos tempos do Constitucionalismo Digital e o Direito Processual

A modificação da arquitetura social, em face da implementação de tecnologias disruptivas (inteligência artificial, *blockchain*, internet das coisas – IoT, entre outras), exige uma verdadeira reconfiguração do Direito, como já afirmado, para que seja possível lidar com os mais variados espectros das novas relações intersubjetivas estabelecidas.

No bojo da quarta revolução industrial[1], firmam-se contratos inteligentes (*smart contracts*[2]), promove-se o policiamento preditivo, contratam-se empregados por meio de seleção curricular realizada por sistemas computacionais[3], espalham-se *fake news* no ciberespaço a fim de manipular processos eleitorais[4], utilizam-se veículos autônomos, tomam-se decisões estratégicas de políticas públicas com base no processamento massivo de dados por *machine learning* e são modeladas cortes online, cujas estruturas sedimentam um projeto de uma verdadeira justiça digital[5].

Ressai evidente, nesse contexto, que as soluções jurídicas tradicionalmente formatadas pelos mais variados ramos do Direito (Constitucional, Civil, Administrativo, Trabalhista e Processual Civil etc.) não são suficientes, por si só, para dar resposta aos novos desafios contemporâneos. É fundamental, assim, revisitar as bases das categorias processuais, sob uma nova roupagem.

Lado outro, a realidade fática subjacente exige a adequada compreensão do Constitucionalismo sob a ótica digital, ou seja, é necessário discutir os direitos e as garantias fundamentais no ciberespaço[6] e em situações de uso de tecnologias disruptivas como a inteligência artificial[7].

---

1. SCHWAB, Klaus. *Aplicando a quarta revolução industrial*. Edipro. São Paulo, 2018.
2. VERONESE, Alexandre. *A quarta revolução industrial e blockchain: valores sociais e confiança*. A quarta revolução industrial: inovações, desafios e oportunidades Rio de Janeiro: Fundação Konrad Adenauer, abril 2020.
3. https://tecnoblog.net/meiobit/391571/ferramenta-de-recrutamento-amazon-ai-discriminava-mulheres/. Acesso em: 01 jun. 2022.
4. BARROSO, Luís Roberto. Revolução tecnológica, crise da democracia e constituição: direito e políticas públicas num mundo em transformação. Belo Horizonte: Fórum, 2021, p. 49.
5. KATSH, Ethan; RABINOVICH-EINY, Orna. *Digital Justice*: technology and the internet of dispute. Oxford University Press. 2017.
6. Sobre o tema, manifestam-se Gilmar Ferreira Mendes e Victor Oliveira Fernandes (MENDES, Gilmar Ferreira; FERNANDES, Victor Oliveira. Constitucionalismo digital e jurisdição constitucional: uma agenda de pesquisa para o caso brasileiro. *Revista Brasileira de Direito*, Passo Fundo, vol. 16, n. 1, p. 1-33, janeiro-abril, 2020 – ISSN 2238-0604): "Para os fins do presente estudo, entende-se que o Constitucionalismo Digital corresponde, de forma ainda mais abstrata, a uma corrente teórica do Direito Constitucional contemporâneo que se organiza a partir de prescrições normativas comuns de reconhecimento, afirmação e

Com efeito, precisarão ser redimensionadas as clássicas proteções assentadas na Constituição de 1988 e, consequentemente, criadas categorias de direitos antes não imaginadas. A liberdade de expressão, por exemplo, deve ser relida em compasso com o ambiente virtual e seus consectários.

Percebe-se, desse modo, que as tecnologias não mais são alocadas em um plano acessório, mas constituem amálgama indispensável dos institutos jurídicos, ensejando, por conseguinte, a refundação do arcabouço normativo tradicional.

A situação não é diferente quando se trata do direito processual, na medida em que as normas fundamentais antes projetadas para um ambiente analógico e alheio à implementação de tecnologias, como a inteligência artificial, precisam passar por um processo de refundação, visto que não mais respondem a problemas substanciosos, tais como a falta de explicabilidade dos sistemas computacionais, os vieses discriminatórios de ferramentas de auxílio à tomada de decisão, a observância do contraditório substancial nas cortes online, a falta de cooperação no processo construtivo dos algoritmos do Poder Judiciário, o risco à isonomia derivado do desequilíbrio entre litigantes habituais e eventuais no uso da análise preditiva, a aplicação tecnológica de precedentes judiciais[8] e a deficitária curadoria do *dataset* nos projetos de IA que buscam soluções de racionalização processual.

Nessa linha de intelecção é que alguns autores têm defendido a ideia de uma virada tecnológica do direito processual, pois o uso da tecnologia abandona a roupagem meramente instrumental (verificada, principalmente, na etapa de digitalização) e alcança o *status* de agente transformador do próprio sistema de justiça, atuando, por exemplo, no delineamento de novas formas de solução de conflitos[9-10].

---

    proteção de direitos fundamentais no ciberespaço. Essa proposta conceitual vai ao encontro de definições veiculadas por autores como Eduardo Celeste, Claudia Padovani e Mauro Santaniello e Meryem Marzouki que atribuem ao constitucionalismo digital a marca de uma verdadeira ideologia constitucional que se estrutura em um quadro normativo de proteção dos direitos fundamentais e de reequilíbrio de poderes na governança do ambiente digital."

7. LORDELO, João Paulo. *Constitucionalismo digital e devido processo legal*. São Paulo: JusPodivm, 2022.

8. VALE, Luís Manoel Borges do. Teoria tecnológica dos precedentes judiciais. NUNES, Dierle; WERNECK, Isadora; LUCON, Paulo dos Santos. *Direito processual e tecnologia: os impactos da virada tecnológica no âmbito mundial*. Salvador: JusPodivm, 2022.

9. Em linha de convergência, manifestam-se Alexandre Bahia, Dierle Nunes e Flávio Pedro (NUNES, Dierle; BAHIA, Alexandre; PEDRON, Flávio. *Teoria geral do processo*. 2ª ed. Salvador: JusPodivm, 2021, p. 140): Nesse sentido, a proposta que vimos delineando há algum tempo é a de que o emprego da tecnologia não pode ser encarado pelo Direito apenas nessa visão, mas, sim, como uma verdadeira virada que induzirá a releitura de institutos desde o âmbito propedêutico até o delineamento da refundação de técnicas processuais para que possam atingir bons resultados, mas com respeito do conjunto de normas fundamentais atinentes ao modelo constitucional de processo.

10. Sobre o caráter transformador das novas tecnologias, pronuncia-se Richard Susskind (SUSSKIND, Richard. *Online courts and the future of justice*. United Kingdom: Oxford

Diante de tal cenário, é que, neste capítulo, será proposta uma refundação das normas fundamentais processuais (devido processo legal, contraditório, isonomia, publicidade e acesso à justiça) à luz das novas tecnologias, considerando, portanto, seu potencial transformador.

III.1.2 Elementos tradicionais das normas processuais fundamentais

III.1.2.1 Do Direito Constitucional ao processo justo

O Direito Processual Constitucional estabelece um plexo de direitos e garantias necessários à efetivação de um *giusto processo*[11]. Desse modo, é impossível conceber o processo, no Estado Democrático de Direito, dissociado do contraditório, da ampla defesa, da publicidade, do acesso à justiça, da isonomia e, consequentemente, do devido processo legal[12].

Esse panorama inafastável influenciou, inclusive, o atual Código de Processo Civil, que, em suas linhas introdutórias, versou sobre as normas processuais fundamentais, replicando muitas das disposições já estampadas na carta constitucional. Isso demonstra a robustez do movimento de constitucionalização do processo[13], de modo a destacar que o filtro da Carta de Outubro é medida cogente a orientar a interpretação e aplicação dos enunciados normativos processuais.

Não se pode deixar de destacar que o processo se consubstancia como via hábil à concretização de direitos e garantias fundamentais, pois, em diversas situações, apenas por meio do exercício da função jurisdicional é que se promove real efetividade[14].

University Press, 2019, p. 33): "On the other hand, technology can play a very different role. It can displace and revolutionize conventional working habits and bring radical change – doing new things, rater than old things in new ways. I refer to this as a specific type of transformation. This is about using technology to allow us to perform tasks and deliver services that would not have been possible, or conceivable, in the past. The impact f transformative Technologies can be profound. Online banking is na everyday illustration. As are online digital music services. These services are not trimmed and polished variations on old themes. They blast the old approaches out of the water. Transformation brings 'disruption' whereas automation sustains traditional ways of working."

11. COMOGLIO, Luigi Paolo. *Il modelli di garanzia costituzionale del processo*, in Riv.dir.proc. civ, v.45, 1991.
12. Perlustrando a mesma senda, manifesta-se Cândido Rangel Dinamarco (DINAMARCO, Cândido Rangel. *Comentários ao código de processo civil: das normas processuais civis e da função jurisdicional*. Vol. 1. São Paulo: Saraiva, 2018, p. 54): "Também se sabe que só há um processo justo e équo (*giusto processo*) onde se haja deferido às partes o pleno e efetivo gozo das garantias oferecidas pela Constituição e pela lei e onde o próprio juiz haja acatado as limitações inerentes ao *due process*."
13. ZANETI JÚNIOR, Hermes. *A constitucionalização do processo*: o modelo constitucional da justiça brasileira e as relações entre processo e constituição. 2ª ed. São Paulo: Atlas, 2014.
14. Convergindo com o argumento exposto, manifesta-se Daniel Mitidiero (MITIDIERO, Daniel. *Processo Civil*. São Paulo: Thomson Reuters, 2021, p. 25): "Daí a importância de

Assim, o processo não pode se traduzir em um ambiente de arbitrariedades e desmandos, posto que serviria à implementação de injustiças, podendo conduzir à lógica de um Estado ditatorial e não democrático[15]. Nesse sentido, é que transmudações processuais não podem resultar em violações às garantias insculpidas constitucionalmente. Essa a exigência inafastável que perpassa pela necessidade de eleição de um devido processo legal para a concreção de direitos.

III.1.2.2 O devido processo legal e suas cláusulas essenciais

A cláusula geral do devido processo legal (Constituição Federal de 1988: Art. 5º, LIV – ninguém será privado da liberdade ou de seus bens sem o devido processo legal), portanto, desde os idos de 1215 (quando da edição da Magna Carta), revela-se como instrumento de contenção do arbítrio estatal e de salvaguarda de direitos e garantias fundamentais[16]. Afinal de contas, chancela-se a necessidade do estabelecimento de regras prévias ao deslinde processual, proporcionando segurança jurídica e legitimidade da atuação da autoridade julgadora[17].

No entanto, o trâmite evolutivo do *due process of law*, revela que não se pode encarar tal postulado sob uma faceta meramente formal, ou seja, ligada às garantias mínimas de observância do contraditório, da ampla defesa, do juiz natural, da razoável duração, entre outras, mas há que se pensar em uma dimensão substancial que albergue a necessidade de se proferirem decisões atentas à observância das máximas da proporcionalidade e da razoabilidade[18].

O devido processo legal se apresenta, nos termos expostos, como um direito complexo do qual derivam inúmeros outros que compõem o seu núcleo essencial. Com o passar do tempo, sua releitura é indispensável, de modo a agregar preceitos

---

se afirmar com todas as letras que o processo civil visa à tutela dos direitos – à viabilização de uma decisão de mérito justa, adequada, efetiva e tempestiva para um caso e à unidade do direito mediante precedente".
15. CAMBI, Eduardo. *Neoconstitucionalismo e neoprocessualismo: direitos fundamentais, políticas públicas e protagonismo judiciário*. São Paulo: Almedina, 2016.
16. CASTRO, Carlos Roberto Siqueira. *O devido processo legal e os princípios da razoabilidade e da proporcionalidade*. Rio de Janeiro: Forense, 2010, p. 5.
17. Em linha de convergência, pronunciam-se Rogério Lauria Tucci e José Rogério Cruz e Tucci (TUCCI, Rogério Lauria; TUCCI, José Rogério Cruz e Tucci. *Devido processo legal e tutela jurisdicional*. São Paulo: Revista dos Tribunais, 1993, p. 19): "E consubstancia-se, sobretudo, como igualmente visto, numa garantia conferida pela Magna Carta, objetivando a consecução dos direitos denominados fundamentais através da efetivação do direito ao processo, materializado num procedimento regularmente desenvolvido, com a imprescindível concretização de todos os seus respectivos corolários, e num prazo razoável."
18. No direito brasileiro, a dimensão substancial do devido processo legal foi correlacionada à proporcionalidade e à razoabilidade, tal como já se manifestou o Supremo Tribunal Federal, no RE nº 374.981.

diversos não imaginados na sua concepção embrionária. Tem-se, com base no exposto, uma feição dinâmica que é inerente aos delineamentos da aludida cláusula geral.

Doutro lado, o contraditório, derivação inescapável do devido processo legal, é condição ontológica da própria ideia de processo justo e estruturado em bases democráticas (Elio Fazzalari[19], inclusive, conceituava processo como procedimento em contraditório), pois não se pode negar às partes o direito de informação, participação e influência.

Percebe-se que a lógica binária do contraditório anteriormente aventada por alguns doutrinadores (informação-participação) é insuficiente para atender aos reclames do modelo compartipativo de processo[20], o qual pressupõe um policentrismo a exigir a atuação de todos os sujeitos processuais na construção do produto decisório. Desse modo, a noção de influência passa a constituir a trinca indissociável da ideia de contraditório[21], consoante dispõe o art. 10 do CPC: "O juiz não pode decidir, em grau algum de jurisdição, com base em fundamento a respeito do qual não se tenha dado às partes oportunidade de se manifestar, ainda que se trate de matéria sobre a qual deva decidir de ofício."

O contraditório prévio, dessa maneira, é a regra a ser aplicada, para que o processo possa se desenvolver em harmonia com os cânones constitucionais, visto que não há como influenciar a construção de uma decisão já prolatada. No entanto, em hipóteses excepcionais, admite-se o diferimento do contraditório, com o escopo de evitar grave lesão a direito[22], de acordo com o que destacam os professores Fernando da Fonseca Gajardoni, Luiz Dellore, Andre Vasconcelos Roque e Zulmar Duarte de Oliveira JR[23]: "É a possibilidade de decisões *inaudita altera*

---

19. FAZZALARI, Elio. *Instituzioni di diritto processuale*. 8 ed. Padova: CEDAM, 1996.
20. MAZZOLA, Marcelo. *Tutela Jurisdicional Colaborativa: a cooperação como fundamento autônomo de impugnação*. Curitiba: CRV, 2017.
21. Sobre o tema, são válidas as considerações tecidas por Luiz Guilherme Marinoni, Sérgio Cruz Arenhart e Daniel Mitidiero (MARINONI, Luiz Guilherme; ARENHART, Sérgio Cruz; MITIDIERO, Daniel. *Curso de Processo Civil:* teoria geral do processo. Vol. 1. 4ª ed. São Paulo: Thomson Reuters, 2019, p. 537): Contraditório significa hoje conhecer e reagir, mas não só. Significa participar do processo e influir nos seus rumos. Isso é: direito de influência. Com essa nova dimensão, o direito ao contraditório deixou de ser algo cujos destinatários são tão somente as partes e começou a gravar igualmente o juiz. Daí a razão pela qual eloquentemente se observa que o juiz tem o dever não só de velar pelo contraditório entre as partes, mas fundamentalmente a ele também se submeter. O juiz encontra-se igualmente sujeito ao contraditório.
22. O Código de Processo Civil, no art. 9º, parágrafo único, estabelece algumas situações que admitem a postecipação do contraditório: Art. 9º Não se proferirá decisão contra uma das partes sem que ela seja previamente ouvida. Parágrafo único. O disposto no *caput* não se aplica: I – à tutela provisória de urgência; II – às hipóteses de tutela da evidência previstas no art. 311, incisos II e III; III – à decisão prevista no art. 701.
23. GAJARDONI, Fernando da Fonseca *et al*. *Comentários ao código de processo civil*. 4ª ed. Rio de Janeiro: Forense, 2021, p. 23.

parte, normalmente pautada na probabilidade do direito articulado e no colorido da urgência que envolve o caso".

Quanto à isonomia processual, cumpre destacar que dela deriva a necessidade de tratamento paritário de todos aqueles que participam do processo. Ocorre que tal norma processual fundamental não pode se restringir a uma mera equiparação formal, de tal modo que deverão ser consideradas as diferenças substanciais, a fim de que se proporcionem condições de efetiva participação. Nesses termos, é que a Constituição Federal estabelece que o Estado prestará assistência jurídica integral e gratuita aos que comprovarem insuficiência de recursos.

A preservação da isonomia deve ser controlada a todo momento pela autoridade judiciária, tendo em vista que não pode representar apenas uma genérica previsão legislativa. Nesses termos, o art. 139, I, do CPC estabelece que compete ao magistrado assegurar às partes igualdade de tratamento.

Não se pode olvidar que é manifestação da isonomia a aplicação dos padrões decisórios vinculantes a casos análogos, uma vez que situações equivalentes jamais poderão ter tratamento diverso.

Desse modo, jurisdicionados que estejam submetidos à questão jurídica de semelhante natureza deverão receber tratamento correlato, sob pena de se conspurcar princípio fundamental à ordem democrática. A igualdade também se revela, desta feita, no transcurso do processo jurisdicional, com o arremate da questão, por ducto da decisão do órgão julgador, o qual deverá tratar as partes de maneira parelha aos jurisdicionados do caso modelo, ou seja, tal como noticiam os países de *Common law*: "Our system of precedent seeks consistency to ensure that recurrent legal problems will be dealt with similarly – will be treated equally."[24]

Sobreleva informar, por oportuno, que a resolução de casos semelhantes de maneira distinta resulta em total contradição do próprio sistema jurídico, submetendo-se o jurisdicionado, em algumas hipóteses, ao mero talante do magistrado ou da Corte.

Com efeito, a extensa variabilidade decisória sobre um mesmo caso retira a credibilidade daqueles que compõem o Poder Judiciário, além de gerar um sentimento de revolta nos indivíduos que se submetem à heterocomposição estatal. Afinal, mesmo para os que não possuem qualquer base jurídica plausível, ressoa injusto conferir soluções opostas a embates símiles. Nesses termos, o cidadão terá que contar com critérios aleatórios e casuísticos, para a resolução de sua demanda, pois, a depender da distribuição do feito, o resultado poderá ser cambiante e totalmente avesso ao esperado, uma vez que o magistrado, sob o manto do famigerado livre convencimento motivado, não estaria adstrito a qualquer posicionamento anterior sobre a mesma questão.

---

24. GARNER, Bryan A. *et al. The law of judicial precedent*. Thomson Reuters. USA, 2016, p. 21. MARINONI, Luiz Guilherme. *Precedentes obrigatórios*. 2ª ed. São Paulo: Revista dos Tribunais, 2011.

Tomando-se por base as considerações expendidas, fica claro que o fortalecimento dos precedentes vinculantes é medida louvável, a fim de que se evitem desajustes nas soluções dos casos vertidos ao Poder Judiciário. Veja-se que permitir que os órgãos jurisdicionais hierarquicamente inferiores desatendam, por completo, a equalização julgadora dos Tribunais superiores, bem como os seus próprios posicionamentos anteriores, é o mesmo que negar coerência ao sistema jurisdicional, dando azo a violações diuturnas da própria isonomia. A obrigatoriedade de respeito aos precedentes judiciais é derivação da necessidade democrática de conferir tratamento semelhante aos que se encontrem nivelados, uma vez que a possibilidade irrestrita de se decidirem casos análogos de modo distinto é fator de catalisação de injustiças e privilégios[25].

Volvendo-se a análise para a publicidade processual, percebe-se que tal princípio é condição necessária para que o processo se desenvolva em bases legítimas e democráticas. A produção de decisões secretas esbarraria, assim, no núcleo do estruturante dos direitos e garantias fundamentais, posto que o jurisdicionado/cidadão não teria condições de questionar/controlar os atos oriundos das autoridades judiciárias.

Considerando, dessa forma, que os membros do Poder Judiciário não são submetidos a processo eleitoral amplo, para que possam ocupar os seus respectivos cargos, a legitimidade de sua atuação deriva da cláusula constitucional que impõe a fundamentação e a transparência dos atos praticados (CF/88, Art. 93, IX).

A publicidade processual deve ser observada de acordo com a sua faceta interna (divulgação de todos os atos processuais para as partes do processo) e externa (ressalvados os casos de segredo de justiça, os pronunciamentos serão acessíveis a qualquer cidadão).

Atualmente, questiona-se, em certa medida, a hiperpublicização do processo, por meio da divulgação das sessões dos Tribunais em redes televisivas ou em canais na internet, posto que tal exposição exagerada pode espetacularizar os julgamentos e desviar os rumos da busca por efetividade e justiça, em detrimento da satisfação de posições solipsistas.

Malgrado o exposto, entende-se que a publicidade processual é medida necessária à implementação de *accountability* do Poder Judiciário, viabilizando maior interlocução da população com as autoridades julgadoras[26].

---

25. MARINONI, Luiz Guilherme. *O precedente na dimensão da igualdade*. MARINONI, Luiz Guilherme (org.). *A força dos precedentes*: estudos dos cursos de mestrado e doutorado em direito processual civil da UFPR. 2ª ed. Salvador: JusPodivm, 2012.
26. Nesse sentido, pronunciam-se Luiz Guilherme Marinoni e Sérgio Cruz Arenhart (MARINONI, Luiz Gulherme; ARENHART, Sérgio Cruz. *Accountability* e transparência da justiça civil no Brasil. MITIDIERO, Daniel (coord.). *Accountability* e transparência da justiça civil: uma perspectiva comparada. São Paulo: Thomson Reuters, 2019, p. 78): "Embora as críticas que podem ser feitas a essa espécie de relacionamento entre o Judiciário e a população, sob

Por fim, as delimitações sobre o acesso à justiça estabelecem, em uma leitura preliminar da Constituição Federal (art. 5º, XXXV), que não se excluirá da apreciação jurisdicional lesão ou ameaça a direito. Assim, poder-se-ia confundir o acesso à justiça com o acesso ao Poder Judiciário. Ocorre que, à luz da moderna concepção dessa norma processual fundamental, é indispensável vislumbrar o acesso à justiça como a possibilidade de resolver os mais diversos conflitos por via dos inúmeros meios/métodos à disposição, tais como mediação, conciliação, arbitragem, negociação direta, *dispute board*, entre outros[27]. Segue-se, assim, a perspectiva de um Tribunal Multiportas (*Multidoor Courthouse System*) encampada pelo professor Frank Sander da Universidade, em 1976, na *Pound Conference*. Voltaremos ao tema neste capítulo, no item 9.

Essa visão se alinha com a cognominada terceira onda de acesso à justiça proposta por Mauro Cappelletti e Bryan Garth[28] (a primeira onda se relaciona à assistência judiciária adequada e a segunda onda engloba a proteção aos direitos transindividuais) e que, atualmente, também exige uma refundação, de acordo com o que será apresentado no próximo subitem.

Não se está, nessa perspectiva, a excluir a via heterocompositiva estatal, posto que é um dos caminhos possíveis para a resolução de eventual conflito. Ocorre que, principalmente diante do volume imensurável de processos, o Judiciário deve ser convocado a atuar, quando não se perfaz possível solucionar o entrave por vias menos custosas e mais efetivas.

III.1.3 Por uma refundação das normas processuais fundamentais: a análise do Devido Processo Legal Tecnológico

Os impactos das novas tecnologias, no direito processual, têm exigido um repensar contínuo do devido processo legal, de tal modo que já é possível cogitar a existência de um devido processo legal tecnológico.

A cláusula geral do devido processo legal, portanto, tem que ser adaptada à nova arquitetura processual que, continuamente, passa a incorporar ferramentas ligadas à inteligência artificial.

O cenário o qual estamos – e como evoluímos até chegar nele – aponta para dados espalhados por todos os lugares, disseminados por diversos dispositivos, formando amplos bancos de informações, sobrelevando a preocupação com os

---

o ponto de vista da publicidade e da informação, não há dúvidas de que esses instrumentos contribuem de modo significativo para potencializar o acesso da população àquilo que ocorre na atividade jurisdicional brasileira."

27. RODRIGUES, Marco Antonio; TAMER, Maurício. *Justiça digital*: o acesso digital à Justiça e as tecnologias da informação na resolução de conflitos. Salvador: JusPodivm, 2021, p. 78-79.
28. CAPPELLETTI, Mauro; GARTH, Bryant. *Acesso à justiça*. Traduzido por Ellen Gracie NorthFleet. Porto Alegre: Fabris, 1998.

direitos fundamentais dos indivíduos que, no campo jurisdicional processual, nos remete ao jurisdicionado, na ocasião da implementação das novas tecnologias. Por consequência, faz-se necessário assegurar que tal implemento ocorra de forma segura, com o respeito às garantias básicas que regem o devido processo legal.

Nesse sentido, como é possível afirmar a existência de um verdadeiro devido processo legal tecnológico, quando sistemas são utilizados para o apoio substancial à tomada de decisão judicial, sem que exista real transparência sobre a forma como a ferramenta tecnológica opera?

Pressuposto fundamental, para que possam ser utilizadas ferramentas de IA, mormente no Poder Judiciário, é que exista *accountability* e possibilidade de controle do aparato tecnológico, inclusive para fins de responsabilização. Na mesma linha argumentativa, manifesta-se Danielle Keats Citron[29]: "Automated systems must be designed with transparency and accountability as their primary objectives, so as to prevent inadvertent and procedurally defective rulemaking."

Assim, na mesma proporção em que se investe em sistemas computacionais voltados à prática de atos processuais, deve-se investir em mecanismos do controle que, efetivamente, guarneçam o contraditório substancial, a ampla defesa, a isonomia e a publicidade algorítmica.

Lado outro, todo e qualquer projeto de inteligência artificial deve estar respaldado em sólidas bases éticas, sobretudo quando se lida com um arcabouço de dados pessoais. Sobre o tema, manifesta-se Fabiano Hartmann Peixoto[30]:

> A IA está no mundo humano e os aspectos éticos e valorativos são urgentes. Dessa forma, em estudos que envolvam IA, mais ainda que envolvam IA e ciências sociais aplicadas, é fundamental que se identifiquem e definam diretrizes estabelecidas em uma abordagem do discurso ético.

Assim, diante desse novo pano de fundo processual, não há como manter os antiquados paradigmas de compreensão do devido processo legal. Essa cláusula geral deve ser refundada, a fim de abarcar o cenário de cortes que laboram exclusivamente online e que se valem da inteligência artificial para otimizar sua atuação.

Nessa linha de intelecção, o devido processo legal tecnológico passa a conferir sentido à ideia de processo justo, consoante aduz Cândido Rangel Dinamarco[31]: "Também se sabe que só há um processo justo e équo (*giusto processo*) onde se haja deferido às partes o pleno e efetivo gozo das garantias oferecidas pela Constituição e pela lei e onde o próprio juiz haja acatado as limitações inerentes ao *due process*."

---

29. CITRON, Danielle Keats. *Technological Due Process*. 85 WASH. U. L. REV. 1249 (2008). Disponível em: https://openscholarship.wustl.edu/law_lawreview/vol85/iss6/2/. Acesso em 21 nov. 2022.
30. PEIXOTO, Fabiano Hartmann. *Inteligência artificial e direito*: convergência ética e estratégica. Vol. 5. Curitiba: Alteridade, 2020, p. 32.
31. DINAMARCO, Cândido Rangel. *Comentários ao Código de Processo Civil*: das normas processuais civis e da função jurisdicional. Vol. I. São Paulo: Saraiva, 2018, p. 54.

Jamais poderemos nos dissociar, em qualquer cenário que estejamos, da leitura constitucionalmente adequada dos institutos jurídicos.

Em artigo escrito com Georges Abboud, um dos autores deste livro[32] traçou algumas preocupações que não podem ser afastadas quando procedemos a uma leitura constitucional adequada ao processo legal tecnológico ou eletrônico.

Alguns aspectos serão alvo de discussão nos próximos subitens. Não obstante, a fim de sistematizar algumas preocupações, elaboramos o seguinte quadro sinóptico:

Preocupações e parâmetros para o uso e desenvolvimento da tecnologia veiculada por algoritmos	Detalhamento explicativo para o alcance de uma leitura constitucionalmente adequada de artefatos tecnológicos, na era algorítmica digital
A tecnologia a serviço da humanidade, em qualquer área de aplicação	Os novos paradigmas tecnológicos, enquanto interação entre seres humanos e máquinas, devem partir do pressuposto de que é preciso submeter a tecnologia a serviço da humanidade. O ser humano detém insuperável primazia no ordenamento jurídico, uma vez que a sua personalidade é imanente. Não é possível escapar do entendimento de que uma teoria da decisão e a autonomia do direito possam ser alcançadas por robôs ou sistemas inteligentes, sem qualquer intencionalidade humana.
Educação digital, por meio de diretrizes públicas claras e objetivas	Critérios, parâmetros e diretrizes são necessários. São premissas que, no primeiro momento, não devem deixar de ser, exaustivamente, publicizadas, informadas e refletidas. Em nosso País, há a necessidade de formar uma alfabetização digital ampla, por meio de políticas que congreguem a todos, o que inclui, por certo, mecanismos que visualizem a solução adjudicada, o processo, como um *locus* amplo de debates e compartilhamento da fundamentação das decisões, sem o protagonismo judicial autoritário, mas sim cooperativo.

---

32. ABBOUD, Georges; PEREIRA, João Sergio dos Santos Soares. *O devido processo na era algorítmica digital*: premissas iniciais necessárias para uma leitura constitucional adequada. Revista dos Tribunais, ano 110, vol. 1026, abr. 2021, p. 125-145. Sob a perspectiva dos padrões decisórios, igualmente foram traçados parâmetros para uma leitura constitucional adequada, na era da Inteligência Artificial na obra *A padronização decisória na Era da Inteligência Artificial*, op. cit.

Preocupações e parâmetros para o uso e desenvolvimento da tecnologia veiculada por algoritmos	Detalhamento explicativo para o alcance de uma leitura constitucionalmente adequada de artefatos tecnológicos, na era algorítmica digital
Garantia da autonomia do Direito, diante dos benefícios que a tecnologia pode nos trazer, sem capturas indevidas entre os campos do saber	Artefatos artificiais devem auxiliar no afastamento de vieses cognitivos, na observação e reorientação da normativa jurídica a fim de que a visão disruptiva não se aproprie, indevidamente, do campo jurídico, na mesma velocidade exponencial que surge e se apodera, mas não afastam a inegável discussão preliminar quanto aos elementos centrais da teoria do direito e, portanto, da decisão. Qualquer tentativa de utilização de métodos interrelacionados à tecnologia com o desprezo de questões centrais na teoria do direito, como a formulação de uma adequada teoria da decisão, que não dependa de algoritmos, estará fadada ao insucesso. Afinal, quem indicará os caminhos da decisão e seus requisitos constitucionais necessários para a legitimidade democrática? Quais são os dados utilizados para os modelos algoritmos? Quem os seleciona? Quem fiscalizará e auditará o programador? Quem ditará como operaremos com a jurimetria?
Consciência, explicabilidade, transparência e sua conotação processual	A predisposição de estudo apenas é viável sob o aspecto da inteligibilidade dos comandos algoritmos e não a busca por uma inexistente consciência por parte dos programas digitais. Essa deve ser a busca central: a explicabilidade e transparência dos modelos. O ato decisório é de responsabilidade política (em sentido amplo), submetido a um contexto intersubjetivo compartilhado de significação, o que nenhum modelo tecnológico relativamente autônomo pode vir a alcançar, no presente momento de especificidades de aplicação. No âmbito processual, diversos potenciais benefícios podem ser apontados no uso da tecnologia, uma vez que máquinas analisam fontes de casos, leis, documentos, por via classificatória, em curto espaço de tempo, promovem o conhecimento de decisões anteriores (o que auxiliaria no dever de coerência e autorreferência pela obediência à uma cadeia lógica de provimentos) e simplificam cenários. Porém, as garantias constitucionais dos direitos fundamentais se relevam como elemento primordial da democracia. Não bastam decisões e aplicações permeadas apenas em seus aspectos formais. O controle sobre elas deve ser realizado materialmente, em seu conteúdo. O denominado FAT (*fairness, accountability, transparency*), elementos essenciais para o desenvolvimento de

Preocupações e parâmetros para o uso e desenvolvimento da tecnologia veiculada por algoritmos	Detalhamento explicativo para o alcance de uma leitura constitucionalmente adequada de artefatos tecnológicos, na era algorítmica digital
	ferramentas de IA, foi incorporado à Resolução n. 332 do CNJ e é alvo de preocupações na Comissão que estudou Projeto de Lei relativo à IA no Senado Federal, sob a tutela dos direitos fundamentais, não discriminação, publicidade e transparência (inclusive, utilizando-se, preferencialmente, de softwares de código aberto, o que facilita a cooperação de outros segmentos do setor público e da sociedade civil), governança e qualidade, segurança, meios de controle dos usuários (externos e internos), com a garantia de informações suficientes que permitam a revisão das soluções apresentadas pelas máquinas. Eventuais incompatibilidades serão alvo de apuração e possível responsabilização dos causadores.
O cuidado com a base de dados, *datasets* utilizados para qualquer projeto de envolva Inteligência Artificial	Devemos nos questionar: um banco de dados com as decisões, leis e arsenal jurídico produzidos até hoje por nossa comunidade, a mais avançada das tecnologias, como a Inteligência Artificial, poderia resolver, de fato, um cenário de equívocos que permeiam a qualidade das decisões há décadas (posições contrárias à Constituição, interpretações equívocas)? Haverá um ganho substancial, qualitativo, na inserção desses dados ou o aprendizado de máquina, sem o devido treinamento do modelo ou monitoramento constante? O pré-processamento dos dados e a análise pormenorizada por uma equipe multidisciplinar são a verdadeira base assertiva de dados elegíveis à processualística democrática.
As novas tecnologias enquanto elemento inclusivo e promotor de debates	Na seara do devido processo, tomar a tecnologia como elemento inclusivo significa a comparticipação dos sujeitos processuais em qualquer das etapas que utilizem de suas técnicas e modelos mais avançados, como a Inteligência Artificial. É preciso dar ciência aos interessados da utilização de tais ferramentas. Publicizar o *data set*, os dados inseridos e a finalidade do modelo. Melhorar a qualidade da prestação jurisdicional envolve a submissão dos atos ao debate dialógico com os atores processuais. Há de se debater seriamente como é possível instrumentalizar a inclusão daqueles que não possuem informação adequada, possibilidade de litigar da mesma forma que outros que detém a liderança informacional

Preocupações e parâmetros para o uso e desenvolvimento da tecnologia veiculada por algoritmos	Detalhamento explicativo para o alcance de uma leitura constitucionalmente adequada de artefatos tecnológicos, na era algorítmica digital
	(litigantes eventuais). Deliberações automatizadas, algorítmicas, principalmente em situações avaliadas como de alto risco (a ser reconhecida por Lei), devem ser objeto prévio de debate, por meio da exigência de uma regulação responsiva e sustentável, no ambiente próprio para tal, o Poder Legislativo.

Fonte: Tabela realizada pelos autores.

Considerando o exposto, tratemos de alguns aspectos específicos importantes relativos aos direitos e às garantias fundamentais, que devem ser efetivados no bojo do processo tecnológico, e as implicações da utilização da Inteligência Artificial nesse âmbito.

III.1.3.1 A isonomia processual no cenário de disrupção tecnológica

Volvendo-se os olhos para a dinâmica processual, mormente em face das reformulações empreendidas pelo Código de Processo Civil, é possível afirmar que o processo pode ser compreendido como um jogo cooperativo, a exigir das partes condutas éticas e paritárias, a fim de que não se desigualem os sujeitos processuais.

Assim, o tão prestigiado princípio da isonomia no processo, cuja essência foi reafirmada pelo art. 7º do CPC/15, há de se fazer presente, mesmo em um universo de constante transmudação tecnológica, posto que é direito fundamental inegociável.

Uma das facetas da igualdade, no âmbito processual, é a que revela a necessidade de uma equivalência de armas, ou seja, faz-se imprescindível que aos litigantes sejam oportunizados instrumentos correlatos de atuação, a fim de que possam influir no processo formativo da decisão judicial.

Lado outro, ao analisar o processo sob a ótica da teoria dos jogos, percebe-se que os comportamentos e as estratégias das partes, em uma perspectiva relacional, devem ser objeto de constante verificação, para que se possa dosar, em que grau, contribuem para a prestação de uma tutela jurisdicional efetiva.

Ao pensar em um modelo cooperativo de processo, exsurge a ideia de comunidade de trabalho, de tal modo que o agir desconcertado de um dos atores processuais pode influir, sobremaneira, na dinâmica e nos resultados que se vai auferir com a demanda.

Diferente do que pensam alguns, a ideia de cooperação não significa que o réu irá atuar em prol de um julgamento de procedência ou que o autor envidará esforços para que se formule um julgamento desfavorável a sua pretensão. Em verdade, a cooperação exige das partes que as condutas processuais sejam incontestáveis reflexos de lealdade, honestidade e probidade.

III.1.3.1.1 Inteligência Artificial e litigância habitual: como garantir isonomia na Era Digital?

Ao divisar o processo como um jogo cooperativo, é indispensável que se considerem três elementos fundamentais: a) jogadores; b) estratégias; c) resultados.

Nesse sentido, os jogadores buscarão, por meio de estratégias direcionadas, obter os melhores resultados, os quais não podem estar dissociados da premissa constitucionalmente traçada de busca por uma tutela jurisdicional efetiva.

Assim, o jogo é limitado por claras e inequívocas regras, as quais impossibilitam os jogadores de se valerem de qualquer meio para otimizar seus próprios ganhos. Ocorre que, diante dos novos contornos processuais que se estruturam com o advento de tecnologias paradigmáticas, o jogo processual cooperativo pode sofrer significativo impacto, mormente quando em debate o equilíbrio entre os jogadores.

O atual estágio de evolução das máquinas permite um processamento massivo de dados (*Big Data*), viabilizando aos detentores de relevante acervo informacional a tomada de decisões mais assertivas, por meio da leitura adequada de padrões.

Nessa ordem de ideias, os cognominados litigantes habituais (*repeat players*), em razão da litigância massiva, tem mais propensão ao acúmulo de dados estruturados, os quais servirão à definição de estratégias processuais sólidas e vocacionadas a resultados positivos. Com efeito, as aplicações de inteligência artificial já conseguem antecipar o resultado de uma potencial demanda (de acordo com o órgão jurisdicional), a partir das linhas de atuação anteriores.

Doutro giro, os litigantes eventuais (*one-shotters*) são desprovidos de um conjunto considerável de dados que possibilite a extração de padrões relevantes para o agir estratégico processual. Assim, sofrem inquestionável desvantagem, pois a diminuta bagagem de informações obstaculiza o uso de ferramentas de inteligência artificial tendentes a influir, em maior medida, na futura tomada de decisão.

Diante do exposto, já se percebe que haverá um jogo processual tecnológico desequilibrado, na medida em que os habituais litigantes terão vantagens estratégicas em face do acervo volumoso de dados e de seu processamento por aplicações de inteligência artificial, que apresentarão linhas de ações mais assertivas.

Outrossim, o abismo entre esses litigantes só tende a crescer, pois o acúmulo contínuo de dados fornece cada vez mais supedâneo para a tomada de decisões cirúrgicas. Nesse contexto, como é possível aventar a observância da paridade de armas, se os sujeitos processuais são munidos de instrumentos capazes de influenciar de maneira completamente distinta a decisão que será proferida?

De fato, não se pode traduzir em isonomia o desequilíbrio de forças operacionalizado pelo domínio, por uma das partes, de um aparato tecnológico que lhe proporciona influenciar, com maior robustez, os contornos da decisão judicial a ser prolatada. Como dito alhures, paridade de armas pressupõe o mínimo de equivalência entre os sujeitos em conflito.

Relembre-se, por oportuno, que as situações de desigualdade aqui expostas não só derivam da dicotomia entre litigância habitual x eventual, mas também do maior poderio econômico de uma das partes, que pode resultar em domínio de tecnologias disruptivas.

Diante de tais considerações, percebe-se que o Poder Judiciário será desafiado a garantir a observância da isonomia processual, em um ambiente tecnológico tendente a favorecer a hipertrofia do poder de influência de certos sujeitos.

Afinal de contas, será que o detentor de uma quantidade massiva e estruturada de dados estará no mesmo patamar daquele que ainda litiga intuitivamente?

Tudo está a demonstrar, portanto, o processo de refundação pelo qual precisam passar as normas processuais fundamentais.

III.1.3.2 *Contraditório tecnológico*

Tal como consignado alhures, o contraditório pressupõe informação, participação e influência. Desse modo, sua leitura deve ser reestruturada à luz da ideia de Cortes online e de implementação das novas tecnologias no processo, com o escopo de garantir que as partes possam contribuir argumentativamente para a construção da decisão judicial.

A título exemplificativo, cumpre destacar que a Emenda Regimental nº 53 do Supremo Tribunal Federal determinou, no âmbito do plenário virtual, que os advogados encaminhassem, com 48 horas de antecedência, o arquivo com o vídeo de suas sustentações orais.

A sistemática, a despeito de transparecer uma busca por uma melhor gestão do procedimento, vergasta o contraditório substancial, na medida em que não se tem real garantia de que os argumentos aventados pelas partes serão considerados e, portanto, terão o condão de influenciar os julgadores. Afinal de contas, o julgamento assíncrono do plenário virtual é desprovido de instrumento que promova a controlabilidade da abertura dos arquivos transladados.

Nessa linha de intelecção, pronuncia-se Bruno Dantas[33]: "A sustentação oral em sede de recursos no âmbito dos Tribunais é mais uma oportunidade que o legislador concede às partes de realizarem o contraditório."

Desse modo, tem-se defendido o direito das partes de se oporem ao julgamento virtual, nos moldes do que estabelecem Marco Antonio Rodrigues e Mauricio Tamer[34]:

> Considerando a impossibilidade de exercício do pleno contraditório durante a sessão, ainda que por meio da tecnologia, procurando influenciar os membros do colegiado quanto aos pontos a serem decididos, o direito fundamental ao

---

33. BUENO, Cassio Scarpinela (coord.). *Comentários ao Código de Processo Civil*. Vol. 4. Saraiva. São Paulo, 2017, 76.
34. RODRIGUES, Marco Antonio; TAMER, Maurício. *Justiça digital*: o acesso digital à Justiça e as tecnologias da informação na resolução de conflitos. Salvador: JusPodivm, 2021, p. 424.

contraditório impõe que as partes tenham direito de se opor ao julgamento virtual, para que possam realizar sustentações orais seja presencialmente, seja de forma mediada pelos meios virtuais.

O contraditório digital é de tamanha importância que, em junho de 2022, considerando a edição da Lei n. 14.365, que introduz nova possibilidade de sustentação oral perante o Superior Tribunal de Justiça, nas hipóteses em que houver recurso interposto contra decisão monocrática de relator que julgar o mérito ou não conhecer dos recursos especial e ordinário, embargos de divergência, ação rescisória, mandado de segurança, reclamação, *habeas corpus* e outras ações de competência originária, a referida Corte Superior resolveu, por meio da Resolução STJ/GP n. 19, de 17 de junho de 2022, nas hipóteses de julgamento virtual, pela retirada do processo da pauta, até que exista viabilidade tecnológica para a inserção no processo da mídia contendo a sustentação oral. Acaso seja realizado o pedido de sustentação oral ou de uso da palavra para esclarecimento de equívoco ou dúvida surgida em relação aos fatos, documentos ou a afirmações que influam na decisão, configura-se como possibilidade consentânea com o contraditório efetivo a retirada do processo da pauta virtual.

Por outro lado, a sistematização do julgamento em cortes online possibilita, por exemplo, que, em casos de formação de padrões decisórios vinculantes, seja viável realizar uma audiência pública por meios eletrônicos de comunicação, ampliando, por conseguinte, o contributo da sociedade, independentemente de sua localização geográfica.

O contraditório visto sob a ótica digital também se desdobra na garantia de ciência quanto ao uso de determinada ferramenta de inteligência artificial, em dado processo, e, consequentemente, na possibilidade de se questionarem os parâmetros aplicativos do sistema computacional. Se determinado órgão julgador se vale de uma ferramenta tecnológica de apoio à tomada de decisão, o jurisdicionado deve ter instrumentos para se contrapor aos eventuais resultados propostos pela IA e acolhidos pelo magistrado.

A referida conclusão pode ser extraída do teor do inciso VI do art. 8º da Resolução nº 332 do Conselho Nacional: "Art. 8º Para os efeitos da presente Resolução, transparência consiste em: [...] VI – fornecimento de explicação satisfatória e passível de auditoria por autoridade humana quanto a qualquer proposta de decisão apresentada pelo modelo de Inteligência Artificial, especialmente quando essa for de natureza judicial."

Cumpre destacar, ainda, que a Portaria n. 271/2020 do Conselho Nacional de Justiça, em seu artigo 13, prevê que "os sistemas judiciais que fizerem uso dos modelos de inteligência artificial devem retornar para a API registrada na plataforma a informação de eventual discordância quanto ao uso das predições, de forma que se assegure a auditoria e a melhoria dos modelos de inteligência artificial".

O Projeto de Lei sobre o uso da Inteligência Artificial apresentado pela Comissão de Juristas formada pelo Senado Federal corrobora com as premissas anteriormente traçadas, na medida em que dispõe que as pessoas afetadas por sistemas computacionais de IA tem os seguintes direitos (art. 5º): a) informação prévia quanto às suas interações com sistemas de inteligência artificial; b) explicação sobre a decisão, recomendação ou previsão tomada por sistemas de inteligência artificial; c) contestação de decisões ou previsões de sistemas de inteligência artificial que produzam efeitos jurídicos ou que impactem de maneira significativa os interesses do afetado; d) determinação e participação humana em decisões de sistemas de inteligência artificial, levando-se em conta o contexto e o estado da arte do desenvolvimento tecnológico; e) não-discriminação e correção de vieses discriminatórios diretos, indiretos, ilegais ou abusivos e f) privacidade e proteção de dados pessoais, nos termos da legislação pertinente[35].

A linha intelectiva acima trilhada nos conduz, inevitavelmente, para a observância de um hodierno perfil poliédrico do contraditório: a) informação; b) participação; c) influência; e d) ciência quanto ao uso da ferramenta de inteligência artificial no processo e possibilidade de questionar eventuais equívocos do sistema computacional.

O quarto aspecto do contraditório acima referido poderá ensejar a viabilidade de as partes suscitarem um incidente processual de explicabilidade/contestabilidade da Inteligência Artificial, quando o uso de tal tecnologia como instrumento de apoio à tomada de decisão tiver a possibilidade de impactar os interesses dos jurisdicionados. Essa decorrência encontra amparo no art. 9º do Projeto de Lei sobre Inteligência Artificial apresentado pela Comissão de Juristas formada pelo Senado Federal, pois o referido dispositivo consigna que a pessoa afetada por sistema de IA terá o direito de contestar e de solicitar a revisão de decisões, recomendações ou previsões que produzam efeitos jurídicos relevantes ou que impactem de maneira significativa seus interesses[36].

Essas são algumas razões pelas quais não se pode conceber o contraditório sob a lógica tradicional.

III.1.3.3   Acesso à justiça e novas tecnologias

Não se faz crível pensar, no atual contexto, que o acesso à justiça é consectário inafastável de acesso ao Poder Judiciário. Como se disse, vias outras de resolução de conflitos têm se mostrado mais adequadas para promover a pacificação social.

---

35. BRASIL. Comissão de Juristas instituída pelo Ato do Presidente do Senado nº 4, de 2022, destinada a subsidiar a elaboração de minuta de substitutivo para instruir a apreciação dos Projetos de Lei nºs 5.051, de 2019, 21, de 2020, e 872, de 2021, que têm como objetivo estabelecer princípios, regras, diretrizes e fundamentos para regular o desenvolvimento e a aplicação da inteligência artificial no Brasil. Brasília: Senado Federal, 2022.
36. BRASIL. Comissão de Juristas instituída pelo Ato do Presidente do Senado nº 4, de 2022, destinada a subsidiar a elaboração de minuta de substitutivo para instruir a apreciação dos Projetos de Lei nºs 5.051, de 2019, 21, de 2020, e 872, de 2021, que têm como objetivo estabelecer princípios, regras, diretrizes e fundamentos para regular o desenvolvimento e a aplicação da inteligência artificial no Brasil. Brasília: Senado Federal, 2022.

Entre elas, destacam-se as chamadas *Online Dispute Resolutions – ODR*[37], as quais se traduzem como caminhos possíveis, no ciberespaço, para a solução de impasses intersubjetivos. É o caso emblemático, no Brasil, da plataforma consumidor.gov, que, conectando vendedor e consumidor, tem apresentado índices de resolução de conflitos extremamente satisfatórios (mais de 80%)[38].

É certo que a referida plataforma, na realidade, envolve procedimento mais simples que engloba apenas a primeira etapa do procedimento das ODR's (a negociação), conforme explicitaremos em item adiante neste livro, porém, não deixa de configurar sistema que permite a observação dos esforços dos fornecedores para solucionar conflitos, o que é desejável.

Ademais, com o uso da tecnologia, é possível apresentar novos *designs* de resolução de disputas, que possibilitam, inclusive, a mescla dos meios tradicionalmente utilizados, tais como a mediação, a conciliação e a negociação direta. Destaca-se, nesse sentido, o arranjo estrutural promovido pela Corte de British Columbia, no Canadá[39], a qual incluiu, antes da apreciação eventual da demanda por um magistrado, uma fase de nivelamento informacional e comunicação direta entre as partes, por meio do uso da tecnologia. Igualmente, voltaremos ao assunto no item 10 subsequente.

Postas tais considerações, percebe-se que o acesso à justiça deve ser refundado, com base nos aparatos tecnológicos à disposição, os quais permitem novas propostas de tratamento do litígio, que não se resumem à mera transposição dos atos praticados no mundo *offline* para o mundo *online*.

III.1.3.3.1 Os núcleos 4.0, os vulneráveis digitais e o Acesso à Justiça

É certo que o entendimento de Acesso à Justiça precisa passar por uma refundação, não apenas pela consideração de um "quarto elemento ou parte"[40] que

---

37. Hugo Malone e Dierle Nunes conceituam *Online Dispute Resolution* da seguinte forma (MALONE, Hugo; NUNES, Dierle. *Manual da justiça digital:* compreendendo a *Online Dispute Resolution* e os Tribunais Online. Salvador: JusPodivm, 2022, p. 160): "A partir de todos esses elementos, pode-se afirmar que *Online Dispute Resolution* é uma ferramenta ou um sistema digital, como um site ou um *app*, que utiliza Tecnologia da Informação e Comunicação (TIC) para tratar o conflito, ou seja, não só resolvê-lo, mas também preveni-lo e gerenciá-lo, tanto no âmbito das organizações privadas quanto no sistema público de justiça, por meio de Tribunais Online. Ao tratar o conflito, que pode ocorrer tanto no ambiente *online* quanto *offline*, a tecnologia atua como quarta parte, auxiliando as partes envolvidas e o terceiro neutro em vez de substituí-los".
38. https://www.consumidor.gov.br/pages/conteudo/sobre-servico. Acesso em 03 jul. 2022.
39. Vide: https://www.bccourts.ca/index.aspx. Acesso em 02 jun. 2022.
40. A tecnologia seria tão importante e essencial que se destacaria autonomamente como uma quarta parte, auxiliando o terceiro na resolução de sua disputa, conforme expõem RIFKIN, Janet; KATSH, Ethan. *Online Dispute Resolution, Resolving Conflicts in Cyberspace*. Jossey-Bass, A Wiley Company, San Francisco, 2001.

seria a tecnologia, mas para além desta última, é preciso tomá-la como instrumento efetivo de exercício de direitos, conferindo plena cidadania àqueles que precisam ver resolvidos os seus litígios.

No ano de 2020, o então Ministro Presidente do Supremo Tribunal Federal, Luiz Fux, lançou propostas nomeadas de "cinco eixos da justiça" que se relacionavam a seu projeto de gestão. O quarto eixo foi denominado "Justiça 4.0 e Promoção do Acesso à Justiça Digital". Um dos propósitos seria a aproximação do cidadão à "Justiça" e a redução de despesas.

As propostas correlacionadas à "Justiça Digital" envolvem diversas atuações, entre elas a criação de "Núcleos 4.0", núcleos especializados para o atendimento de demandas específicas. Conforme informa o Conselho Nacional de Justiça, de forma simplificada, tal como consta na Resolução n. 385/2021:

> Os Núcleos de Justiça 4.0 permitem o funcionamento remoto, totalmente digital, proporcionando maior agilidade e efetividade à Justiça, pois atendem a todos que procuram a Justiça em busca de solução para litígios específicos, sem exigir que a pessoa seja obrigada a se deslocar até um fórum para comparecer a uma audiência. [...]
> Nos Núcleos de Justiça 4.0, os processos tramitam por meio do Juízo 100% Digital, no qual videoconferências e outros atos são realizados com o auxílio da tecnologia e dispensam a presença física das partes e representantes, pois toda a movimentação do processo nessas novas unidades judiciárias ocorre pela internet.
> Os processos somente poderão ser distribuídos para os Núcleos que respondam por aquela matéria. Cada um desses núcleos pode atender demandas especializadas que lhe forem encaminhadas, julgando ações vindas de qualquer local do território sobre o qual o tribunal tiver jurisdição. Neles, as juízas e os juízes atuam de forma remota.[41]

Embora a medida seja salutar, é preciso obtemperar que ainda não se observa, na prática, um processo de adequação e modernização suficientes para que se atinja a inclusão digital dos vulneráveis nessa seara. É preciso analisar, a partir de dados, empiricamente, se a tecnologia empregada está sendo utilizada devidamente para a tarefa à qual foi indicada, o que inclui a verificação do compromisso das ferramentas com a sua plena acessibilidade.

Considerando que os núcleos 4.0 possuem especialização da matéria, e, que, em tese, tal especialização traz vantagens à jurisdição, uma vez que determinado núcleo ofertará ao jurisdicionado resposta mais técnica e condizente ao problema e à disputa levados ao Poder Judiciário, poderíamos questionar se a criação de tais

---

41. Informação disponível na página oficial do Conselho Nacional de Justiça, na internet, em: https://www.cnj.jus.br/tecnologia-da-informacao-e-comunicacao/justica-4-0/nucleos-de-justica-4-0/. Acesso em: 30 nov. 2022.

núcleos, integrados a uma Justiça 100% digital, geraria maiores desigualdades para aqueles que a ele tem acesso em relação aos que não o tem.

Embora o Conselho Nacional de Justiça tenha editado Resoluções, como as de número 335, 345, 354, para o implemento da Justiça Digital, e consideremos que a questão relativa à exclusão digital se releve como um problema que extrapola o campo técnico processual (necessitando de uma leitura sob à luz da edição de políticas públicas adequadas de inclusão social), não podemos fechar os olhos para a disparidade que, eventualmente, possa vir a ocorrer para aqueles que não detêm a possibilidade concreta de acesso a tais tecnologias.

Não obstante, enquanto elemento transformador, essa mesma tecnologia pode vir a servir como elemento de capacitação e conscientização, a partir do momento em que os Tribunais ofertem instalações físicas com equipamentos eletrônicos disponíveis ao público e instruções suficientes para minimizar a possível dificuldade de acesso. São questões que merecem a nossa atenção.

III.1.3.4 Publicidade algorítmica

Restou estabelecido em linhas outras os contornos clássicos da publicidade processual, no entanto o referido princípio compreende, em um contexto de disrupção tecnológica não apenas a visão de que os atos e termos do processo devem ser divulgados às partes e demais jurisdicionados. A publicidade passa a exigir transparência e explicabilidade algorítmica[42].

Ainda que as ferramentas de inteligência artificial, por exemplo, sejam utilizadas como apoio à tomada de decisão, a consideração dos seus termos pelo magistrado exige que as partes tenham o direito de compreender como se chegou a determinado resultado, para que possam questionar eventuais equívocos derivados do funcionamento do sistema computacional.

Pense-se, por exemplo, na admissibilidade automatizada de recursos excepcionais. Nessa situação, considerando a utilização de uma ferramenta de IA, acaso não apresentada justificação satisfatória das razões que levam à negativa de seguimento da insurgência da parte, impede-se o exercício da ampla defesa e do

---

42. Em consonância com o disposto, assim está lavrado o art. 8º, da Resolução nº 332/2020, do Conselho Nacional de Justiça: Art. 8º Para os efeitos da presente Resolução, transparência consiste em: I – divulgação responsável, considerando a sensibilidade própria dos dados judiciais; II – indicação dos objetivos e resultados pretendidos pelo uso do modelo de Inteligência Artificial; III – documentação dos riscos identificados e indicação dos instrumentos de segurança da informação e controle para seu enfrentamento; IV – possibilidade de identificação do motivo em caso de dano causado pela ferramenta de Inteligência Artificial; V – apresentação dos mecanismos de auditoria e certificação de boas práticas; VI – fornecimento de explicação satisfatória e passível de auditoria por autoridade humana quanto a qualquer proposta de decisão apresentada pelo modelo de Inteligência Artificial, especialmente quando essa for de natureza judicial.

contraditório, criando-se, assim, verdadeira opacidade violadora dos direitos e garantias processuais fundamentais.

Não se defende aqui uma mera divulgação do algoritmo utilizado, pois, em termos práticos de nada adiantaria para as partes leigas em relação aos tecnicismos da Tecnologia da Informação e Comunicação (TIC), mas sim um real direito à explicabilidade, ou seja, a tradução do funcionamento da aplicação de IA de forma compreensível por qualquer sujeito processual.

Tal entendimento converge com as linhas diretivas propostas no Projeto de Lei elaborado pela Comissão de Juristas responsável por subsidiar a elaboração de substitutivo sobre Inteligência Artificial no Brasil, cujos termos expressamente consignam os princípios da transparência, explicabilidade, inteligibilidade, auditabilidade e contestabilidade (Art. 3º).

O prospecto legislativo avança significativamente, inclusive para prever que a pessoa afetada por sistema de inteligência artificial poderá solicitar explicação sobre a decisão, previsão ou recomendação, com informações a respeito dos critérios e dos procedimentos utilizados, assim como sobre os principais fatores que afetam tal previsão ou decisão específica. Nessa linha de intelecção, cumpre à autoridade responsável esclarecer, por exemplo, o grau e o nível de contribuição do sistema de inteligência artificial para a tomada de decisões (Art. 8º)[43].

Fica explícito que a noção tradicional de publicidade não oferece respostas aos problemas concretos oriundos da implementação de tecnologias disruptivas, de tal sorte que o processo de refundação da referida norma processual fundamental é imperioso.

III.1.3.5 Uma síntese conclusiva reflexiva pela refundação do cenário processual contemporâneo

As noções clássicas das normas processuais não respondem à complexificação oriunda do novo arranjo de uma justiça digital. Assim, uma mera releitura do devido processo legal, do contraditório, da isonomia processual, da publicidade e do acesso à justiça não é suficiente. É indispensável uma refundação.

Por mais que a tecnologia não venha a substituir, por exemplo, a autoridade julgadora, ela atua de forma simbiótica, possibilitando uma otimização dos serviços desenvolvidos pelo Poder Judiciário, conforme destacam Cláudio Castelli e Daniela Piana[44]:

---

43. BRASIL. Comissão de Juristas instituída pelo Ato do Presidente do Senado nº 4, de 2022, destinada a subsidiar a elaboração de minuta de substitutivo para instruir a apreciação dos Projetos de Lei nºs 5.051, de 2019, 21, de 2020, e 872, de 2021, que têm como objetivo estabelecer princípios, regras, diretrizes e fundamentos para regular o desenvolvimento e a aplicação da inteligência artificial no Brasil. Brasília: Senado Federal, 2022.
44. CASTELLI, Claudio; PIANA, Daniela. *Giusto processo e intelligenza artificiale*. Santarcangelo di Romagna: Maggioli, 2019, p. 44.

> Ma per quanto si vuole ad oggi la possibilità non è sostituire il magistrato o l'avvocato con le macchine o con una futuribile, ma ormai estremamente vicina, intelligenza artificiale, ma avere un supporto ed un aiuto che consentano di avere più informazioni, di conoscere gli orientamenti esistenti, di capire l'impatto di una decisione. Ovvero di decidere disponendo di tutti gli elementi e con una cognizione incommensurabilmente superiore al passato.

Assim, diante do seu viés transformador, passível, inclusive, de promover novos *designs* de resolução de disputas, é que os processualistas precisam reestruturar as concepções clássicas das normas processuais fundamentais, assentando-as em bases consentâneas com o atual contexto.

Afinal de contas, faltam respostas para os novos problemas processuais, quando se promove uma análise ultrapassada de um complexo normativo que adquiriu nova roupagem.

III.2 Novas tecnologias e o redesenho da competência territorial

Os tópicos predecessores demonstram, de forma irrefutável, que as novas tecnologias são capazes de refundar as bases do processo civil moderno, principalmente pelo fato de possibilitarem um rearranjo estrutural na forma de tratamento dos litígios submetidos à apreciação jurisdicional.

É possível, em decorrência do processo eletrônico, da inteligência artificial, da tecnologia *blockchain* e da internet das coisas – IoT, pensar em uma nova arquitetura procedimental que possibilite adaptações às exigências de um processo verdadeiramente justo e efetivo.

Nesse contexto, as linhas da doutrina tradicional acerca da competência, entendida como os limites dentro dos quais cada órgão jurisdicional, exerce, de forma legítima, suas respectivas funções[45-46-47], carece de reanálise, pois o mundo conectado promove relações transfronteiriças que não estão submetidas, em regra, a amarras de ordem territorial.

---

45. CÂMARA, Alexandre Freitas. *Manual de Direito Processual Civil*. Barueri: Atlas, 2022, p. 173.
46. Sobre o conceito de competência, são válidas as considerações esquadrinhadas por Cândido Rangel Dinamarco: "Em direito processual a competência consiste na relação de adequação legítima entre determinado juiz e determinada causa. Competente é o juiz ao qual, segundo a Constituição e a lei, cabe o exercício da jurisdição para o conhecimento, processamento e julgamento desta (Celso Neves). Dizer que dado juiz é competente para dada causa significa afirmar que entre ele e ela existe essa relação de adequação segundo a lei e, portanto, que a ele cabe o exercício da jurisdição em relação a essa causa." (DINAMARCO, Cândido Rangel. *Comentários ao Código de Processo Civil*. Vol. I. São Paulo: Saraiva, 2018, p. 260).
47. CARNEIRO, Athos Gusmão. *Jurisdição e competência*. 17ª ed. São Paulo: Saraiva, 2010.

Assim, esquadrinhar regras de competência, com fundamento em critérios territoriais[48], afigura-se como algo desconexo da atual quadra do século, pois já se perfaz possível a tramitação digital, na integralidade, de determinada demanda submetida ao crivo jurisdicional.

Cumpre destacar que a Resolução nº 345, do Conselho Nacional de Justiça prevê, expressamente, a possibilidade de concretização do que se tem chamado de Juízo 100% digital, cuja essência envolve a autorização para que todos os atos processuais sejam exclusivamente praticados por meio eletrônico e remoto, por intermédio da rede mundial de computadores.

Nos termos do art. 3º do sobredito ato normativo, a escolha pelo "Juízo 100% Digital" é facultativa e será exercida pela parte demandante no momento da distribuição da ação, podendo a parte demandada opor-se a essa opção até o momento da contestação. A facultatividade é salutar, pois, em um país heterogêneo, ainda são inúmeros os vulneráveis digitais[49] que, sequer, possuem acesso ao sistema tradicional de justiça.

Sem embargo do disposto, a conformação flexível do Juízo 100% digital permite que, longe de fixações territoriais de competência[50], tenhamos órgãos jurisdicionais

---

48. BARBI, Celso Agrícola. *Comentários ao Código de Processo Civil*. Vol. I. Rio de Janeiro: Forense, 2018, p. 318.
49. Júlio Camargo de Azevedo define vulnerabilidade digital nos seguintes termos: "Conceitualmente, a vulnerabilidade digital pode ser compreendida como estado de predisposição a risco nos ciberespaços, que favorece a aparição de iniquidades, assimetrias de poder, diminuições da cidadania, além de violações à privacidade, à intimidade e à autodeterminação informativa". (SOUSA, José Augusto Garcia de; PACHECO, Rodrigo Baptista; MAIA, Maurílio Casas (Orgs.). *Acesso à justiça na era da tecnologia*. São Paulo: JusPodivm, 2022, p. 343).
50. É importante rememorar que o Superior Tribunal de Justiça, em julgado emblemático, julgou dispensável a emissão de carta precatória, para fins de realização de leilão online, demonstrando que a adstrição territorial para a prática de atos processuais não se coaduna com o contexto de uma jurisdição digital: TRIBUTÁRIO. CONFLITO NEGATIVO DE COMPETÊNCIA. EXECUÇÃO FISCAL. ALIENAÇÃO JUDICIAL ELETRÔNICA. DESNECESSIDADE DE QUE A REALIZAÇÃO DOS ATOS SEJA PRATICADA NO FORO EM QUE SITUADO O BEM. RECUSA JUSTIFICADA DO CUMPRIMENTO DA CARTA PRECATÓRIA. CONFLITO CONHECIDO PARA DECLARAR COMPETENTE O JUÍZO DE DIREITO DA 4ª. VARA DE FEITOS TRIBUTÁRIOS DE BELO HORIZONTE/MG, ORA SUSCITADO.
1. Trata-se de Conflito Negativo de Competência suscitado nos autos da Carta Precatória expedida com a finalidade de que os atos processuais relacionados à alienação judicial eletrônica fossem realizados na Comarca em que se situa o imóvel penhorado.
2. Os procedimentos relativos à alienação judicial por meio eletrônico, na forma preconizada pelo art. 882, § 1º. do Código Fux (CPC/2015), têm por finalidade facilitar a participação dos licitantes, reduzir custos e agilizar processos de execução, primando pelo atendimento dos princípios da publicidade, da celeridade e da segurança.

especializados que possam atender, com a expertise necessária, demandas que carecem de maior aperfeiçoamento técnico. Basta pensar, por exemplo, em núcleos judiciais capacitados para lidar com demandas ligadas ao Direito Digital.

Em linha de convergência com o exposto, o CNJ publicou a Resolução nº 385, de 06 de abril de 2021, que trata dos Núcleos de Justiça 4.0, os quais estão adequadamente delineados no art. 1º: "Os tribunais poderão instituir 'Núcleos de Justiça 4.0' especializados em razão de uma mesma matéria e com competência sobre toda a área territorial situada dentro dos limites da jurisdição do tribunal."

Permite-se, assim, uma mitigação dos critérios de competência territorial definidos no Código de Processo Civil, tal como aquele que prevê, no art. 46, que a ação fundada em direito pessoal ou em direito real sobre bens móveis será proposta, em regra, no foro de domicílio do réu.

A título exemplificativo, cumpre destacar que o Tribunal de Justiça do Estado do Espírito Santo[51] criou, por meio do Ato Normativo Conjunto nº 13/2022, o Núcleo de Justiça 4.0 – Saúde, com competência para processar e julgar as ações judiciais que envolvam prestações de assistência à saúde, tais como o fornecimento de medicamentos, produtos ou insumos em geral, tratamentos e disponibilização de leitos hospitalares, entre outras e que tramitam ou passem a tramitar no âmbito das unidades judiciárias com competência para a matéria.

---

3. **Tal modelo de leilão revela maior eficácia diante da inexistência de fronteiras no ambiente virtual, permitindo que o leilão judicial alcance um número incontável de participantes em qualquer lugar do País, além de propiciar maior divulgação, baratear o processo licitatório e ser infinitamente mais célere em relação ao leilão presencial, rompendo trâmites burocráticos e agilizando o processo de venda do bem objeto de execução.**

4. Logo, cabe ao Magistrado atentar para essa relevante alteração trazida pelo Novel Estatuto Processual, utilizando-se desse poderoso instrumento de alienação judicial do bem penhorado em processo executivo, que tornou inútil e obsoleto deprecar os atos de alienação dos bens para satisfação do crédito, já que a alienação pela rede mundial dispensa o comparecimento dos interessados no local da hasta pública.

5. **Portanto, considerando que a alienação eletrônica permite ao interessado participar do procedimento mediante um acesso simples à internet, sem necessidade de sua presença ao local da hasta, tem-se por justificada a recusa do cumprimento da Carta Precatória pelo Juízo deprecado, ora suscitante, visto que não há motivos para que a realização do ato de alienação judicial eletrônica seja praticada em Comarca diversa do Juízo da Execução.**

6. Conflito de Competência conhecido para declarar competente o JUÍZO DE DIREITO DA 4ª. VARA DE FEITOS TRIBUTÁRIOS DE BELO HORIZONTE/MG, ora suscitado.

(CC n. 147.746/SP, relator Ministro Napoleão Nunes Maia Filho, Primeira Seção, julgado em 27/5/2020, DJe de 4/6/2020, grifamos).

51. Vide: http://www.tjes.jus.br/poder-judiciario-capixaba-institui-nucleos-de-justica-4-0/. Acesso em: 29 nov. 2022.

O objetivo é possibilitar que, pela centralização, em agentes especializados, das discussões sobre o direito fundamental à saúde, possa-se conferir maior efetividade à tutela jurisdicional.

Desvela-se, em face das considerações expostas, que as discussões sobre a competência territorial devem ser realocadas no bojo do universo da implementação de novas tecnologias no processo, pois certas premissas clássicas já não subsistem no atual cenário.

III.3 Negócio jurídico processual e Inteligência Artificial

A Teoria do Fato Jurídico se propõe a trabalhar com o fenômeno do Direito em seus contornos gerais, desvinculando-se, por isso, de amarras estabelecidas por qualquer ramo da ciência jurídica, haja vista que o modelo teórico de Pontes de Miranda é amoldável aos diversos tipos de regras constantes do sistema jurídico brasileiro.

Em assim sendo, verificam-se fatos jurídicos também no Processo, considerando que a legislação aplicável descreve, tal como as demais, os suportes fáticos que podem, por ducto da incidência, dar azo a fatos jurídicos de natureza processual. Segundo Marcos Bernardes de Mello[52]: "No processo Civil, por exemplo, o ato processual pode ter a natureza de ato jurídico *stricto sensu*, negocial, misto, apenas de prestação de dever, ou de ato integrativo de negócios jurídicos de direito privado".

É sabido que Pontes de Miranda tratou de consolidar uma classificação oportuna dos fatos jurídicos, distinguindo-os segundo critérios atinentes, em regra, ao modo de composição do cerne do suporte fático da norma jurídica, ou seja, observa-se a conformidade ou desconformidade com o direito e a presença ou não do elemento volitivo. Nítido, desta feita, que o ato ilícito também se entroniza no mundo jurídico, corporificando-se como fato jurídico.

Assim, de acordo com os desígnios da teoria ponteana e dos posicionamentos do professor Marcos Bernardes de Mello, pode-se conceber a seguinte divisão dos fatos jurídicos: i) lícitos, que se subdividem em fatos jurídicos *stricto sensu*, atos-fatos jurídicos, atos jurídicos lato sensu (abrangem os atos jurídicos *stricto sensu* e os negócios jurídicos) e ii) ilícitos.

Preambularmente, é forçoso delinear que os fatos jurídicos *stricto sensu* são aqueles que derivam da incidência da norma sobre um suporte fático estruturado por eventos da natureza, os quais independem da vontade humana, nos moldes do que ocorre com a morte ou com a avulsão.

Por sua vez, os atos-fatos jurídicos, inadmitidos em alguns países (França, Itália e Alemanha), são assim conceituados por Pontes de Miranda[53]: "Os atos-fatos

---

52. MELLO, Marcos Bernardes. *Teoria do fato jurídico* – Plano da existência. 20ª Edição. São Paulo: Saraiva, 2014.
53. MIRANDA, Pontes de. *Tratado de Direito Privado*. 2ª Tiragem. São Paulo: Revista dos Tribunais, 2012, Tomo I, p. 158.

são atos humanos, em que não houve vontade, ou dos quais se não leva em conta o conteúdo da vontade, aptos, ou não, a serem suportes fácticos de regras jurídicas." Dito isso, exsurge notório que a vontade não possui importância, sobrelevando-se o fato decorrente do ato humano. À guisa de exemplo, cita-se o pagamento como nítido ato-fato jurídico, uma vez que, ainda que decorrente de ato do homem, o elemento volitivo é despiciendo para a efetiva configuração de regulares efeitos.

Quanto ao ato jurídico *lato sensu*, resta claro que nessa espécie a vontade é essencial, de modo que no suporte fático está presente uma exteriorização consciente desta, no sentido de se obter um dado resultado tutelado pelo ordenamento jurídico ou não proibido e possível de se realizar. Nessa senda, o ato jurídico *stricto sensu* se diferencia do negócio jurídico, pois no primeiro não é possível a escolha da categoria jurídica eficacial, de tal modo que a própria lei atribui os necessários efeitos, quer desejem as partes ou não, já no segundo é dado aos particulares dispor sobre os efeitos jurídicos pretendidos, sendo resultante de uma nítida autonomia da vontade.

Acerca dos negócios jurídicos, Pontes de Miranda aduz que: "O conceito surgiu exatamente para abranger os casos em que a vontade humana pode criar, modificar ou extinguir direitos, pretensões ações ou exceções, tendo por fito esse acontecimento do mundo jurídico."[54]

Naquilo que concerne aos atos ilícitos, vale, mais uma vez, trazer à baila as manifestações de Pontes de Miranda[55]: "Atos ilícitos são os atos contrários a direito, quase sempre culposos, dos quais resulta, pela incidência da lei e *ex lege*, consequência desvantajosa para o autor."

Alinhavada a classificação *supra*, é possível inferir que ela é aplicável em toda a fenomenologia jurídica, não sendo restrita a alguns ramos, como querem fazer crer certos autores[56].

Lado outro, mesmo diante da relevância da tese exposta por Pontes de Miranda, ainda eram poucos os trabalhos que tendiam a explicar o fenômeno processual, valendo-se da Teoria do Fato Jurídico, que é imprescindível à solução de inúmeros casos práticos.

A despeito da pretérita escassez sobredita, Fredie Didier Júnior e Pedro Henrique Pedrosa Nogueira escreveram obra específica acerca do tema em discussão,

---

54. MIRANDA, Pontes de. *Tratado de Direito Privado*. 2ª Tiragem. São Paulo: Revista dos Tribunais, 2012, Tomo III, p. 55.
55. MIRANDA, Pontes de. *Tratado de Direito Privado*. 2ª Tiragem. São Paulo: Revista dos Tribunais, 2012, Tomo I, p. 163.
56. KRELL, Andreas J. A relevância da teoria do fato jurídico no âmbito do moderno direito constitucional e administrativo. DIDIER JR., Fredie; EHRHARDT JR., Marcos (coord.). *Revisitando a teoria do fato jurídico:* homenagem a Marcos Bernardes de Mello. São Paulo: Saraiva, 2010.

a qual busca detalhar as bases da Teoria dos Fatos Jurídicos Processuais[57]. No referido trabalho, os autores definem o que se pode entender por fatos jurídicos processuais *lato sensu*:

> A partir dessas considerações, os fatos jurídicos *lato sensu* processuais, podem ser definidos como os eventos, abrangendo manifestações de vontade, condutas e fenômenos da natureza, contemporâneos a um procedimento a que se refiram, descritos em normas jurídicas processuais.

A conceituação proposta segue a linha diretiva da classificação de Pontes de Miranda, que foi esmiuçada acima, resultando na necessidade de se avaliarem os institutos processuais, na sua referibilidade a certo e dado procedimento, constando se trata de: a) fatos jurídicos *stricto senso* processuais; b) atos-fatos jurídicos processuais; c) atos jurídicos *stricto sensu* processuais; d) negócios jurídicos processuais ou e) ilícitos processuais.

Os negócios jurídicos processuais, por sua vez, reconhecidos por Pontes de Miranda como de possível ocorrência[58], transformaram-se, como se disse, em objeto de maior debate científico, diante da amplitude concedida pela cláusula geral de negociação aposta no art. 190 do CPC/15.

Nos moldes do que fora adequadamente estabelecido por Pontes de Miranda, os negócios jurídicos processuais internalizam o autorregramento da vontade, na medida em que possibilitam a escolha da categoria eficacial. Desse modo, abraça-se, no presente trabalho, a concepção de negócio jurídico processual fornecida por Pedro Henrique Pedrosa Nogueira[59]:

> Define-se o negócio processual, a partir das premissas até aqui estabelecidas, como o fato jurídico voluntário em cujo suporte fático, descrito em norma processual, esteja conferido ao respectivo sujeito o poder de escolher a categoria jurídica ou estabelecer, dentro dos limites fixados no próprio ordenamento jurídico, certas situações jurídicas processuais.

O Código de Processo Civil de 2015 inovou no tratamento normativo dedicado aos negócios jurídicos processuais, não na sua previsão em nosso sistema jurídico, mas sim em sua amplitude. Com efeito, já havia, na codificação anterior, previsão legal possibilitando a modificação, pela vontade das partes, de certos e determinados poderes, ônus, faculdades e deveres processuais (negócios jurídicos sobre

---

57. DIDIER JR., Fredie; NOGUEIRA, Pedro Henrique Pedrosa. *Teoria dos Fatos Jurídicos Processuais*. 2ª Edição. Salvador: JusPodvm, 2013.
58. MIRANDA, Pontes de. *Tratado de Direito Privado*. 2ª Tiragem. São Paulo: Revista dos Tribunais, 2012, Tomo III, p. 62.
59. NOGUEIRA, Pedro Henrique. *Negócios jurídicos processuais*. 3ª ed. JusPodivm. Salvador, 2018, p. 175.

situações jurídicas processuais[60]). Além disso, o Código Buzaid previa, em alguns casos, a realização de negócios jurídicos sobre procedimento, a fim de viabilizar flexibilizações necessárias à efetividade da tutela jurisdicional. Cite-se, a título ilustrativo, os seguintes artigos do CPC/73: 111 (eleição de foro), 181 (convenção sobre prazos dilatórios), 265, inciso II (convenção para suspensão do processo), 333, parágrafo único (distribuição do ônus da prova) e 453, inciso I (convenção para adiamento da audiência).

Todavia, não havia expressamente[61] uma cláusula geral que permitisse a negociação processual de forma ampla, possibilitando às partes a criação de outros negócios processuais, fugindo dos modelos preestabelecidos na lei. Assim, para além dos negócios jurídicos processuais típicos – assim denominados aqueles previstos expressamente no Código Processual Civil –, o atual diploma processual trouxe o que a doutrina especializada vem chamando de cláusula geral de negociação atípica, prevista no artigo 190 do CPC/15.

Diante desse cenário que descortina verdadeira promoção da adaptabilidade procedimental, pergunta-se: É possível que as partes firmem um negócio jurídico processual, com o escopo de afastar a aplicabilidade de uma ferramenta de inteligência artificial adotada pelo Poder Judiciário?

A questão não apresenta resposta simples e, para que possa ser respondida, carece, segundo a ótica dos autores, da possibilidade de enquadramento do juiz como partícipe do negócio jurídico processual, no momento atual.

Acerca da possibilidade da capacidade negocial do juiz, há uma primeira corrente que acredita que o juiz não pode figurar como parte do negócio processual plurilateral[62], sob o argumento de que está distanciado dos interesses das partes e, por isso, não poderia praticar atos em favor de interesse próprio.

O principal defensor dessa tese é Antônio do Passo Cabral, que possui relevante obra acerca das convenções processuais[63], na qual sustenta que para possuir capacidade negocial, a parte tem que possuir algum interesse na realização da convenção, e o juiz, enquanto sujeito imparcial no processo, não possuiria quaisquer

---

60. GAJARDONI, Fernando da Fonseca et al. *Teoria geral do processo*: comentários ao CPC de 2015. 2ª ed. Método. São Paulo, 2017, p. 694.
61. Registre-se, porém, que há doutrina que identifica no art. 158 do CPC/73 uma cláusula geral de negociação atípica.
62. "A unilateralidade, bilateralidade ou plurilateralidade do negócio jurídico alude a ser uma só a manifestação de vontade, que é o elemento volitivo do negócio jurídico, ou serem duas, ou mais. [...] A vida e a ciência não procederam arbitrariamente em fazer unilaterais alguns negócios jurídicos, e bilaterais ou plurilaterais outros: foram levadas a isso ou consultaram onde e quando a entrada em da manifestação de vontade de um implicava irradiação de efeito na esfera jurídica de outrem." (MIRANDA, Pontes de. *Tratado de Direito Privado*. 2ª Tiragem. São Paulo: Revista dos Tribunais, 2012, Tomo III, p. 201.)
63. CABRAL, Antônio do Passo. *Convenções Processuais*. 2. ed. Salvador: JusPodivm, 2016.

interesses pessoais, não podendo, portanto, convencionar com as partes. Ainda que o juiz possuísse vontade negocial, essa vontade não seria autônoma, pois estaria vinculada a um dever legal, preestabelecido no ordenamento jurídico. É em virtude dessa inexistência de liberdade negocial que Antônio do Passo Cabral não considera o juiz como parte das convenções processuais.

Em sentido oposto, Humberto Theodoro Júnior afirma que o juiz interferirá no mérito do negócio processual sempre que sua esfera jurídica for afetada, pois o negócio só se aperfeiçoará validamente se a ele aquiescer o próprio juiz[64].

Partindo de outras premissas, Fredie Didier Jr. é enfático ao afirmar que não há razão alguma para não se permitir negociação processual atípica que inclua o órgão jurisdicional. Isso porque, para além de haver previsão de negócios processuais típicos que exigem a participação do juiz, não haveria qualquer prejuízo na participação deste na elaboração do negócio, vez que poder negociar *sem* a interferência do juiz é mais do que poder negociar *com* a participação do juiz. Assim, o citado processualista enxerga, com razão, que a participação do juiz na negociação seria benéfica, posto que significaria uma fiscalização imediata da validade do negócio[65].

Concordamos, como dito, com a tese segundo a qual o juiz pode ser parte no negócio jurídico processual. Com efeito, a negativa de capacidade negocial do magistrado, ao que parece, é ainda um certo ranço da divisão entre direito público e privado e do fato de se encarar a participação do juiz levando em consideração os traços característicos do direito privado.

Porém, deve-se enxergar a participação do juiz com o viés do direito público, sendo ele um (re)presentante da função jurisdicional do Estado. Isso porque, para além da atividade de decidir o caso concreto trazido pela demanda, o Estado-Juiz tem o dever de zelar pelo devido processo legal e sua duração razoável, sem falar na efetividade da tutela jurisdicional.

Assim, na busca de uma tutela jurisdicional efetiva, os negócios jurídicos processuais são importantes instrumentos para a adequação do procedimento aos interesses em disputa, superando, no mais das vezes, entraves formais que dificultariam o exercício da jurisdição. Há, destarte, o interesse Estatal na efetividade do processo, sendo o magistrado (o juízo) o presentante desse interesse na relação jurídica processual. Não há que se falar, portanto, em interesse particular do juiz na celebração da convenção processual.

---

64. THEODORO JÚNIOR, Humberto. *Teoria geral do processo civil, processo de conhecimento e procedimento comum*. vol. I. 57ª ed. ver., atual. e ampl. Rio de Janeiro: Forense, 2016, p. 485.
65. DIDIER JR., Fredie. Negócios jurídicos processuais atípicos no CPC-2015. In: MARCATO, Ana *et al* (coord.). *Negócios Processuais*. V. 1. Coletânea Mulheres no Processo Civil. Salvador: JusPodivm, 2017, p. 169.

Deve-se ressaltar que o modelo cooperativo de processo (CPC, art. 6º) acabou com o protagonismo judicial, igualando todos os sujeitos processuais e fomentando o diálogo entre todos, o que reforça a ideia de ser repensada a posição do magistrado frente ao processo e, por conseguinte, aos eventuais negócios jurídicos processuais possíveis de serem celebrados em determinado caso concreto.

Relevante esclarecer, também, que a participação do juiz no plano da existência dos negócios jurídicos processuais, manifestando sua vontade como elemento componente do suporte fático, coaduna-se perfeitamente com a noção de negócio jurídico trazida por Pontes de Miranda, vez que seus estudos se enquadram na Teoria Geral do Direito, não ficando restrito ao Direito Privado. Ao revés, é cada vez maior a incidência da consensualidade no Direito Público.[66]

Murilo Teixeira Avelino, em análise minuciosa acerca da posição do juiz em face dos negócios jurídicos que influenciam na sua situação jurídica[67], ao adotar a corrente doutrinária de que o juiz atua, nesses casos, como sujeito do ato, aponta que o fundamento para sua admissão, além de negócios típicos também dos negócios atípicos, não estaria no *caput* do art. 190 do CPC (o qual teria as partes do processo como destinatárias), mas sim o princípio da adequação.

Assim, segundo o autor, como o juiz também é destinatário do princípio da adequação[68], poderia também ser sujeito dos negócios processuais, propondo-os, inclusive, caso observe a necessidade de superação do procedimento regular, em prol da prestação de uma tutela jurisdicional efetiva, eficiente e adequada.

Vale relembrar que o vigente Código de Processo Civil prevê textualmente a participação do juiz em certos negócios processuais. Além dos dois tradicionais

---

66. "Mais ilegítimo ainda é alargar-se o conceito de auto-regramento da vontade, que é conceito que se vê, de cima, as regras jurídicas cogentes e o que elas deixam sem o repelirem do mundo jurídico, para se adaptar tal conceito a algum sistema político que tenha deslocado para entidades outras que o Estado a edicção de normas jurídicas, ou que interprete tê-lo feito. Evite-se, outrossim, chamá-la autonomia privada, no sentido de auto-regramento de direito privado, porque, com isso, se elidiria, desde a base, qualquer auto-regramento da vontade, em direito público, – o que seria falsíssimo. O que caracteriza o auto-regramento da vontade é o poder-se, com êle, compor o suporte fáctico dos atos jurídicos com o elemento nuclear da vontade. Não importa em que ramo do direito." (MIRANDA, Pontes de. *Tratado de Direito Privado*. 2ª Tiragem. São Paulo: Revista dos Tribunais, 2012, Tomo III, p. 111.)
67. AVELINO, Murilo Teixeira. A posição do magistrado em face dos negócios jurídicos processuais: já uma releitura. In: CABRAL, Antônio; NOGUEIRA, Pedro Henrique (org.). *Negócios Processuais*. Salvador: JusPodivm, 2017, p. 383-385.
68. Entendimento este como "o direito fundamental a uma tutela jurisdicional efetiva, ou seja, uma tutela apta a concretizar, no mundo dos fatos, o que foi exarado pela atividade jurisdicional" garantindo-se "os meios adequados, aptos a proporcionar a concreta fruição desta decisão". AVELINO, Murilo Teixeira. A posição do magistrado em face dos negócios jurídicos processuais: já uma releitura. In: CABRAL, Antônio; NOGUEIRA, Pedro Henrique (org.). *Negócios Processuais*. Salvador: JusPodivm, 2017, p. 384.

exemplos trazidos pela doutrina (calendarização do processo, art. 191 do CPC; e organização negociada do processo, art. 357 do CPC), pode ser citado o acordo para redução de prazos peremptórios (art. 222, § 1º, do CPC), que pode ser feito pelo juiz, mas depende de concordância das partes, o que caracteriza um negócio jurídico plurilateral.

Diante do exposto, apenas seria possível considerar a possibilidade de um negócio jurídico processual, com o objetivo de excluir o uso de uma ferramenta de inteligência artificial em operação no Poder Judiciário, para um determinado processo, caso o magistrado fosse partícipe do ajuste firmado entre as partes.

Afinal de contas, aplicações de IA voltadas ao apoio à tomada de decisão fazem parte de uma política estratégica do Poder Judiciário e estão intrinsecamente relacionadas ao labor do magistrado, de tal sorte que, por ser atingido diretamente em relação ao exercício de suas atribuições funcionais, deve ser parte (codeclarante) do negócio jurídico processual.

Haveria, portanto, invalidade do pacto firmado exclusivamente entre as partes, cujo objeto impusesse à autoridade julgadora restrição relativa ao uso de ferramenta de inteligência artificial auxiliar à atividade decisória e devidamente chancelada pelas autoridades centrais.

III.4 Inteligência Artificial e precedentes

III.4.1 Considerações gerais sobre o sistema de precedentes do CPC

O Código de Processo Civil promoveu verdadeira reformulação no ordenamento jurídico brasileiro ao consolidar um sistema de precedentes judiciais vinculantes, com o escopo de guarnecer, em maior medida, a isonomia e a segurança jurídica.

A tentativa do legislador, portanto, foi afastar os efeitos da deletéria variabilidade decisória, a qual reduz, sobremaneira, a confiabilidade do cidadão nos pronunciamentos emanados do Poder Judiciário. Afinal de contas, não raras vezes, jurisdicionados em situações análogas recebem respostas diametralmente opostas dos órgãos julgadores.

Na linha do *stare decisis*[69] (doutrina professada em países tradicionalmente ligados ao *Common Law* e que traduz a necessidade de observância dos precedentes judiciais), optou-se, no Brasil, por referendar uma impositividade das decisões paradigmas[70], em um nítido esforço de busca pela uniformidade, integridade, coerência

---

69. DUXBURY, Neil. *The nature and authority of precedent*. United Kingdom: Cambridge University Press, 2008, p. 12-13.
70. As incertezas na interpretação conferida pelos Juízes aos casos, advindas da abertura principiológica promovida pela Constituição analítica de 1988, entre outras causas, conduziram a busca por uma segurança jurídica que, no Brasil, tem como vertente a obrigatoriedade de

e estabilidade das manifestações jurisdicionais, consoante adequadamente dispõe o art. 926 do Código de Processo Civil.

Ocorre que, em países como Inglaterra e Estados Unidos, a ideia de observância dos precedentes judiciais foi fruto de uma construção histórica secular, de tal modo que, no processo de construção decisória, buscam-se, naturalmente, manifestações pretéritas referenciais, para que sirvam de diretrizes ao caso em análise, quando presente similaridade fática substancial.

Ao revés, no sistema brasileiro, a obrigatoriedade de seguir precedentes não decorreu de uma prática judiciária regular, sobremaneira ligada à ideia de integridade decisional[71], mas, sim, de uma imposição legislativa, ou seja, o legislador interveio para fazer assentar uma nova forma de compreender o Direito[72].

Por isso, ainda são incontáveis os equívocos dos profissionais da área jurídica, no trato do sistema de precedentes judiciais, tais como:

a) tomar ementa por precedente;
b) não distinguir, de maneira adequada o que é *ratio decidendi/holding* (razão determinante para decidir – parte vinculante do precedente judicial) e o que é *obter dictum* (dito de passagem – parte não vinculante);
c) aplicar o precedente judicial apenas com base no método subsuntivo;
d) não levar em consideração os fatos substanciais relevantes para o julgamento do caso (*material facts*);
e) inadequada motivação das decisões judiciais;
f) realização de distinções inconsistentes, muitas vezes com o intuito de não aplicar o precedente obrigatório (*inconsistent distinguishing*);
g) cultura jurídica não adaptada a lidar com a análise de casos (*cases*);
h) modelo decisório dos Tribunais que, muitas vezes, obstaculiza a extração da *ratio decidendi*, em razão da ausência de fundamentos determinantes, entre outros.

Nessa linha de intelecção, o art. 927 do CPC lista quais manifestações judiciais deverão ser obrigatoriamente observadas pelos juízes e Tribunais:

> Art. 927. Os juízes e os tribunais observarão:
> I – as decisões do Supremo Tribunal Federal em controle concentrado de constitucionalidade;

---

aplicação de padrões decisórios pré-moldados por alguns Tribunais. Sobre esse ponto, em um viés hermenêutico, confira: PEREIRA, João Sergio dos Santos Soares. *A padronização decisória na era da Inteligência Artificial:* uma possível leitura hermenêutica e da autonomia do direito. Belo Horizonte: Casa do Direito, 2021.

71. DWORKIN, Ronald. *O império do direito*. 3ª ed. Tradução: Jeferson Luiz Camargo. São Paulo: Martins Fontes, 2014.
72. ABBOUD, Georges. *Do genuíno precedente do stare decisis ao precedente brasileiro: os fatores histórico, hermêutico e democrático que os diferenciam*. DIDIER JR, Fredie *et al* (coord.). Precedentes. JusPodivm. Salvador, 2015, p. 399-405.

II – os enunciados de súmula vinculante;
III – os acórdãos em incidente de assunção de competência ou de resolução de demandas repetitivas e em julgamento de recursos extraordinário e especial repetitivos;
IV – os enunciados das súmulas do Supremo Tribunal Federal em matéria constitucional e do Superior Tribunal de Justiça em matéria infraconstitucional;
V – a orientação do plenário ou do órgão especial aos quais estiverem vinculados.

Da leitura do dispositivo é possível depreender, claramente, que nem tudo que está encartado nos incisos pode ser compreendido como precedente judicial em sentido estrito.

Considera-se precedente judicial a decisão proferida em determinado caso, que ganha foro paradigmático, na medida em que pode se tornar elemento de referência para decisões futuras, haja vista que nela se encontra inserida uma tese jurídica passível de ser universalizável, no bojo de circunstâncias fáticas que embasam a controvérsia[73].

Assim, o precedente judicial é composto pela *ratio decidendi/holding* (fundamentos determinantes), pelo substrato fático e pelos argumentos *obiter dictum* (ditos de passagem ou de forma lateral). Convém destacar, por oportuno, que a parte vinculante do precedente é a que se denomina *ratio decidendi/holding*.

Lado outro, uma vez esmiuçado o referido conceito, não se pode confundir precedente judicial com súmula, uma vez que esta é apenas o verbete que condensa o posicionamento jurisprudencial dominante.

Em acréscimo, pontue-se que o termo jurisprudência não se traduz como sinônimo de precedente judicial, pois aquela pressupõe um conjunto reiterado de decisões em um mesmo sentido.[74] O precedente, por sua vez, é uma única decisão-modelo, tal como aquela proferida em sede de Incidente de Resolução de Demandas Repetitivas – IRDR, em harmonia com o que vaticina o art. 927, III, do CPC[75].

Por tais razões, ao se referir ao rol do art. 927, é melhor utilizar a expressão padrões decisórios vinculantes, na linha do que preceitua Alexandre Freitas Câmara[76]:

---

73. VALE, Luís Manoel Borges do. *Precedentes vinculantes no processo civil e a razoável duração do processo*. Rio de Janeiro: GZ, 2019, p. 13.
74. Os precedentes não se confundem com o direito jurisprudencial entendido como repetição de decisões reiteradas. A distinção entre precedente e jurisprudência é explicitada por Michele Taruffo em texto que merece ser lido: TARUFFO, Michele. Precedente e jurisprudência. *Revista de Processo*, São Paulo, ano 36, vol. 199, set. 2011, p. 142-143.
75. MACÊDO, Lucas Buril. *Precedentes judiciais e o direito processual civil*. 3ª edição. Salvador: JusPodivm, 2019, p. 93.
76. CÂMARA, Alexandre Freitas. *Levando os padrões decisórios a sério: formação e aplicação de precedentes e enunciados de súmula*. São Paulo: Atlas, 2018, p. 1.

"Assim, são padrões decisórios vinculantes os precedentes e os enunciados de súmula que formalmente receberam, por imputação legal, eficácia vinculativa."[77]

Outro ponto digno de nota é que, tradicionalmente, em países afetos à família do *Common Law* os precedentes judiciais são assim considerados segundo uma ótica *a posteriori*, ou seja, somente quando o juiz do caso futuro toma por base uma decisão pretérita, adotando-a como modelo, é que podemos considerá-la um verdadeiro precedente. Desse modo, não é o julgador de determinado caso que consignará, originalmente, que a sua decisão é um precedente judicial, mas sim os juízes de casos futuros, os quais adotarão o paradigma decisório fixado outrora.

A despeito do exposto, a lógica formatada no Brasil é diversa, na medida em que o ordenamento jurídico, *a priori,* já consigna quais padrões decisórios serão considerados vinculantes. Afinando-se no mesmo diapasão, pronunciam-se Teresa Arruda Alvim e Bruno Dantas[78]:

> O NCPC privilegia precedentes proferidos em certas e determinadas situações que justificam sejam eles tidos de antemão como precedentes. Sim, porque há decisões que se tornam, naturalmente, precedentes a posteriori: ou seja, são densas, convincentes, com excelentes fundamentos, que passam a ser respeitadas em casos posteriores, idênticos ou semelhantes.
> De acordo com a sistemática do CPC de 2015, há decisões que já nascem como precedentes obrigatórios e que devem ser paradigma para as posteriores, em casos normalmente idênticos e às vezes semelhantes.

Malgrado o exposto, a inversão não é de todo criticável, pois, ao ter a noção prévia de que determinada decisão é considerada um padrão decisório vinculante, o órgão jurisdicional adotará as cautelas necessárias no processo formativo do pronunciamento obrigatório, mormente no que pertine à adequada fundamentação e ao destaque do que se entende por *ratio decidendi*[79]. Nesse sentido, está lavrado o art. 984, § 2º, do CPC, ao tratar do IRDR: "O conteúdo do acórdão abrangerá a

---

77. Um dos autores dessa obra, igualmente, utiliza-se da expressão padrões decisórios para exprimir o que se entende como "precedente" em nosso País, considerando a diferenciação entre os sistemas inglês e americano e o brasileiro: PEREIRA, João Sergio dos Santos Soares. *A padronização decisória na era da Inteligência Artificial*: uma possível leitura hermenêutica e da autonomia do direito. Belo Horizonte: Casa do Direito, 2021, p. 19.
78. ARRUDA ALVIM, Teresa; DANTAS, Bruno. *Recurso especial, recurso extraordinário e a nova função dos tribunais superiores no direito brasileiro*. 4ª edição. São Paulo: Revista dos Tribunais, 2017, p. 278.
79. É salutar, na linha do exposto, a redação do art. 104-A, II, do Regimento Interno do Superior Tribunal de Justiça: Art. 104-A. Os acórdãos proferidos em julgamento de incidente de assunção de competência e de recursos especiais repetitivos deverão, nos termos do § 3º do art. 1.038, c/c art. 984, § 2º, do Código de Processo Civil, conter: (...) II – a definição dos fundamentos determinantes do julgado.

análise de todos os fundamentos suscitados concernentes à tese jurídica discutida, sejam favoráveis ou contrários."

Mesmo diante da estrutura acima delineada, o modelo decisório dos tribunais brasileiros tem dificultado a compreensão do que se deve entender por fundamentos determinantes, de tal sorte que resta prejudicada a aplicabilidade efetiva dos padrões decisórios vinculantes.

Esse é o ponto-chave a ser desenvolvido, uma vez que o uso de novas tecnologias, principalmente a inteligência artificial, para fins de aplicação de precedentes obrigatórios, deve ser compreendida à luz das dificuldades operacionais de extração da *ratio decidendi* e de sua consequente incidência em casos análogos ou idênticos.

Igualmente, é preciso estar atento à formação e aplicação dos padrões decisórios, pois a preocupação com a objetivação do direito, pela via de instrumentos que promovem o afastamento da análise do caso concreto, pode vir a ser potencializada com a utilização da IA.

Provimentos vinculantes não devem ser vistos como soluções pré-moldadas, imutáveis, para diminuir o número de processos, as disparidades de entendimentos e as incertezas interpretativas advindas da chamada "justiça lotérica", por si só.

Certamente, a redução da quantidade de processos é algo desejável, mas não pode ser a ontologia para a formação e aplicação de precedentes. A qualidade do que se produz e aplica, enquanto padrão decisório, importa. Se assim é, não há possibilidade de afastarmos a coparticipação dos interessados nesse debate, a fundamentação adequada e as técnicas inerentes ao devido processo tecnológico.

III.4.2 Modelos de julgamentos e o problema da extração da ratio decidendi

Passa ao largo da doutrina, em variadas ocasiões, a discussão sobre o processo formativo dos precedentes obrigatórios. Muito se discute sobre a aplicabilidade dos padrões decisórios vinculantes, mas é necessário verticalizar o debate sobre como devem ser confeccionadas as decisões que, segundo dispõe o CPC, são consideradas referenciais cogentes.

No mundo, são reconhecidos dois modelos tradicionais de julgamento, quais sejam: a) *seriatim* e b) *per curiam*. A depender da sistemática adotada, podem surgir problemas quanto à construção e à formação do pronunciamento colegiado.

No modelo de julgamento *seriatim*, o posicionamento adotado pelo Tribunal é externalizado por meio de um compilado de manifestações individuais. Assim, o acórdão é formado por um conjunto difuso de votos que, por vezes, obstaculiza a compreensão acerca daquilo que, efetivamente, restou decidido pelo órgão jurisdicional.

Esse modelo de julgamento é adotado, em regra, em países nos quais as sessões do Tribunal são públicas[80], de modo que o posicionamento de cada um dos julgadores é revelado a todos, mesmo que não represente a tese vencedora.

A Inglaterra, por exemplo, adota o modelo de julgamento *seriatim*. Como destaca André Rufino do Vale[81], tal modelo corresponde à tradição dos órgãos judiciais colegiados do *Common Law*, cujas sessões deliberativas ficaram caracterizadas pelo "pronunciamento 'em série' (*seriatim*) dos discursos (*speech*) individuais de cada juiz, os quais eram dessa forma consignados nos textos das decisões destinadas à publicação (*published reports*)".

No Brasil, essa é a sistemática adotada. Dessa forma, a manifestação do Supremo Tribunal Federal é geralmente representada por um emaranhado de votos de cada um dos ministros, como se, na prática, existissem 11 (onze) Supremos.[82]

Se, por um lado, o modelo de julgamento *seriatim* é positivo, na medida em que está correlacionado a sessões deliberativas públicas (em prestígio aos arts. 93, IX, da Constituição Federal e 11 do CPC/15), por outro, dificulta o dimensionamento dos exatos termos da decisão judicial, pois nem sempre os fundamentos adotados pelos julgadores são convergentes[83].

A questão ganha contornos relevantes quando se verifica que a falta de uniformidade em relações aos fundamentos determinantes gera um impasse quanto à existência (ou não) de um precedente de observância obrigatória. Diante de um plexo de manifestações difusas, ainda que convirjam na conclusão, é impraticável extrair a *ratio decidendi*.

Como observa Alexandre Freitas Câmara[84], no modelo de deliberação *seriatim* a decisão não é construída em um verdadeiro diálogo entre os integrantes do colegiado. Em regra, os julgadores proferem seus votos sem dialogar com os demais, "fazendo com que o acórdão seja uma 'sucessão de monólogos'". Em sua visão,

---

80. Sobre os modelos de deliberação – público ou secreto –, bem como as vantagens e desvantagens de cada sistemática de votação, ver CÂMARA, Alexandre Freitas; MARÇAL, Felipe Barreto. Repensando os dogmas da publicidade e do sigilo na Justiça brasileira. *Revista de Processo*. São Paulo: Revista dos Tribunais, nº 299, jan./2020, p. 43-68.
81. VALE, André Rufino do. *Argumentação constitucional*: um estudo sobre a deliberação nos tribunais constitucionais. São Paulo: Almedina, 2019, p. 149-150.
82. Situações como essa geraram a chamada metáfora das "onze ilhas" que retrata uma suposta falta de comunicação entre os Ministros do Supremo. Os votos de cada um de seus integrantes seriam elaborados individualmente, dentro de seus próprios gabinetes, desprovidos de debates e trocas de opiniões.
83. CORNIELLES-HERNÁNDEZ, Jose Angel. ¿Seriatim o per curiam? Modelos de decisiones colegiadas emitidas por las cortes constitucionales. *Civil Procedure Review*, v. 11, n. 1: jan.-abr. 2020.
84. CÂMARA, Alexandre Freitas. *Levando os padrões decisórios a sério*: formação e aplicação de precedentes e enunciados de súmula. São Paulo: Atlas, 2018, p. 257.

essa dinâmica acrescenta "uma camada de confusão desnecessária aos entendimentos do tribunal", dificultando, por exemplo, a identificação dos fundamentos determinantes de um pronunciamento judicial (a fim de determinar se ele é ou não um precedente).

Desse modo, não se pode falar em uma efetiva colegialidade, já que a soma de posições individuais não tem o condão de estabelecer um verdadeiro diálogo institucional.

Sob outro prisma, no modelo *per curiam* (expressão que significa "pelo tribunal"), o pronunciamento emitido pelo Tribunal é externalizado por meio de um único texto, o qual representa a posição institucional do órgão julgador[85]. Essa forma deliberativa é vinculada, em regra, aos tribunais que possuem sessões fechadas, tal como acontece em países como França, Itália, Alemanha e Espanha. Veja-se, nesse sentido, o art. 276 do Código de Processo Civil Italiano (*Codice di Procedura Civile*): "*La decisione è deliberata in segreto nella camera di consiglio. Ad essa possono partecipare soltanto i giudici che hanno assistito alla discussione*".

Uma das principais vantagens do modelo *per curiam*, em detrimento do modelo *seriatim*, é a facilidade em se compreender, verdadeiramente, aquilo que foi objeto de decisão pelo tribunal, tendo em vista que a manifestação do órgão judicante, enquanto instituição, é traduzida em um texto que expressa aquilo que o colegiado, em essência, deliberou por maioria ou unanimidade.

Não se tem, assim, um emaranhado de votos, mas, sim, um texto coerente e uno, o que facilita a extração da *ratio decidendi* do precedente judicial.

Mas o modelo *per curiam* também apresenta as suas vicissitudes, mormente em ambientes decisionais que se estruturam sem a necessária publicidade das sessões de julgamento, tal como ocorre na Itália e na França, por exemplo. Da mesma forma, a formulação de um texto único peca pela omissão das opiniões dissidentes, as quais são extremamente relevantes no âmbito de um processo democrático. Por essa razão, países como Alemanha e Espanha, a despeito de adotarem um modelo *per curiam*, publicam, em conjunto com o texto representativo da posição institucional da corte, as manifestações divergentes. Isso também ocorre nos Estados Unidos, em que se publiciza a *opinion of the Court* e as eventuais *separate opinions*[86].

No Brasil, o art. 941, § 3º, do CPC dispõe que "o voto vencido será necessariamente declarado e considerado parte integrante do acórdão para todos os fins legais, inclusive de pré-questionamento", o que afasta, ao menos no cenário atual, a possibilidade de um modelo *per curiam* puro. De qualquer forma, é fundamental intensificar a preocupação com a formação do precedente judicial (convergência dos fundamentos determinantes), sobretudo para facilitar a extração da *ratio decidendi*.

---

85. GARNER, Bryan A. et al. *The law of judicial precedent*. USA: Thomson Reuters, 2016, p. 214.
86. VALE, André Rufino do. *Argumentação constitucional*: um estudo sobre a deliberação nos tribunais constitucionais. São Paulo: Almedina, 2019, p. 147.

Ressaltamos que a conduta dos julgadores igualmente deve ser alvo de preocupação. Em perspectiva, argumentações paralelas, ditas de passagem (*obiter dictum*), opiniões isoladas de um juiz, acabam por serem confundidas com elementos essenciais, diante da dispersão e ausência de critérios específicos de votação por uma maioria, com o julgamento proferido por um órgão representativo do Tribunal.

Por vezes, ademais, questões de grande importância são proferidas em órgãos dos Tribunais que não espelham maior representatividade, igualmente (exemplo, as Turmas, nas Cortes Superiores e as Câmaras, nos Tribunais Regionais Federais, Tribunais Estaduais, entre outros).

Destacamos que o Superior Tribunal de Justiça, com o escopo de evitar a ocorrência de decisões plurais, previu a necessidade de deliberação quanto aos fundamentos determinantes, nos termos do que estabelece o art. 104-A, § 1º e § 2º, do seu Regimento Interno:

> Art. 104-A. Os acórdãos proferidos em julgamento de incidente de assunção de competência e de recursos especiais repetitivos deverão, nos termos do § 3º do art. 1.038, c/c art. 984, § 2º, do Código de Processo Civil, conter:
> (...)
> § 1º <u>Para definição dos fundamentos determinantes do julgado, o processo poderá ter etapas diferentes de deliberação, caso o órgão julgador, mesmo com votos convergentes, tenha adotado fundamentos diversos para a solução da causa.</u>
> § 2º <u>O Presidente do órgão julgador, identificando que o(s) fundamento(s) determinante(s) para o julgamento da causa não possui(em) a adesão da maioria dos votos dos Ministros, convocará, na mesma sessão de julgamento, nova etapa de deliberação, que contemplará apenas a definição do(s) fundamento(s) determinante(s)</u>. (Grifos nossos).

Mais do que salutar a postura do STJ, pois evita tradicionais entraves relacionados, como se disse, à adequada compreensão da *ratio decidendi*.

As considerações expendidas nas linhas pretéritas serão relevantes para a compreensão das dificuldades operacionais que surgem em decorrência da aplicação de precedentes judiciais de forma automatizada.

III.4.3 *Contornos da aplicação tecnológica dos precedentes judiciais e a necessidade de estabelecimento de novos parâmetros teóricos*

O Brasil tem vivenciado um movimento de franca expansão do uso da inteligência artificial no Direito. Nesse contexto, o Poder Judiciário tem se destacado como um grande polo de desenvolvimento de novas aplicações de IA, tanto que, inicialmente, em 19 de fevereiro de 2019, o Conselho Nacional de Justiça – CNJ editou a Portaria nº 25, com o objetivo de criar o Centro de Inteligência Artificial aplicada ao PJE. Atualmente, o referido ato normativo se encontra revogado pela Resolução n. 395 de 07 de junho de 2021 que instituiu a Política de Gestão da

Inovação, no âmbito do Poder Judiciário, visando ao aprimoramento das atividades dos órgãos judiciários, com a modernização de métodos e técnicas de desenvolvimento do serviço judiciário, com a criação, inclusive, do LIODS/CNJ (Laboratório de Inovação e dos Objetivos de Desenvolvimento Sustentável).

Ademais, ainda em 2019, o CNJ publicou um documento intitulado Inteligência Artificial no Poder Judiciário brasileiro[87], no qual destaca a necessidade de aproximação entre o direito e a tecnologia, em um processo que defluirá na estruturação de Cortes online (*online courts*[88]):

> As áreas do direito e da tecnologia evoluem simbioticamente a cada dia. Para fazer frente à realidade da Era Digital e de uma "sociedade em rede", o Judiciário precisa ser dinâmico, flexível e interativo. Um mundo digital exige uma Justiça digital: célere, dinâmica e também digitalmente conectada. Chegou a hora de a Justiça enfrentar a ideia de aplicar a tecnologia a fim de auxiliar magistrados e servidores.

O cenário de pandemia ocasionado pelo coronavírus acelerou as discussões sobre a necessidade de se aparelhar tecnologicamente os órgãos jurisdicionais, com o fito de operacionalizar Cortes que possam, em sua integralidade, trabalhar de forma *online*, em consonância com o que já prevê o art. 193 do CPC: "**Os atos processuais podem ser total ou parcialmente digitais**, de forma a permitir que sejam produzidos, comunicados, armazenados e validados por meio eletrônico, na forma da lei" (grifamos).

A título exemplificativo, o Supremo Tribunal Federal, por ducto da Emenda Regimental nº 53, ampliou as hipóteses de julgamento por meio eletrônico, e a Lei nº 13.994/2020 alterou a Lei 9.099/1995, a fim de prever a possibilidade de realização da audiência de conciliação/mediação não presencial.

Ocorre que vários projetos de implantação de ferramentas relacionadas à inteligência artificial, no âmbito do Poder Judiciário, já foram deflagrados[89], tais como:

---

87. Inteligência artificial na Justiça / Conselho Nacional de Justiça; Coordenação: José Antônio Dias Toffoli; Bráulio Gabriel Gusmão. – Brasília: CNJ, 2019. Disponível em: https://www.cnj.jus.br/wp-content/uploads/2020/03/Inteligencia_artificial_no_poder_judiciario_brasileiro_2019-11-22.pdf.
88. SUSSKIND, Richard. *Online courts and the future of justice*. Oxford. 2019.
89. No ano de 2019, o Centro de Inovação, Administração e Pesquisa do Poder Judiciário da Fundação Getulio Vargas (CIAPJ-FGV) iniciou o levantamento inédito "Tecnologias Aplicadas à Gestão de Conflitos no Poder Judiciário com ênfase no uso da Inteligência Artificial", o qual buscou verificar o estado da arte da IA nas Cortes brasileiras. Em 2022, a pesquisa foi ampliada, contando com uma segunda edição que expõe ferramentas implementadas (ou em fase de implementação) no Poder Judiciário, suas funcionalidades, ano de desenvolvimento e uso, entre outras informações. Vale a leitura e análise: INTELIGÊNCIA ARTIFICIAL: Tecnologia aplicada à gestão dos conflitos no âmbito do Poder

a) o Projeto Victor do Supremo Tribunal Federal;
b) os sistemas Sócrates e Athos do Superior Tribunal de Justiça;
c) a ferramenta ELIS do Tribunal de Justiça do Estado de Pernambuco;
d) o projeto Hércules do Tribunal de Justiça do Estado de Alagoas.

Em linha de convergência, o Conselho Nacional de Justiça, editou uma série de resoluções, as quais retratam o irrefreável avanço em busca da implementação de Cortes *Online*:

1) Resolução nº 332/2020 (Dispõe sobre a ética, a transparência e a governança na produção e no uso de Inteligência Artificial no Poder Judiciário e dá outras providências);
2) Resolução nº 335/2020 (Institui política pública para a governança e a gestão de processo judicial eletrônico. Integra os tribunais do país com a criação da Plataforma Digital do Poder Judiciário Brasileiro – PDPJ-Br. Mantém o sistema PJe como sistema de Processo Eletrônico prioritário do Conselho Nacional de Justiça);
3) Resolução nº 345/2020 (Dispõe sobre o "Juízo 100% Digital" e dá outras providências);
4) Resolução nº 349/2020 (Dispõe sobre a criação do Centro de Inteligência do Poder Judiciário e dá outras providências);
5) Resolução nº 354/2020 (Dispõe sobre o cumprimento digital de ato processual e de ordem judicial e dá outras providências);
6) Resolução nº 372/2021 (Regulamenta a criação de plataforma de videoconferência denominada "Balcão Virtual"), alterada pela Resolução n. 473/2022.
7) Resolução n. 444/2022 (Institui o Banco Nacional de Precedentes (BNP) para consulta e divulgação por órgãos e pelo público em geral de precedentes judiciais, com ênfase nos pronunciamentos judiciais listados no art. 927 do Código de Processo Civil em todas as suas fases processuais).
8) Resolução n. 446/2022 (Institui a plataforma Codex como ferramenta oficial de extração de dados estruturados e não estruturados dos processos judiciais eletrônicos em tramitação no Poder Judiciário Nacional e dá outras providências).
9) Resolução n. 455/2022 (Institui o Portal de Serviços do Poder Judiciário (PSPJ), na Plataforma Digital do Poder Judiciário (PDPJ-Br), para usuários externos).
10) Resolução n. 456/2022 (Altera a Resolução Conjunta CNJ/CNMP nº 03/2013, que institui o Modelo Nacional de Interoperabilidade do Poder Judiciário e do Ministério Público e dá outras providências).

Judiciário brasileiro. 2ª ed. Coordenação: Luis Felipe Salomão. FGV conhecimento, Rio de Janeiro/São Paulo, 2022.

11) Resolução n. 462/2022 (Dispõe sobre a gestão de dados e estatística, cria a Rede de Pesquisas Judiciárias (RPJ) e os Grupos de Pesquisas Judiciárias (GPJ) no âmbito do Poder Judiciário e dá outras providências).
12) Resolução n. 465/2022 (Institui diretrizes para a realização de videoconferências no âmbito do Poder Judiciário), a qual foi alterada pela Resolução n. 481/2022.
13) Resolução n. 469/2022 (Estabelece diretrizes e normas sobre a digitalização de documentos judiciais e administrativos e de gestão de documentos digitalizados do Poder Judiciário).

Para explicar, adequadamente, o redesenho do sistema de precedentes, a atenção será voltada para as ferramentas Victor, Sócrates e Athos.

O sistema Victor do Supremo Tribunal Federal foi fruto de uma parceria entre a Corte Constitucional e a Universidade de Brasília e se propõe, em sua fase inicial, a vincular Recursos Extraordinários a teses de repercussão geral. Desse modo, possibilita-se, por exemplo, uma automatização do juízo de admissibilidade, em uníssono com o que destacou o STF[90]:

> Os pesquisadores e o Tribunal esperam que, em breve, todos os tribunais do Brasil poderão fazer uso do VICTOR para pré-processar os recursos extraordinários logo após sua interposição (esses recursos são interpostos contra acórdãos de tribunais), **o que visa antecipar o juízo de admissibilidade quanto à vinculação a temas com repercussão geral**, o primeiro obstáculo para que um recurso chegue ao STF. (grifamos).

Conforme expõem o Coordenador do Projeto, Fabiano Hartmann Peixoto, e Roberta Zumblick Martins da Silva, o plano de trabalho envolvia três diferentes áreas do conhecimento: engenharia de software, informática e direito, a fim de promover o desenvolvimento de um sistema baseado em algoritmos de aprendizado de máquina para serem utilizados em uma fase específica do processo judicial: a repercussão geral.[91]

Portanto, o escopo do projeto Victor é buscar soluções de IA para auxiliar o STF na gestão de atividades repetitivas que sujeitam os recursos humanos a maiores índices de equívocos, retrabalho, redução de métricas de desempenho e aumento de índices de doenças associadas ao trabalho. Não há substituições do homem pela máquina, uma vez que, conforme afirma Hartmann: "Desde o primeiro momento, tanto pelo STF, quanto pela UnB, a preocupação foi com o desenvolvimento de suportes (apoio) a atividade humana, que auxiliado pela

---

90. http://www.stf.jus.br/portal/cms/verNoticiaDetalhe.asp?idConteudo=380038. Acesso em 20 nov. 2022.
91. PEIXOTO, Fabiano Hartmann; SILVA, Roberta Zumblick Martins da. *Metodologia para Projeto de Pesquisa & Desenvolvimento no Direito: machine learning* e repercussão geral no Supremo Tribunal Federal, Brasília, 2018.

máquina poderia (o que depois se fundamentou) ser orientado a trabalhos mais estratégicos e menos desgastantes"[92].

Em 25/02/2021, o STF noticiou a automatização completa da admissibilidade dos recursos extraordinários, desvelando-se uma nova era da sistemática recursal e dos precedentes: "Com a nova etapa, a Presidência do STF passa a analisar de forma automatizada a admissibilidade de 100% dos recursos extraordinários que ingressam na Corte, abrindo caminho para o uso de inteligência artificial."[93]

Por sua vez, os sistemas Sócrates e Athos do Superior Tribunal de Justiça também prometem automatizar as correlações necessárias entre Recursos Especiais interpostos e eventuais teses firmadas em Recursos Especiais processados sob a sistemática repetitiva. Nessa linha de intelecção, o STJ veiculou, em 06 de maio de 2020, a seguinte notícia[94]:

> Em mais uma iniciativa de aprimoramento tecnológico para elevar a agilidade na tramitação processual, o Superior Tribunal de Justiça (STJ) iniciou neste mês a utilização de uma **ferramenta capaz de identificar, no momento da triagem dos processos que chegam à corte, quais casos estão relacionados a temas submetidos ao rito dos recursos especiais repetitivos**.
> Com o novo sistema, **é possível evitar que sejam encaminhados para a análise dos relatores processos que**, de acordo com as normas do Código de Processo Civil de 2015, **deveriam estar suspensos em segunda instância até a decisão final do STJ – no caso de repetitivos ainda não julgados – ou que deveriam ser rejulgados no tribunal de origem para eventual aplicação do entendimento do STJ – nas situações em que a corte superior já tenha firmado a tese**. (grifamos).

Ponderamos, por oportuno, que, diante da promulgação da Emenda Constitucional n. 125, em 15 de julho de 2022, cujos termos alteraram o artigo 105 da Constituição da República para instituir no recurso especial o requisito da relevância das questões de direito federal infraconstitucional, é provável que seja implementado um sistema similar ao Victor para classificar os temas e assuntos que chegam ao Superior Tribunal de Justiça. A identificação das ações por automações ou classificação por utilização de algoritmos de IA facilitarão sobremaneira a rotina do Tribunal.

Lado outro, acredita-se que as definições acerca do reconhecimento ou não da relevância da questão federal serão submetidas ao procedimento do plenário

---

92. PEIXOTO, Fabiano Hartmann. Projeto Victor: relato do desenvolvimento da inteligência artificial na repercussão geral do Supremo Tribunal Federal, *Revista Brasileira de Inteligência Artificial e Direito*, Brasília, v. 1 n. 1, 2020.
93. https://portal.stf.jus.br/noticias/verNoticiaDetalhe.asp?idConteudo=461131&ori=1. Acesso em 29 nov.2022.
94. http://www.stj.jus.br/sites/portalp/Paginas/Comunicacao/Noticias/Nova-ferramenta-de--triagem-de-materias-repetitivas-agiliza-o-fluxo-processual.aspx. Acesso em 30 nov.2022.

virtual do Superior Tribunal de Justiça, nos moldes do que já se verifica no trato da repercussão geral, no âmbito do Recurso Extraordinário.

Um dos pontos mais controversos a envolver a referida alteração constitucional foi o debate que se travou sobre a necessidade de regulamentação ou não da Emenda nº 125/22, com vistas a possibilitar a sua regular aplicabilidade. No entanto, o STJ, com o objetivo de guarnecer a segurança jurídica, aprovou o enunciado administrativo nº 8, o qual foi lavrado nos seguintes termos: "A indicação, no recurso especial, dos fundamentos de relevância da questão de direito federal infraconstitucional somente será exigida em recursos interpostos contra acórdãos publicados após a data de entrada em vigor da lei regulamentadora prevista no artigo 105, parágrafo 2º, da Constituição Federal".

A despeito disso, alguns outros aspectos carecerão de aprofundamento doutrinário, legislativo e jurisprudencial, tal como a possibilidade de inclusão, por lei ordinária, de novas ações no rol do parágrafo terceiro do art. 105, da Constituição Federal, a fim de que tenham relevância predeterminada normativamente.[95]

Detalhados os três casos paradigmas, ainda é preciso observar que há um reducionismo preocupante no processo aplicativo de precedentes judiciais obrigatórios.

Nos moldes do que fora relatado outrora, há uma dificuldade incontestável no processo de extração da *ratio decidendi/holding*, no Brasil, principalmente em razão do modelo de julgamento adotado em nosso sistema jurídico (*seriatim*), o qual permite que o pronunciamento do Tribunal seja externalizado por meio de um compilado de votos individuais.

Desse modo, a compreensão do que se pode entender como fundamentos determinantes fica prejudicada, ou seja, não basta uma simples leitura do acórdão. É fundamental analisar, em profundidade, quais os argumentos arquitetados por cada julgador e, consequentemente, o que prevaleceu, no momento da votação.

Afinal de contas, nem todos os Tribunais possuem previsão correlata à do STJ, que impõe, no processo formativo de precedente judicial obrigatório a necessidade de votação não apenas quanto ao resultado, mas também em relação ao fundamento. Uma leitura equivocada, portanto, do que se pode entender por *ratio decidendi* poderá conduzir a uma aplicação inadvertida do precedente judicial obrigatório.

Em acréscimo, deve-se ficar claro que a aplicação do padrão decisório vinculante não se faz de forma automática ou mecanicista, na medida em que se destaca

---

95. Sob nosso ponto de vista, a Emenda necessita de regulamentação, tal qual previsto no § 2º do artigo 105 da CRFB/88, para que se possa exigir o filtro da relevância, tal qual ocorreu com a repercussão geral. Ademais, a expressão "jurisprudência dominante", constante do § 3º, VI, do artigo 105 da referida Norma deve ser interpretado com a utilização dos parâmetros do artigo 932, incisos IV e V, do CPC. Nesse sentido, igualmente: NUNES, Dierle; LISBOA, Cícero. Primeiras impressões da arguição de relevância no recurso especial. *Conjur*, 18 de julho de 2022, disponível em: https://www.conjur.com.br/2022-jul-18/nunes-lisboa-emenda-constitucional-12522 Acesso em 28 nov.2022.

como um ato hermenêutico que envolve a compreensão, como se disse, dos lineamentos da *holding* e de sua possível incidência em determinado caso, consideradas as peculiares circunstâncias fáticas que o envolvem. Na mesma senda do exposto, pronunciam-se Lenio Streck e Georges Abboud[96]:

> A principal é a impossibilidade de se aplicar de forma mecânica os provimentos vinculantes, problemática que, aliás, já de há muito é denunciada pela Crítica Hermenêutica do Direito (CHD), isto é, nenhum texto jurídico, seja lei, enunciado jurisprudencial ou súmula vinculante ou não, pode ser aplicada de forma dedutiva-subsuntiva-mecânica.

Em obra correlata ao tema, um dos autores desta obra, igualmente, alerta para tal questionamento hermenêutico, formulando, entretanto, parâmetros mínimos, com a utilização da CHD de Lenio Streck, a fim de conferir uma leitura adequada à Constituição dos chamados "precedentes judiciais" ou padrões decisões vinculantes.[97]

Não devemos reduzir as aplicações dos padrões, por meio de ferramentas de inteligência artificial, sem refletir sobre o natural caminho discursivo para a constitucional incidência da decisão-quadro. Nos exemplos citados, construiu-se um algoritmo para, por meio de parâmetros preestabelecidos, vincular casos similares aos padrões decisórios vinculantes. O algoritmo releva uma opinião embutida em um código[98]. Assim, é preciso tomarmos cautela com aplicações massivas automatizadas, a fim de que não encampem um discurso neoliberal de diminuição da demanda (de processos), sem qualquer preocupação com a qualidade das decisões ou as consequências geradas aos jurisdicionados.

Diante de tal perspectiva, optar entre um determinado fato relevante ou outro, para fins de aplicação do padrão decisório vinculante, pode resultar em equívoco inafastável, cujos efeitos obstarão a concessão de uma efetiva tutela jurisdicional.

Esse tipo de conduta ignora o filtro hermenêutico do processo aplicativo do precedente judicial, resumindo-o a condensações verbais alheias, em regra, às peculiaridades fáticas do caso concreto.

Lado outro, ainda que se admitisse o uso de ferramentas de inteligência artificial calcadas em processamento de linguagem natural para se promover a aplicação de precedentes obrigatórios (é provável que seja um caminho irreversível, diante do volume de processos que tramitam no judiciário brasileiro), no mínimo, dever-se-ia

---

96. STRECK, Lenio; ABBOUD, Georges. *O NCPC e os precedentes – afinal, do que estamos falando?*. DIDIER JR., Fredie *et al* (coord.). Precedentes. Salvador: JusPodivm, 2015, p. 175-182.
97. PEREIRA, João Sergio dos Santos Soares. *A padronização decisória na era da Inteligência Artificial*: uma possível leitura hermenêutica e da autonomia do direito. Belo Horizonte: Casa do Direito, 2021, p. 346-426.
98. O'NEIL, Cathy. *Weapons of math destruction: how big data increases inequality and threatens democracy*. New York: Broadway Books, 2016.

transparecer o algoritmo, ou seja, explicitar os critérios escolhidos para promover a adstrição de um determinado caso a uma decisão-modelo.

Não é mais possível admitir um cenário de opacidade algorítmica. A publicidade das decisões precisa ser ampla, sob pena de subtrair das partes a possibilidade de realizar o controle de sua legitimidade constitucional. O princípio da publicidade, em decorrência do crescente número de ferramentas de inteligência artificial, demanda releitura inconteste, a fim de abranger o conhecimento de todas as etapas necessárias à formação do algoritmo, para que se possam consolidar os imperativos de *accountability*[99].

Caso contrário, inviabiliza-se até mesmo a alegação de *distinguishing* a ser formulada pela parte que teve, a título de exemplo, o seu recurso vinculado, indevidamente, a uma tese de repercussão geral.

Nesse sentido, é salutar a previsão contida no art. 8º, VI, da Resolução nº 332/2020 do CNJ, cujos termos estabelecem que a transparência consiste em: "fornecimento de explicação satisfatória e passível de auditoria por autoridade humana quanto a qualquer proposta de decisão apresentada pelo modelo de Inteligência Artificial, especialmente quando essa for de natureza judicial".

Outrossim, a criação de sistemas computacionais que envolvam aplicações de precedentes obrigatórios deverá, necessariamente, abranger uma série de atores processuais, de tal sorte que deve existir uma construção cooperativa do algoritmo.

Dessa forma, não caberá exclusivamente ao Judiciário, por ducto de sua equipe, formular os termos do algoritmo responsável pela aplicação direta de precedentes judiciais. O viés democrático do processo exige, no mínimo, que o algoritmo seja resultado do amadurecimento das discussões entre aqueles que tiveram a possibilidade de dirigir seus contributos, quando da formação do padrão decisório vinculante[100].

Enfeixando tais considerações, é forçoso destacar que o ainda incipiente sistema de precedentes obrigatórios brasileiro, cujas bases não foram efetivamente incorporadas em nossa cultura jurídica, já é submetido a um novo processo disruptivo, o qual busca rememorar as ideias deletérias de outrora que reduzem a aplicação do Direito a um mecanicismo ultrapassado.

A pergunta que deve ser destacada é: Queremos o retorno de uma Escola da Exegese[101] tecnológica? Ao mesmo tempo que não pretendemos o retorno,

---

99. NUNES, Dierle; BAHIA, Alexandre; PEDRON, Flávio Quinaud. *Teoria geral do processo: com comentários sobre a virada tecnológica no direito processual*. Salvador: JusPodivm, 2020, p. 462.
100. VALE, Luís Manoel Borges do. *O modelo cooperativo de processo: a necessidade de construção cooperativa do algoritmo para aplicação de precedente obrigatório*. Disponível em: https://www.jota.info/opiniao-e-analise/artigos/o-modelo-cooperativo-de-processo-18032019. Acesso em 24 nov.2022.
101. BOBBIO, Norberto. *O positivismo jurídico: lições de filosofia do direito*. São Paulo: Ícone, 2006, p. 83.

não buscamos insegurança jurídica, interpretações díspares (ruídos, desarranjos interpretativos), de modo que a tecnologia pode nos auxiliar em diversas finalidades. Como já afirmou um dos autores desta obra, em outra oportunidade:

> A estrutura de banco de dados hoje existente dificilmente opera a partir de diferenciações sutis, ainda que as informações estejam estruturadas, dispensando uma supervisão humana em relação ao resultado algorítmico oferecido. Não obstante o acima afirmado, talvez se faça possível encontrar padrões de elementos fundamentais de um provimento vinculante, a partir da técnica de IA, pois esta é hábil em encontrá-los, a partir de dados não estruturados. Por meio do agrupamento de palavras e contextos semelhantes, perquirir se há convergência em um ou alguns deles, a ponto de encontrar, não apenas a tese para a aplicação (em sua parte dispositiva, nos repetitivos) no caso concreto presente sob julgamento, mas também buscar uma eventual *ratio decidendi* nos votos individuais dos julgadores que são agregados pelo nosso modelo em série, pela via do processamento de linguagem natural (PLN), a fim de alcançar uma racionalidade argumentativa que tenha sido acolhida pela maioria do colegiado, configura-se viável. Interessante, inclusive, verificar se o caso possui tal *ratio*, bem como se, eventualmente, coaduna-se com a tese ofertada por ele. Contribuiríamos, assim, para que esses elementos sejam devidamente considerados pelos magistrados, cumprindo o seu dever de enfrentamento argumentativo hermenêutico, proposto como regra da prolação de decisões (artigos 489, § 1º, IV e V, 926, § 2º, 927, § 4º, 979, §§ 2º e 3º, 985, I e II, 1039, 1040, todos do CPC). A tecnologia pode auxiliar sobremaneira nesse e em outros sentidos no microssistema de litigiosidade repetitiva e na sistematização de diversas hipóteses apontadas neste trabalho, exemplos, na escolha de recursos representativos de controvérsia com abrangente argumentação e discussão (artigo 1036, § 6º do CPC) e no respeito à regra de não surpresa quanto à necessidade de identificar, precisamente, a questão que será submetida a julgamento, vedando-se ao órgão julgador decidir outra não debatida e delimitada na decisão (art. 1037, I e § 2º do CPC), além do próprio conhecimento da amplitude dessa repetição para que legitimados possam propor os incidentes cabíveis para reduzir o grau de complexidade interpretativo de um ponto de direito (IRDR) ou perceber quantos processos serão impactados pelo sobrestamento determinado por um padrão vinculante, além de ser possível a promoção de coerência decisória, embora se aplicássemos a hermenêutica contemporânea em suas bases teóricas originárias, dificilmente alcançaríamos o mesmo nível de integridade, a partir dos modelos hoje existentes.[102]

Em relação à necessidade de contemporaneidade da compreensão e absorção de contextos, com a devida atualização em tempo real, algo que normalmente se

---

102. PEREIRA, João Sergio dos Santos Soares. *A padronização decisória na era da Inteligência Artificial*: uma possível leitura hermenêutica e da autonomia do direito. Belo Horizonte: Casa do Direito, 2021, p. 438.

aponta como dificultoso para uma ferramenta de IA, a partir do estudo liderado por Ramin Hasani, Fabiano Hartmann e Débora Bonat[103] afirmam a possibilidade de conciliar dinamicidade e estabilidade ao sistema de precedentes pela utilização do conceito de *liquid machine learning*. Trata-se do uso de rede neural composta de algoritmos flexíveis que permitem o aprendizado ao longo do trabalho e não apenas em fases programadas de treinamento como habitualmente utilizamos nas pesquisas e desenvolvimentos de IA no Direito. É uma importante análise que merece ser considerada.

Em palestra proferida no Supremo Tribunal Federal, no III Encontro Nacional sobre Precedentes Qualificados, Dierle Nunes, ao expor sobre as fases de implementação de tecnologia, afirmou que é preciso otimizar essa área processual a fim de, efetivamente, conseguir dar cumprimento ao disposto no artigo 926 do CPC. Temos a chance de gerenciar os casos repetitivos, prevenir novos litígios e recursos e, com base em dados, obter o conhecimento completo dos argumentos relevantes para alcance de um seguimento de decisões estáveis, coerentes e íntegras.[104]

Explicita, ainda, a importante questão da governança dos dados, sendo imprescindível a publicidade dos entendimentos firmados pelo STJ e STF para que o sistema de precedentes se instaure. Embora a carga de trabalho seja enorme nos Tribunais, é preciso considerar que são vários Tribunais, Juízes e entendimentos, o que dificulta a governança das informações. Sob esse aspecto, a virada tecnológica do direito processual tem muito a oferecer, com a possível resposta, baseada em dados, de questões como: "Quais são os temas que chegam nos Tribunais Superiores?"; "Quais dispositivos são os mais violados?"; "Quem são e quais são os maiores litigantes?"; "Quais os temas correntes dos Tribunais de origem?"; "Qual a taxa de recorribilidade?"; "Qual a taxa de reversibilidade?"; "O judiciário é informado integralmente dos temas submetidos e julgados?".[105]

De fato, o caminho para melhoramentos para a formação e aplicação de padrões decisórios deve considerar tais discussões sérias e refletidas, uma vez que a tecnologia tem muito a nos oferecer. A movimentação deve se dar baseada em

---

103. BONAT, Débora; PEIXOTO, Fabiano Hartmann. Processo e Inteligência Artificial: uma perspectiva de logística jurisdicional em um contexto de precedentes. In: IWAKURA, Cristiane; BORGES, Fernanda Gomes e Souza; BRANDIS, Juliano Oliveira (orgs.). *Processo e Tecnologia*. Londrina: Thoth Editora, 2022, p. 219-221.
104. NUNES, Dierle. Fases de implementação de tecnologia no sistema brasileiro de precedentes qualificados. *Palestra proferida no Supremo Tribunal Federal no III Encontro Nacional sobre Precedentes Qualificados ocorrido em 24/9/2021*. Disponível em: https://www.youtube.com/watch?v=kYpzgc7HjI8. Acesso em 30 nov. 2022.
105. NUNES, Dierle. Fases de implementação de tecnologia no sistema brasileiro de precedentes qualificados. *Palestra proferida no Supremo Tribunal Federal no III Encontro Nacional sobre Precedentes Qualificados ocorrido em 24/9/2021*, Disponível em: https://www.youtube.com/watch?v=kYpzgc7HjI8, trecho em: 4 min e 45 segundos. Acesso em 28 nov. 2022.

dados e a partir de treinamentos, testes, validações e retreinamentos. Uma real governança sobre as informações obtidas para que possamos extrair conhecimento, conferindo ao Direito a sua conotação de *ciência social aplicada*.

III.4.4 O devido processo legal tecnológico e os precedentes judiciais

Os influxos das novas tecnologias, no direito processual, têm exigido um repensar contínuo do devido processo legal, de tal modo que já é possível cogitar a existência de um devido processo legal tecnológico.

A cláusula geral do devido processo legal, portanto, tem que ser adaptada à nova arquitetura processual que, continuamente, passa a incorporar ferramentas ligadas à inteligência artificial.

Nesse sentido, como é possível afirmar a existência de um verdadeiro devido processo legal tecnológico, quando sistemas são utilizados para a automatização de decisões judiciais, sem que exista real transparência sobre a forma como a ferramenta tecnológica opera?

Pressuposto fundamental, para que possam ser utilizadas ferramentas de IA, mormente no Poder Judiciário, é que exista *accountability* e possibilidade de controle do aparato tecnológico, inclusive para fins de responsabilização. Na mesma linha argumentativa, manifesta-se Danielle Keats Citron[106]: "Automated systems must be designed with transparency and accountability as their primary objectives, so as to prevent inadvertent and procedurally defective rulemaking."

Assim, na mesma proporção em que se investe em sistemas computacionais voltados à prática de atos processuais, deve-se investir em mecanismos do controle que, efetivamente, guarneçam o contraditório substancial, a ampla defesa, a isonomia e a publicidade algorítmica.

Não se pode afirmar que o direito de a parte influenciar a construção da decisão judicial é respeitado, quando o precedente incide, em determinado caso, de forma automatizada e simplória, em franco desrespeito ao que impõe o art. 489, § 1º, V, do Código de Processo Civil:

> Art. 489. São elementos essenciais da sentença: [...]
> § 1º **Não se considera fundamentada qualquer decisão judicial**, seja ela interlocutória, sentença ou acórdão, **que**: [...]
> **V – se limitar a invocar precedente ou enunciado de súmula, sem identificar seus fundamentos determinantes nem demonstrar que o caso sob julgamento se ajusta àqueles fundamentos**; (grifamos).

Em acréscimo, como dito em linhas pretéritas, não é viável que a parte se contraponha, adequadamente, à incidência equivocada de um precedente judicial, sem

---

106. CITRON, Danielle Keats. *Technological Due Process*. 85 WASH. U. L. REV. 1249 (2008). Disponível em: https://openscholarship.wustl.edu/law_lawreview/vol85/iss6/2/. Acesso em: 29 nov.2022.

que esteja munida do conhecimento pleno acerca do algoritmo, concretizando-se uma real explicabilidade do processo decisional.

Esses são apenas alguns exemplos para elucidar que a construção de um sistema de aplicação tecnológica dos precedentes judiciais (para os que entendem possível tal solução) jamais poderá ser erguido sem o pilar estruturante do devido processo legal tecnológico. Nesse sentido, pronuncia-se Cândido Rangel Dinamarco[107]: "Também se sabe que só há um processo justo e équo (*giusto processo*) onde se haja deferido às partes o pleno e efetivo gozo das garantias oferecidas pela Constituição e pela lei e onde o próprio juiz haja acatado as limitações inerentes ao *due process*."

Jamais poderemos nos dissociar, em qualquer cenário que estejamos, da leitura constitucionalmente adequada dos institutos jurídicos.

III.4.5 Consideração final: padrões advindos de formação e aplicação responsivos e não apenas da lógica "acabar com a quantidade de processos", por meio de técnicas de IA

Foi possível perceber que o Poder Judiciário tem, cada vez mais, investido em soluções tecnológicas, principalmente com o intuito de dar uma resposta eficiente ao volume estratosférico de processos, hoje em tramitação.

Entre os projetos em desenvolvimento, alguns estão centrados em promover uma aplicação automatizada de precedentes judiciais obrigatórios, pelo uso de ferramentas de Inteligência Artificial, tal como os sistemas Victor do STF e Sócrates/Athos do STJ. Com a edição da Emenda Constitucional n. 125/2022, outrossim, é possível antever a implementação de um sistema similar ao Victor para classificar os temas e assuntos que chegam ao Superior Tribunal de Justiça, igualmente.

Ocorre que o mecanicismo envolto na incidência de padrões decisórios vinculantes olvida a necessidade de um efetivo processo hermenêutico, para que possa ser extraída a *ratio decidendi* e, consequentemente, aplicada ao caso análogo. Assim, não se vislumbra como viável a simplificação que foi adotada pelos órgãos jurisdicionais, na medida em que é alheia à construção argumentativa que deve existir para a aplicação de uma decisão-quadro. Precisamos, a partir de pesquisas, treinamentos, retreinamentos e governança de dados continuar analisando as possíveis aplicações, desenvolvimentos e usos que as tecnologias podem nos oferecer, mas sem olvidar dessa constatação inicial de que não devemos operar apenas a partir de uma lógica de "acabar com a quantidade de processos".

Dificilmente os Tribunais deixarão de adotar um sistema tecnológico de aplicação dos padrões decisórios vinculantes, de tal sorte que é imperiosa a necessidade

---

107. DINAMARCO, Cândido Rangel. *Comentários ao código de processo civil*: das normas processuais civis e da função jurisdicional. Vol. I. São Paulo: Saraiva, 2018, p. 54.

de sua submissão plena ao devido processo legal tecnológico. Nesse sentido, questões relacionadas à publicidade algorítmica e à cooperação algorítmica são pautas que precisam ser debatidas de forma vertical.

Mais uma vez constatamos: os tempos são outros e, por isso, uma reengenharia jurídica se faz necessária.

III.5 Inteligência Artificial e teoria da decisão judicial

III.5.1 Teoria da decisão judicial enquanto problema da teoria do direito

A inovação benéfica advinda da Inteligência Artificial não guardará o seu real lugar se não discutirmos, seriamente, o campo da Teoria da Decisão Judicial que se revela, mais propriamente, como um problema da Teoria do Direito.

Investigar em que medida a Inteligência Artificial pode configurar um modelo de apoio, com acurácia substancial, contraditório dinâmico e explicabilidade adequada perpassa pela eleição de uma Teoria da Decisão que congregue os direitos e garantias fundamentais processuais reconhecidos como necessários à atual conjuntura político-Estatal.

Há diversos métodos que disputam entender como se revela o fenômeno jurídico. Podemos citar, por exemplo, Robert Alexy[108] que afirma ser objeto da metodologia jurídica a investigação de como podem ser fundamentadas as decisões judiciais. O estudo da argumentação jurídica também é trabalhado por Manuel Atienza[109]. Em países da *common law* o estudo relacionado à argumentação é preponderante para se alcançar a solução e aplicação do Direito, o que é bem explicado pelo genuíno sistema de precedentes em que o debate da causa é levado a sério, em seus nuances contextuais.

Em estudos anteriores, um dos autores desta obra optou pela utilização da crítica hermenêutica do direito como uma Teoria da Decisão sólida para o alcance da chamada Resposta Adequada à Constituição (RAC).[110] Tal se deve ao fato de que ela se opõe à discricionariedade e aplicações mecanicistas, fomentando a necessidade de formular critérios, sem descurar do dever de fundamentação, em uma dimensão argumentativa coparticipativa, e a defesa intransigente da Constituição.

---

108. ALEXY, Robert. *Teoria da argumentação jurídica*: a teoria do discurso racional como Teoria da justificação jurídica. Tradução de Zilda Hutchinson Silva. 2 ed. São Paulo: Laudy, 2005, p. 33-36.
109. ATIENZA, Manuel. *As razões do Direito:* Teorias da argumentação jurídica: Perelman, Toulmin, MacCormick, Alexy e outros. Tradução de Maria Cristina Gonçalves Cupertino. 2. Ed. São Paulo: Laudy, 2002.
110. PEREIRA, João Sergio dos Santos Soares. *A padronização decisória na Era da Inteligência Artificial*: uma possível leitura hermenêutica e da autonomia do Direito. Belo Horizonte: Letramento/Casa do Direito, 2021.

Igualmente, uma Teoria reconhecida como pressuposta é a da integridade de Ronald Dworkin. Para alguns, ela foi encampada pelo Código de Processo Civil, no âmbito dos padrões decisórios ou provimentos qualificados (artigo 926, *caput*, do CPC). Propugna que o direito é uma prática interpretativa construtiva, integrativa, haja vista que o seu significado, enquanto elemento social, é dependente das condições argumentativas que o constituem, ou seja, uma complexa teia de articulações, dentro de um contexto, sendo certo que esse impacto contextual é medido e avaliado em termos morais (o que não significa que os julgadores possam julgar com base em suas convicções morais[111]).

III.5.2 Integridade, coerência, estabilidade, fundamentação adequada, contraditório substancial: condições de possibilidade para decisões democráticas

Integridade e coerência devem ser vistas como um dever, uma condição de possibilidade para que as decisões judiciais sejam proferidas em uma democracia que busca que o direito seja um conjunto harmônico. A busca por essa condição, pela resposta correta, deve ser vista com a pretensão de alcance, na interpretação da Constituição, em seu todo principiológico. Reforça-se a sua força normativa, por meio da busca pela concretização da igualdade.

Íntegra e coerente é a decisão que observa que o conceito de direito não deve ser circunspecto apenas às convenções passadas (como defendem os convencionalistas) e nem mesmo diretrizes políticas que se legitimam por meio de sua utilidade ou eficiência, puramente (como afirmam os pragmatistas e utilitaristas), mas, sim, como um modelo interpretativo construtivista, uma vez que o Direito é um produto coletivo em permanente reconstrução, de acordo com as regras e princípios eleitos por aquela determinada comunidade, naquela específica tradição.

Sobreleva assim o papel que existe, na seara processual, ao contraditório substancial e a argumentação sólida e robusta.

As teorias supracitadas se complementam, uma vez que a busca por uma resposta adequada à coerência e integridade do direito é elemento indispensável como direito fundamental do jurisdicional.

Conferir melhora qualitativa às decisões é dever que se impõe em um Estado Democrático de Direito. Prezar pela autonomia do Direito deve funcionar como norte de preocupações, conjuntamente com a garantia jurídica da promoção de decisões coparticipativas, de empreendimento coletivo, na construção de uma história em movimento. É por meio desse espaço hermenêutico, argumentativo e contraintuitivo que a atividade judicante possui o real potencial de afastar discricionarismos.

---

111. A distinção é importante e consta na obra *A padronização decisória na Era da Inteligência Artificial, op. cit,* p. 267.

A contemporânea utilização e desenvolvimento de técnicas de automação e Inteligência Artificial, para que se revele enquanto compromisso hermenêutico, deve, necessariamente, promover debate sobre o devido processo legal, a partir da comparticipação dos interessados, fundamentação adequada e deveres especificamente enunciados, a fim de que o emprego de tais técnicas não se demonstre como via de uma padronização decisória, sem a consideração dos elementos fáticos e jurídicos expressos nos casos concretos. Afinal, o compromisso com a Jurisdição é bem maior do que a edição de simples "decisões formulários", a partir de numeração "zero" e "um".

Assim, o Direito deve respeitar critérios, assim como se faz necessário pensarmos neles quando tratamos das automatizações especialistas restritas, que vêm sendo realizadas por meio da Inteligência Artificial. A decisão judicial é um espelho dos contornos fáticos expressos no caso e, igualmente, devem seguir uma criteriologia adequada.

O principal eixo dessa criteriologia se revela no fato de que, ao pronunciar uma decisão judicial, o respeito à integridade e à coerência é uma responsabilidade interpretativa do Juiz que não permite que ele se exonere por um fundamento pré-formado objetivamente (sem a devida reflexão epistêmica), nem por uma construção subjetiva, mas o situa num contexto intersubjetivo de fundamentação.

III.5.3 A Inteligência Artificial enquanto elemento de controle de subjetividades para o alcance das intersubjetividades cooperativas

Nesse aspecto, parece-nos que modelos algoritmos de Inteligência Artificial possam ajudar no controle da intersubjetividade supramencionada que se faz necessária para corroborar o devido processo legal tecnológico que emerge nos tempos atuais. A refundação dos institutos considera a possibilidade de que sejam usados elementos tecnológicos, artefatos e plataformas para sinalizar ao julgador que, por exemplo, naquele caso existe um provimento vinculante a ser considerado, ou, que há decisões do próprio magistrado em sentido diverso daquele que se está propenso a tomar.

A tecnologia, em si própria, não é boa ou ruim, mas, sim, os valores e propósitos que empregamos a ela. Uma das aplicações benéficas da Inteligência Artificial é, exatamente, considerando a vasta quantidade de dados que temos, promover o conhecimento daquilo que se mostrava, até então, oculto, desconhecido.

Uma das dificuldades está em conferir integridade, uma vez que essa envolve a temporalidade presente, a renovação jurídica necessária para o implemento do fenômeno jurídico.

Não obstante, é a partir do conhecimento que se faz possível afastar elementos discricionários de um julgamento, que se apartam da Lei para a exposição de moralidades, idiossincrasias e solipsismos. A inovação pode minorar ou expurgar subjetivismos extremos indesejados e nos colocar no caminho da intersubjetividade cooperativa no campo processual, a partir da lógica do dar e receber razões, pela via de um contraditório substancial.

III.5.4 Juiz robô?

Tornou-se comum a discussão sobre o "Juiz robô". Mas, o cunho sensacionalista de que a máquina substituirá o homem no ato de julgar vem sendo descortinada por estudos sérios e éticos. Sob um aspecto técnico ou realizável, ainda que a Inteligência Artificial atinja um nível de desenvolvimento a ponto de que juízes ou seres humanos pudessem ser substituídos, o importante é, ao invés de nos questionar se existe o Juiz robô, refletirmos se queremos que ele exista. Afinal, decisões sensíveis e que envolvem pessoas deveriam ser tomadas por máquinas? Constitucionalmente, haveria adequação em formularmos tal ideia?

Parece-nos que não seria adequada a substituição, tão só. No momento, embora cada vez mais nos aproximemos em sistemas que formulem respostas e minutas de julgamentos, não se trata de substituição do humano e sim promoção de transformações e realocações de atividades para o auxílio da jurisdição, no que a máquina não promove "compreensão" sobre o que processa[112], e sim oferta resultados que devem ser inteligíveis e auditáveis.

Nesse sentido, portanto, o uso e o desenvolvimento de técnicas que nos levem a obter a realidade dos cenários a que estão imersos os julgadores, por meio de dados, é um ganho incomensurável para a formação de provimentos equânimes e constitucionalmente adequados à não surpresa, à coerência e à integridade.

III.6 Inteligência Artificial, novas tecnologias e direito probatório

III.6.1 A prova enquanto âmago do processo: conceito, modelo cooperativo de aquisição e produção, meios, ônus e as interações tecnológicas

Um dos temas de maior importância, no âmbito processual, é o relativo às provas. Por meio delas, trazemos ao processo a comprovação dos fatos alegados em juízo, a verdade processual.

A preocupação de acesso à ordem jurídica justa, efetiva, tempestiva e adequada (incluindo o estímulo à solução negociada de conflitos), paira na seara civil, abrangendo todas as categorias do processo.

Hoje, o CPC de 2015, inclusive, é iniciado com uma nova roupagem, aquela em que os direitos fundamentais do jurisdicionado, tais como o direito ao contraditório

---

112. Não há que se falar em "compreensão" pelas máquinas, no sentido poliédrico e perceptivo extrassensorial humanos. O que se pretende é alcançar resultados que sejam auditáveis, explicáveis a nível da intelecção das fases de seu desenvolvimento e aplicação. Sobre o tema, vide: PENROSE, Roger; HAMEROFF, Stuart. Consciouness in the universe: a review of the 'orch OR'theory'. *Physics of life Reviews*, v. 11, Issue 1, p. 38-78, 2014.

substancial e efetivo, o direito de influência na formação da convicção do Juiz, a impossibilidade de obtenção de decisões surpresa, conjugada à necessidade de conferir a duração razoável ao procedimento.[113]

Estudar o direito probatório na contemporaneidade requer do estudioso novos contornos, com a chegada das novas tecnologias, que impuseram questões antes impensáveis pela ciência processual, como, por exemplo, o uso de conversas por meio de programas de mídia social como o *Whatsapp*, *Facebook*, interrogatório por videoconferência, na seara probatória e até mesmo a possibilidade de realidade aumentada e virtual para a recriação de ambientes.

O advento da Pandemia da Covid-19, no ano de 2020, igualmente, trouxe desafios inimagináveis, gerando reflexos direitos e indiretos no campo processual.

A possibilidade de uso desses aplicativos e técnicas como prova no processo propicia, até mesmo, discussões sobre a proteção de dados, intimidade, privacidade, em confronto com outros valores que também são protegidos pelo ordenamento.

A prova é o âmago do processo. Por meio dela, as partes tentam demonstrar ao Juízo a ocorrência de um fato e, excepcionalmente, o direito, quando invocado direito estadual ou municipal, consuetudinário ou estrangeiro.

Conforme afirma Fredie Didier Jr, o vocábulo "prova" é utilizado em três acepções. Uma delas se refere ao ato de provar, ou seja, àquele que alega um fato, compete fazer a prova. Em outra, é usado como meio de prova propriamente dito, no sentido de técnica desenvolvida para extração da prova e, por fim, como resultado dos atos ou dos meios de prova que foram produzidos para buscar o convencimento judicial, e, "é nesse sentido que se diz, por exemplo, que o autor fez prova dos fatos alegados na causa de pedir".[114]

A reconstrução dos fatos[115] é atividade que faz com que se atinja o objetivo do processo, a solução da controvérsia, com a devida prestação jurisdicional efetiva.

---

113. Embora a morosidade sempre se configure como um dos grandes problemas do Poder Judiciário, a busca pela celeridade, em nome da razoável duração do processo, dogma constitucional, não pode sacrificar os direitos fundamentais, sob pena de não se alcançar um resultado justo (CARNEIRO, Paulo César Pinheiro, Comentários aos arts. 1º ao 15. In: ARRUDA ALVIM WAMBIER, Teresa et al. *Breves comentários ao Código de Processo Civil*. São Paulo: Revista dos Tribunais, 2015, p. 57).
114. DIDIER JR., Fredie. *Curso de direito processual civil*: teoria da prova, direito probatório, ações probatórias, decisão, precedente, coisa julgada e antecipação dos efeitos da tutela. 11ª ed. Salvador: Jus Podivm, 2016, p. 44.
115. Conforme nos afirma Beclaute sobre a relação prova e fato e a sua reconstrução no processo: "a relação entre prova e fato são relações estabelecidas entre enunciados (enunciados prova e enunciados fatos) que irão compor a decisão jurídica. Isso se revela interessante, pois nada impede que um sentido do enunciado que não fora utilizado pelo magistrado para construir a norma solução para o caso, seja depois usado, pelo Tribunal, para construir uma nova decisão" (SILVA, Beclaute Oliveira. A prova: (in)subsistência dos modelos declaratório e constitutivo do fato. *In*: SILVA, João Calvão; CUNHA, Leonardo Carneiro da;

As partes devem buscar e apresentar elementos capazes de contribuir para a formação do convencimento do órgão judicial.

Mas não só. Em uma perspectiva ampla, correlata ao âmbito democrático, expõe ainda mais: a prova é realizada ou averiguada não apenas pelo Juiz de direito, mas também por todos os sujeitos processuais. É a via adequada para a construção de uma fundamentação coparticipativa.

Sob esse prisma, o direito à prova é uma das garantias de uma correta e eficaz prestação jurisdicional. Tanto que o acesso efetivo à prova é considerado como direito fundamental inserido no campo do acesso à justiça, devido processo legal e seus consectários da ampla defesa e contraditório.

Com efeito, na contemporaneidade, quanto ao tema prova, é necessário pontuar que não se trabalha mais com as ideias dos modelos de organização do processo conhecidos como adversarial e inquisitorial. O primeiro assumia a forma de competição, disputa entre as partes a fim de, diante de um Poder Judiciário passivo, verificar quem conseguia influir, com a produção probatória, na convicção do Juiz[116]. O segundo promovia o protagonismo do órgão judicial na questão das provas.

É certo que o artigo 370 do CPC/2015 confere poderes instrutórios ao Juiz[117], no entanto, inexiste um poder discricionário absoluto, na seara probatória, tanto que compete às partes o ônus de provar os fatos que alegam. Essa é a regra exposta, de forma expressa, no artigo 373 do CPC, que assevera que incumbe ao autor o ônus da prova quanto ao fato constitutivo de seu direito e ao réu, quanto à existência de fato impeditivo, modificativo ou extintivo do direito do autor (distribuição estática do ônus provatório).

O Código de Processo Civil brasileiro anterior, de 1973, tratava a questão do ônus da prova sob o prisma da distribuição estática, uma vez que não existia uma regra expressa que admitisse a sua dinamização. Não obstante, havia disposições legais no Código de Defesa do Consumidor, Lei n. 8.078, de 1990, que faziam crer

---

CAPELO, Maria José, et.al (org.). *Processo civil comparado*: análise entre Brasil e Portugal. São Paulo: Forense, 2017, p. 23).

116. O modelo adversarial se assemelha, para alguns, àquele estribado no princípio dispositivo em que as partes são livres para ir de encontro aos seus interesses privados e reclamá-los ou não, judicialmente, na medida em que estimem oportuno, dispensando a iniciativa proativa do Juiz diante da instrução processual.

117. "O trabalho investigativo, repita-se, não é a favor de A ou B, mas em prol da justiça, e é assim que deve ser visto. É inconcebível que, nos dias de hoje o juiz deva se esquecer de conhecer uma situação, para ele duvidosa e com chances de ser elucidada, se tal ou qual fato não for trazido pela parte. Não se trata de ser testemunha (seria impedido o juiz nesse caso), mas de buscar o conhecimento de algo sobre que julga ser possível convencer-se. Sair da inércia não representa perder o juízo, ou melhor, a imparcialidade, senão pelo contrário, evitar que a sua omissão seja, esta sim, parcial" (RODRIGUES, Marcelo Abelha. *Manual de direito processual civil*. 5. Ed. São Paulo: Revista dos Tribunais, 2010, p. 222).

que a regra estática de distribuição do ônus probatório sofria certos abrandamentos, não se tratando de comando absoluto.

Quando o magistrado exerce o seu poder de zelar pela produção de provas imprescindíveis para a resolução do conflito, deve fazê-lo de forma comedida, moderada, em complemento à atividade da parte. A extensão dos poderes instrutórios do Juiz é reconhecida, desde que não comporte a quebra da imparcialidade do julgador e a não observância do princípio da isonomia entre as partes.

Há de se considerar, sob esse aspecto, a existência do poder de autorregramento da vontade no processo, que hoje permite aos participantes a realização de negócios processuais[118] (artigo 190 do CPC/2015). Assim, parte da doutrina defende o chamado "garantismo processual", pensamento fundado na doutrina de Luigi Ferrajoli[119] que expressa a ausência de poderes absolutos ao magistrado como uma espécie de autoritarismo processual judicante.

O modelo de processo hoje adotado é o cooperativo[120], afastando as ideias dos referidos modelos adversarial e inquisitorial. De fato, percebe-se que o CPC/2015 fez opção por um modelo em que o contraditório deve ser substancialmente considerado, em que os sujeitos processuais devem portar-se de acordo com a boa-fé objetiva processual (artigos 6º ao 10 do CPC).

Assim, reconhece-se poderes instrutórios ao Juiz, mas sem olvidar a autonomia privada e o modelo cooperativo de processo, em que o protagonismo não é apenas do magistrado.

O modelo cooperativo de processo é de grande importância para que se entenda a razão pela qual abre-se espaço legislativo a uma divisão diversa do ônus da prova, não apenas mantendo uma distribuição estática. Tal qual não se almeja um Juiz inerte, não se busca um Juiz ativista em matéria probatória, que simplesmente

---

118. DIDIER JR., Fredie. Princípio do respeito ao autorregramento da vontade no processo civil. In: *Ensaios sobre os negócios jurídicos processuais*. Fredie Didier Jr (org.). Salvador: Jus Podivm, 2018, pp. 17-23.
119. FERRAJOLI, Luigi. *Direito e razão – teoria geral do garantismo penal*. Fauzi Choukr (trad.). São Paulo: Revista dos Tribunais, 2002, p. 683-688.
120. "A atividade cooperativa não retira o juiz de sua posição de centro de poder, mas permite maior influência das partes na construção do provimento jurisdicional. Há, com isso, uma gestão compartilhada do processo. Autor e réu não estão mais à disposição do juiz, como meros atores secundários, mas sim engajados, no mesmo plano, focados na justa resolução do conflito. Alarga-se a latitude do processo, através de interações dialéticas, valorizando-se a intersubjetividade" (MAZZOLA, Marcelo Leite da Silva. *Tutela jurisdicional colaborativa*: a cooperação como fundamento autônomo de impugnação. Curitiba: CRV, 2017, p. 47). Passou-se a existir um "discurso democrático, que relaciona autor, juiz e réu em colaboração, com viés problemático e argumentativo, fundado na participação das partes para obtenção da melhor solução jurídica" (ZANETI JR., Hermes. *Processo constitucional*: o modelo constitucional do processo civil brasileiro. Rio de Janeiro: Lumen Juris, 2008, p. 56-57).

afasta das partes a iniciativa de propor a prova que pretendem no processo, inviabilizando a efetiva participação daquelas diante da lide.

Tais considerações repercutem sobre a produção de provas, uma vez que, igualmente, num modelo cooperativo, compete a quaisquer das partes a descoberta da realidade dos fatos, restando irrelevante quem a produziu no processo, nos termos do artigo 371 do CPC (artigo esse, inclusive, que, como corolário do contraditório, apenas permite, como fundamento da decisão judicial, a valoração da prova que esteja nos autos, sendo prescindível perquirir sobre quem a produziu – princípio da comunhão das provas).

O direito brasileiro foi desenvolvendo um redirecionamento das condutas dos sujeitos processuais, considerando a coparticipação, garantia de influência e não surpresa. Podemos citar como exemplo o dever de esclarecimento em que as partes ofertam explicações quanto aos fatos narrados no processo, quando assim exigir o Juiz. Tal dever é consectário do dever de lealdade processual, de modo a evitar a litigância de má-fé, nos moldes dos artigos 79 e 80 do CPC.

Além disso, o diálogo entre os sujeitos é sempre fomentado, tanto que o capítulo inicial do Código Processual Civil brasileiro oferta uma enumeração dos direitos fundamentais, que devem vigorar durante toda a tramitação processual, afirmando-se que o juiz não pode decidir, em grau algum de jurisdição, com base em fundamento a respeito do qual não se tenha dado às partes oportunidade de se manifestar, ainda que se trate de matéria sobre a qual deva decidir de ofício.

Em nível recursal, igualmente, o artigo 10 encontra ressonância no artigo 932, parágrafo único, do CPC/15, que assim dispõe: "Antes de considerar inadmissível o recurso, o relator concederá o prazo de 5 (cinco) dias ao recorrente para que seja sanado vício ou complementada a documentação exigível".

O dever de cooperação com o Poder Judiciário igualmente é previsto no artigo 378 do CPC/15, o que já constava no artigo 339 do CPC/73, sendo certo que compete, igualmente ao magistrado no sentido de que o dever de colaboração na instrução probatória deve dirigir-se a todos os sujeitos processuais para a obtenção da melhor solução da lide.

A divisão dinâmica do ônus da prova[121] possui uma conotação negocial, igualmente. O parágrafo 3.º do artigo 373 do CPC permite que a repartição do encargo probatório seja objeto de convenção pelas partes, numa demonstração do chamado "negócio jurídico processual", que deve seguir os pressupostos de existência, validade e eficácia, restando desnecessária a forma específica e permitida a sua celebração por instrumento autônomo, antes ou durante o processo (parte final conforme o parágrafo 4.º do artigo 373 do CPC).

---

121. A distribuição dinâmica se revela como consectária do modelo cooperativo e colaborativo de processo adotado, conforme o exposto nos parágrafos terceiro e quarto do artigo 373 do Código de Processo Civil. Outrossim, são verificadas as condições econômicas e técnicas dos interessados, a fim de distribuir de forma equânime o ônus da prova.

III.6.2 Prova digital

Sob esse prisma, o advento de novas tecnologias traz a noção de prova digital que pode vir a aproximar os sujeitos processuais, cada vez mais, da realidade (aquela única que pode ser obtida em um procedimento jurisdicional).

Tem-se como prova digital, como afirmam Rennan Thamay e Mauricio Tamer, o meio de demonstrar a ocorrência de um fato ocorrido em meio digital ou que tem no meio digital um instrumento de demonstração de determinado fato de seu conteúdo.[122]

Diversos são os exemplos trazidos pelos autores, entre eles, comum em uma era virtualizada como a que vivemos, é a realização de postagem inverídica em mídias sociais, como *instagram, facebook, twitter* (fato), que, devidamente identificado (inclusive quanto ao usuário responsável) e preservado pode vir a ser anexado a procedimento judicial (ou extrajudicial), futuramente.

III.6.3 Limites à aquisição, produção e valoração probatória

É comum que, no âmbito probatório, ocorra o entrechoque entre valores constitucionalmente protegidos. Considerando que nossa Constituição da República é analítica e congrega diversos interesses, é natural que diante de sua interpretação e aplicação, surjam tais choques, restando necessário um ponto de equilíbrio. Tal percepção advém do constitucionalismo moderno, em que se pretendeu que as Constituições previssem elementos necessários à contenção do Poder Político e a inserção de Direitos Fundamentais em seu texto.

Portanto, embora a possibilidade de provar as alegações em Juízo esteja ínsita na de submeter à apreciação do Poder Judiciário qualquer lesão ou ameaça a direito (artigo 5º, XXXV, da CF), bem como implica na utilização de quaisquer meios probatórios disponíveis (artigo 369 do CPC), o direito processual nega o princípio segundo o qual o fim justifica os meios, em sua regra ontológica. Há diversas regras que limitam o direito à produção da prova.

Nesse sentido, nosso regramento jurídico brasileiro não permite a utilização de qualquer prova, em qualquer contexto, de maneira absoluta, ampla e irrestrita. A opção constitucional é clara e está disposta no artigo 5º, LVI da CRFB/88: "São inadmissíveis, no processo, as provas obtidas por meios ilícitos", por exemplo.

A referida vedação expressa ao uso da prova ilícita visa, prioritariamente, a proteção de direitos e garantias individuais asseguradas constitucionalmente, como a vida privada, a intimidade e demais direitos da pessoa humana.

A introdução, colheita ou produção de tais provas no processo é fato preocupante, pois acarreta decisões equivocadas por parte do julgador, e atenta, a maioria das

---

122. TAMER, Mauricio; THAMAY, Rennan. *Provas no direito digital:* conceito da prova digital, procedimento e provas digitais em espécie. São Paulo: Thomson Reuters Brasil, 2020.

vezes, contra o princípio da razoável duração, pois ao gerar a nulidade de diversos atos, faz o processo retornar a fases anteriores, o que, certamente, é indesejável, além da possibilidade de vulneração a direitos individuais.

A preocupação com a consideração, pelo Juiz, da prova ilícita é de tão grande preocupação que, no ano de 2019, o Código de Processo Penal (CPP) sofreu alteração em seu artigo 157, com a inserção do seu § 5º que afirma: "o juiz que conhecer do conteúdo da prova declarada inadmissível não poderá proferir a sentença ou acórdão".

O referido parágrafo consagra a ideia de que o julgador que teve contato com a prova contaminada não pode atuar no feito, enquanto juiz de garantias. Afirma, sob o ponto, Aury Lopes Junior: "Não basta desentranhar a prova; deve-se desentranhar o juiz!"[123]

O Supremo Tribunal Federal, no entanto, por meio da decisão prolatada na Medida Cautelar na ADIn n. 6.298/DF, da lavra do Ministro Dias Toffoli, concedeu liminar, e, posteriormente, igualmente o Ministro Luiz Fux, nas ADIs 6.298, 6.299, 6.300 e 6305, suspendeu a eficácia do referido artigo 157, § 5º, do CPP. As ações de controle abstrato de constitucionalidade ainda não restaram definitivamente julgadas em seu mérito.

Nicolò Trocker defende que, na hipótese em que a prova ilícita foi juntada ao processo, haveria uma hipótese de suspeição do juiz, devendo a prova além de ser desentranhada dos autos, ser o processo enviado a outro magistrado.[124] Uma vez tendo contato com o elemento de prova inadmissível, sua parcialidade já poderia estar comprometida pelo vínculo psicológico, ainda que não se valha expressamente dela, expressamente, na fundamentação de sua decisão. Essa parece ter sido uma das razões que levou o legislador processual penal a editar o já referido § 5º do artigo 157, no ano de 2019, embora, na atualidade, sua eficácia tendo sido suspensa.

Não obstante, o artigo 145 do CPC/2015 não contempla essa hipótese para o reconhecimento de suspeição. No máximo, o juiz teria a faculdade de declarar-se suspeito, por motivo de foro íntimo, por força do § 1º do mesmo dispositivo legal. A hipótese é de faculdade, uma vez que a Resolução n. 82, de 09.06.2009, do CNJ[125],

---

123. A ponderação de Aury Lopes Junior há de ser considerada, uma vez que há contaminação psicológica daquele que tem conhecimento e contato com a prova tida como inadmissível. Afirma: "Quem nos garante que o juiz não está decidindo a partir da prova ilícita, ainda que inconscientemente (até porque a emoção é mais intensa) e, na fundamentação, apenas cria uma blindagem argumentativa de que a decisão foi tomada com base na prova lícita?" Vide: LOPES JUNIOR, Aury. *Direito processual penal*. 17. Ed. São Paulo: Saraiva Educação 2020. p. 451-452.

124. TROCKER, Nicolò. *Processo civile e constituzione*. Milão: Giuffrè, 1974. p. 633.

125. "Resolução nº 82 de 09/06/2009. Ementa: Regulamenta as declarações de suspeição por foro íntimo. [...] Art. 1º No caso de suspeição por motivo íntimo, o magistrado de primeiro grau fará essa afirmação nos autos e, em ofício reservado, imediatamente exporá as razões

que disciplinava o procedimento quanto ao reconhecimento de declaração de foro íntimo por suspeição pelo magistrado, foi revogada.

Igualmente, a apreciação do arcabouço probatório pelo Juiz não é livre, uma vez que vinculada a diversas limitações, principalmente no que tange ao ônus argumentativo de fundamentação do julgador, que pode ser depreendido do disposto no artigo 489, § 1º, do CPC, entre outros.

A enunciação de que o Juiz apreciaria livremente a prova, constante do CPC/73[126], por vezes, dava a impressão errônea de que se poderia valorar a prova como bem entendesse[127], sem quaisquer necessidades outras de fundamentação e coerência, o que, na prática, considerando os novos parâmetros constitucionais e processuais de proteção aos direitos fundamentais, não se faz mais possível.

A valoração das provas não pode ser concebida como ato de instabilidade indesejada. Conforme ressalta Lenio Streck, o Direito não pode ser entendido como aquilo que o juiz quer que ele seja, razão pela qual o Código de Processo Civil de 2015 deixou de lado a tão discutida expressão livremente, que constava do Código anterior (1973), quanto à forma de apreciação da prova pelo juiz. Afinal: "livre convencimento tem um nome: solipsismo; filosofia da consciência; subjetivismo. Ademais, se não há nenhum elemento *a priori* que vincule a decisão do juiz, ele não precisaria motivar a sua convicção, já que ele pode livremente escolher como irá decidir. A motivação vira apenas uma formalidade desnecessária"[128].

---

desse ato à Corregedoria local ou a órgão diverso designado pelo seu Tribunal. Art. 2º No caso de suspeição por motivo íntimo, o magistrado de segundo grau fará essa afirmação nos autos e, em ofício reservado, imediatamente exporá as razões desse ato à Corregedoria Nacional de Justiça. Art. 3º O órgão destinatário das informações manterá as razões em pasta própria, de forma a que o sigilo seja preservado, sem prejuízo do acesso às afirmações para fins correcionais. Art. 4º Esta resolução entrará em vigor na data de sua publicação. Ministro GILMAR MENDES". A resolução está disponível no site do Conselho Nacional de Justiça, em: http://www.cnj.jus.br/busca-atos-adm?documento=2770. Acesso em: 15 nov.2022.

126. O artigo 131 do Código de Processo Civil brasileiro de 1973 afirmava: "Art. 131. O juiz apreciará livremente a prova, atendendo aos fatos e circunstâncias constantes dos autos, ainda que não alegados pelas partes; mas deverá indicar na sentença, os motivos que lhe formaram o convencimento". Em contraponto, assim dispõe a legislação processual de 2015: "Art. 371. O juiz apreciará a prova constante dos autos, independentemente do sujeito que a tiver promovido, e indicará na decisão as razões da formação de seu convencimento".

127. O artigo 371 do CPC/15 retirou a expressão livremente do enunciado normativo anterior (Código de Processo Civil de 1973), dando ênfase ao sistema da persuasão racional da prova, pois o juiz deve apreciá-la vinculando sua decisão às provas constantes nos autos, indicando as razões de seu convencimento, porém, não de forma livre, como se pressupunha pela aplicação do princípio da íntima convicção.

128. STRECK, Lenio Luiz. *O que é isto* – decido conforme minha consciência? 6. ed. Porto Alegre: Livraria do Advogado, 2017, p. 37.

III.6.4 Refundação das fontes de prova e a interconexão digital: Redes sociais, WhastApp, Instagram, Facebook, Twitter, Printscreen, Telegram, Microsoft Teams, Zoom, e-mail e as pegadas digitais (logs)

Retornando à discussão quanto à prova digital, não se pode deixar de afirmar que as novas tecnologias fazem emergir novas fontes de prova com potencial de esclarecimento de pontos controvertidos.

Como o artigo 369 do CPC autoriza o emprego de todos os meios legais (desde que legítimos) para provar os fatos em que se funda o pedido ou a defesa, dispositivos eletrônicos, programas de software e aplicativos de conversa, como o *whatsapp*, disputam a atenção dos juristas.

Afinal, podemos nos utilizar, como prova legítima no processo, e-mails, mensagens de textos copiadas e coladas, prints de tela, localizadores, rastreadores, logs? Rastros e dados digitais são produzidos como testemunhas do mundo virtualizado. Até que pontos são confiáveis e seguros para serem usados como elemento probatório nos autos de um processo?

Em épocas em que as mídias sociais são amplamente utilizadas, os fatos expostos na rede mundial de computadores são passíveis de identificação e preservação para alcance dos responsáveis por sua produção e utilização.

Diversos são os meios de prova admitidos em Juízo, desde documentais, periciais, testemunhas, até os atípicos, desde que não sejam reconhecidos como ilícitos. São veiculados ao processo por meios de obtenção, entre os quais, a busca e apreensão, interceptação telefônica e de fluxo de dados.

Na seara penal, por exemplo, novos hábitos tecnológicos advindos da acessibilidade aumentada à internet e a disponibilização de informações pelos próprios usuários, os *cybercrimes* têm aumentado, a cada dia.

O Código de Processo Penal, sob esse aspecto, nos artigos 158-A a 158-F traça a necessidade de investigação da cadeia de custódia, ou seja, a comprovação inerente ao trajeto percorrido para a obtenção dos elementos probatórios.

No âmbito digital, o direito processual deve se ocupar dos cenários probatórios. As redes sociais, plataformas virtuais, *sites* conduzem a elementos importantes de dados transformados em informações úteis àqueles que buscam materializar um fato. A princípio, inexiste ilegalidade ou ilegitimidade na obtenção de elementos probatórios, por meio da Internet, se a fonte estiver aberta.

As informações podem estar dispostas de forma aberta ou fechada. No primeiro grupo, elas se apresentam de forma livre[129], enquanto, no segundo, envolvem,

---

129. Conforme afirma Guilherme Caselli: "fonte aberta é todo dado, informação ou conhecimento livremente disponibilizado por seu titular ou de quem lhe faça as vezes, atribuindo-lhes, assim o caráter de publicidade voluntariamente, e que são capazes de produzir

normalmente, dados protegidos classificados como sensíveis ou pessoais, necessitando de prévia autorização para o seu acesso.

Aqueles que produzem material digital em aplicativos e mídia social, sem qualquer restrição, possuem a legítima expectativa de publicidade. Não buscam o resguardo evidente da intimidade ou privacidade, em um primeiro momento de análise. O propósito das postagens é gerar engajamento, curtidas, comentários. Portanto, podem ser entendidas como fonte aberta para sua eventual posterior coleta (meio de prova legítima), acaso haja interesse de qualquer pessoa.

É possível imaginar cenários comuns relativos à prova documental, à pericial, às específicas informações de conteúdo que podem ser requisitadas, juntadas ou anexadas no processo advindas de elementos fornecidos pelos agentes e provedores de acesso/conexão e aplicação de Internet ou, ainda, provas atípicas colhidas de fontes abertas.

A ideia de documento na contemporaneidade digital não se confunde apenas com escritas em um papel. A prova documental se configura como o resultado obtido no processo a partir da utilização de um documento que, hoje, pode ser entendido como um objeto com capacidade de materializar um fato, por meio de suporte físico ou eletrônico.

Conforme afirmado, vige no âmbito probatório a liberdade dos meios de prova. O que sobreleva notar, no entanto, é que, embora tenha se tornado comum a utilização de mensagens e imagens do *whatsapp, instagram, facebook, twitter, printscreen,* há de se observar se a obtenção de captura de tais elementos se deu legitimamente.

Considerando o advento da Lei n. 12.965/2014 (Marco Civil da Internet) e a legislação de proteção de dados, a discussão se reflete no sigilo do fluxo de comunicações, uma vez que não devemos olvidar a importância da inviolabilidade dos dados armazenados (artigo 7º, II e III, da Lei 12.965/14), os quais somente podem ser disponibilizados mediante ordem judicial (artigo 10, § 2º, da mesma Lei).

Ressalte-se que essa proteção dos dados armazenados já foi objeto de reconhecimento pelo Superior Tribunal de Justiça, quando do julgamento ocorrido no RHC 67.379, em 20.10.2016, em que, considerando a inviolabilidade da intimidade e da vida privada, decretou a ilegalidade das provas consistentes em informações contidas em aparelho celular (sigilo telefônico), a partir de mensagens arquivadas no aplicativo *WhatsApp*, obtidas sem autorização judicial.

O acesso e a utilização de conversas de *e-mail* ou quaisquer outros aplicativos de mensagens, como *WhatsApp, Telegram, Microsoft Teams, Zoom*, depende de autorização judicial específica, fundamentada, ou do livre consentimento do próprio usuário, sob pena de ser considerado prova ilícita.

---

conhecimento ou prova em procedimento administrativo ou judicial" (CASELLI, Guilherme. *Manual de investigação digital*. São Paulo: JusPodivm, 2021, p. 37).

Com efeito, a obtenção de tais registros, pegadas digitais (*logs*)[130], endereços de *Ips* (caminhos percorridos pelos usuários na *Internet*), acesso às contas digitais invadem o universo privado das pessoas e deve ser tomado com a devida cautela.

Sempre devemos levar em conta a acessibilidade a tais informações, enquanto fontes abertas ou não. E, ainda assim, a natureza dos dados obtidos, uma vez que, igualmente, na seara cível, a prova digital (meio de demonstrar a ocorrência de um fato em meio digital ou que tem nesse último um instrumento de demonstração de fato específico) deve seguir pressupostos para a sua validade, entre eles, a sua autenticidade, integridade e preservação da cadeia de custódia (com o registro histórico da evidência, desde o início da identificação e obtenção da prova digital até a apresentação no procedimento de destino), conforme apontamos.

Historicamente, no RE 418.416/SC, quanto ao disposto no inciso XII do artigo 5º da CRFB/88, o Supremo Tribunal Federal consagrou a orientação no sentido de que a utilização de dados armazenados em computador não configura violação ao dispositivo supracitado, no que concerne à proteção de comunicação de dados, desde que a apreensão da base de dados na qual os dados se encontram decorra de prévia ordem judicial. A proteção seria da comunicação dos dados, e não dos dados em si mesmos[131].

O Superior Tribunal de Justiça, por sua vez, quanto aos direitos da personalidade e intimidade, vem conferindo proteção aos dados constantes em aparelhos eletrônicos, como o celular, em franca consonância com a nova Lei de Proteção de Dados: "(...) 3. Esta Corte Superior de Justiça considera ilícita o acesso aos dados do celular extraídos do aparelho celular apreendido em flagrante, quando ausente de ordem judicial para tanto, ao entendimento de que, no acesso aos dados do aparelho, se tem a devassa de dados particulares, com violação à intimidade do agente. Precedentes. 4. A obtenção de fotos no celular do paciente se deu em violação de normas constitucionais e legais, a revelar a inadmissibilidade da prova, nos termos do art. 157, caput, do Código de Processo Penal – CPP, de forma que, devem ser desentranhadas dos autos, bem como aquelas derivadas. No caso, somente após a violação dos dados constantes no aparelho celular é que o paciente confirmou a posse de outra porção de entorpecentes em sua residência. Assim, inevitável a conclusão de que as provas apreendidas na residência do paciente são derivadas

---

130. Os registros digitais têm grande importância para ações de indenização que venham a discutir, por exemplo, a reparação de danos decorrentes de ofensas proferidas no âmbito virtual, casos de divulgação não autorizada de imagens, acidentes de veículos, captação de vídeos e até mesmo o uso de drones.
131. BRASIL. Supremo Tribunal Federal, RE 418.416, Tribunal Pleno, Rel. Min. Sepúlveda Pertence, julgado em: 10/05/2006. DJe de 19/12/2006. Disponível em: http://redir.stf.jus.br/paginadorpub/paginador.jsp?docTP=AC&docID=395790. Acesso em: 30 nov.2022

daquela obtida mediante a indevida violação da intimidade, sendo, portanto, nulas por derivação."[132]

O mesmo Superior Tribunal, quanto ao dispositivo *WhatsApp Web,* declarou nulas todas as provas obtidas a partir do espelhamento do aplicativo de mensagens *WhatsApp*. Tratava-se de investigação de tráfico de drogas e associação em que a polícia, após breve apreensão de aparelho celular, efetivou a conexão, sem o conhecimento do dono, para manter o monitoramento das conversas pelo aplicativo, as quais serviram de base para a decretação da prisão preventiva dele e de outros investigados.

A Sexta Turma do STJ assinalou que não se tratava de interceptação lícita, pois seria "impossível aplicar a analogia entre o instituto da interceptação telefônica e o espelhamento, por meio do *WhatsApp Web*, das conversas realizadas pelo aplicativo *WhatsApp*".

Assentou que "ao contrário da interceptação telefônica, no âmbito da qual o investigador de polícia atua como mero observador de conversas empreendidas por terceiros, no espelhamento via *WhatsApp Web* o investigador de polícia tem a concreta possibilidade de atuar como participante tanto das conversas que vêm a ser realizadas quanto das conversas que já estão registradas no aparelho celular, haja vista ter o poder, conferido pela própria plataforma *online*, de interagir diretamente com conversas que estão sendo travadas, de enviar novas mensagens a qualquer contato presente no celular, e de excluir, com total liberdade, e sem deixar vestígios, qualquer mensagem passada, presente ou futura."

Deu-se prioridade à proteção de dados e à intimidade dos envolvidos, bem como a inadmissibilidade de utilização de meio de prova híbrido na espécie, uma vez que: "Em termos técnico-jurídicos, o espelhamento seria melhor qualificado como um tipo híbrido de obtenção de prova consistente, a um só tempo, em interceptação telefônica (quanto às conversas *ex nunc*) e em quebra de sigilo de e-mail (quanto às conversas *ex tunc*). Não há, todavia, ao menos por agora, previsão legal de um tal meio de obtenção de prova híbrido".[133]

O Superior Tribunal de Justiça possui decisões outras no sentido de que: "Sem a prévia autorização judicial, são nulas as provas obtidas pela polícia por meio da extração de dados e de conversas registradas no *whatsapp* presentes no celular do

---

132. BRASIL. Superior Tribunal de Justiça. HC 459.824/SP, Rel. Ministro Joel Ilan Paciornik, Quinta Turma, julgado em 09/04/2019, DJe 22/04/2019. Disponível em: https://ww2.stj.jus.br/processo/revista/inteiroteor/?num_registro=201801772996&dt_publicacao=22/04/2019. Acesso em 30 nov.2022.

133. BRASIL. Superior Tribunal de Justiça. RHC 99.735-SC, Rel. Min. Laurita Vaz, Sexta Turma, julgado em 27/11/2018, DJe 12/12/2018, Informativo n. 640, de 15 de fevereiro de 2019. Decisões relativas ao aplicativo *whatsapp* se encontram disponíveis, atualizadas: https://ww2.stj.jus.br/jurisprudencia/externo/informativo/?acao=pesquisar&livre=WHATSAPP&operador=mesmo&b=INFJ&thesaurus=JURIDICO&p=true. Acesso em: 30 nov.2022.

suposto autor de fato delituoso, ainda que o aparelho tenha sido apreendido no momento da prisão em flagrante"[134], embora em decisão específica, tenha entendido pela inexistência de ilicitude na perícia de aparelho celular em que a vítima tinha morrido: "Não há ilegalidade na perícia de aparelho de telefonia celular pela polícia, sem prévia autorização judicial, na hipótese em que seu proprietário – a vítima – foi morto, tendo o referido telefone sido entregue à autoridade policial por sua esposa"[135].

Embora o caso supracitado tenha se relacionado à seara penal, é preciso considerar que, igualmente no âmbito cível, é preciso ponderar sob quais violações a direitos fundamentais se está tratando, como no caso, por exemplo, em que não se possibilita a utilização de gravações telefônicas ou mensagens obtidas por *e-mail* ou aplicativos como o *WhatsApp ou Facebook*, quando se trate de uma ação de destituição do poder familiar em que se alega a prática de abusos contra a criança pelos seus próprios pais.

Nesse caso, a única prova desse fato são tais gravações ou mensagem que foram realizadas clandestinamente. O direito de privacidade dos pais deve ceder a outros valores relevantes, como o direito à vida, saúde, dignidade e respeito do infante, pondo a salvo o seu maior interesse, conforme disposto no art. 227 da CRFB/88.

III.6.5 *A prova pericial e o* blockchain

Um meio de prova que ganha grande importância no âmbito do direito digital é a pericial. Pela via especializada, técnica, determinado fato é transladado para o âmbito processual.

Embora o conceito de Inteligência Artificial, enquanto campo computacional, revele-se como técnica de aprendizado emulativo, *experts* da área da ciência da comunicação e tecnologia têm muito a contribuir no desvelamento das práticas eletrônicas. A observação quanto a como a tecnologia funciona, é utilizada, permite ao profissional do Direito atuar nas consequências jurídicas do ato-fato ocorrido.

Ademais, como bem pontuam Rennan Thammy e Maurício Tamer, a perícia também tem a importante finalidade de identificar o responsável por ilícitos praticados na internet, com a obtenção do endereço de conexão utilizada, bem como

---

134. BRASIL. Superior Tribunal de Justiça. RHC 51.531-RO, Rel. Min. Nefi Cordeiro, Sexta Turma, julgado em 19/4/2016, DJe 9/5/2016, Informativo n. 583, período entre 13 a 26 de maio de 2016. https://ww2.stj.jus.br/jurisprudencia/externo/informativo/?acao=pesquisarumaedicao&livre=@cod=%270583%27 Acesso em: 29 nov.2022.
135. BRASIL. Superior Tribunal de Justiça. RHC 86.076-MT, Rel. Min. Sebastião Reis Júnior, Rel. Acd. Min. Rogerio Schietti Cruz, por maioria, Sexta Turma, julgado em 19/10/2017, DJe 12/12/2017, Informativo n. 617, de 09 de fevereiro de 2018. Disponível em: https://ww2.stj.jus.br/jurisprudencia/externo/informativo/?acao=pesquisarumaedicao&livre=@cod=%270617%27. Acesso em: 30 nov.2022.

avaliar, em contextos de fraudes, o código-fonte de determinado software, o que permite, inclusive, a leitura sobre a violação do direito de propriedade intelectual respectivo.[136]

Não poderíamos deixar de mencionar, igualmente, uma tecnologia que vem se destacando no campo digital, com interrelação ao tema do direito probatório: a *blockchain*.

Para fins da presente obra, pensamos *blockchain* como uma base de dados distribuída, descentralizada em termos de controle, registro e gestão. Assemelha-se a um diário contábil (espécie de livro-razão), onde são lançados registro de operações.

Não está disposto em apenas um servidor. Nenhuma pessoa ou organização o possui. Cada computador, ou nó, armazena um registro completo de cada transação, para que ninguém possa controlar ou destruir a rede, tornando mais dificultoso, para qualquer pessoa, manipular os dados. Os fatos e transação são registrados na cadeia, com plena acessibilidade das informações.[137]

O Tribunal de Contas da União, por meio de seu Plenário, com o objetivo de realizar um levantamento de identificação de áreas de aplicação de *blockchain* e de livros-razão distribuídos (*Distributed Ledger Technology* – DLT) no setor público, seus principais riscos e fatores críticos de sucesso, além dos desafios para o controle, adotou no ano de 2020, a minuta de acórdão prolatada pelo Ministro Relator Aroldo Cedraz, nº 1613.[138]

O acórdão traz uma análise bastante interessante sobre o panorama que envolve o fenômeno da *blockchain*. Após informar que há diversas conceituações inerentes, expõe que, de uma forma geral, uma *blockchain* é um software que funciona como um livro-razão distribuído pelos nós de uma rede, tal qual explicitamos anteriormente.

É ressaltado que a distinção dele para o livro-razão dos bancos de dados ou softwares tradicionais é sua natureza de resistência à adulteração, pois a alteração dos dados de um bloco requer a manipulação de todos os blocos anteriores.

---

136. THAMMY, Rennan; TAMER, Maurício. Provas digitais: conceito, princípios probatórios e provas digitais em espécie. *In*: RODRIGUES, Marco Antonio; FEIGELSON, Bruno; BECKER, Daniel (coord.). *Litigation 4.0*: o futuro da justiça e do processo civil vis-à-vis as novas tecnologias. São Paulo: Thomson Reuters, 2021, p. 185.
137. EDELMAN, Gilad. *Paradise at the Crypto Arcade*: Inside the Web3 Revolution, The new movement wants to free us from Big Tech and exploitative capitalism–using only the blockchain, game theory, and code. What could possibly go wrong? May, 10, 2022. Disponível em: https://www.wired.com/story/web3-paradise-crypto-arcade/. Acesso em 29 nov. 2022.
138. BRASIL. Tribunal de Contas da União. Processo n. 031.044/2019-0, *Acórdão n. 1613/2020*, Relatório de levantamento, Plenário, Relator: Ministro Aroldo Cedraz, data da sessão: 24/06/2020. Disponível em: https://portal.tcu.gov.br/imprensa/noticias/tcu-realiza-estudo-inovador-sobre-a-tecnologia-blockchain-e-elabora-guia-para-orientar-os-gestores.htm. Acesso em: 30 nov. 2022.

De forma ilustrativa, disponibiliza imagens (a segunda advinda de documento produzido por Comissão Europeia de estudos sobre *blockchain*) que demonstram uma estrutura de dados que armazena transações organizadas em blocos, os quais são encadeados sequencialmente, servindo como um sistema de registros distribuído:

Figura 1 – Encadeamento de blocos na *blockchain*. Fonte: ITU (adaptado).

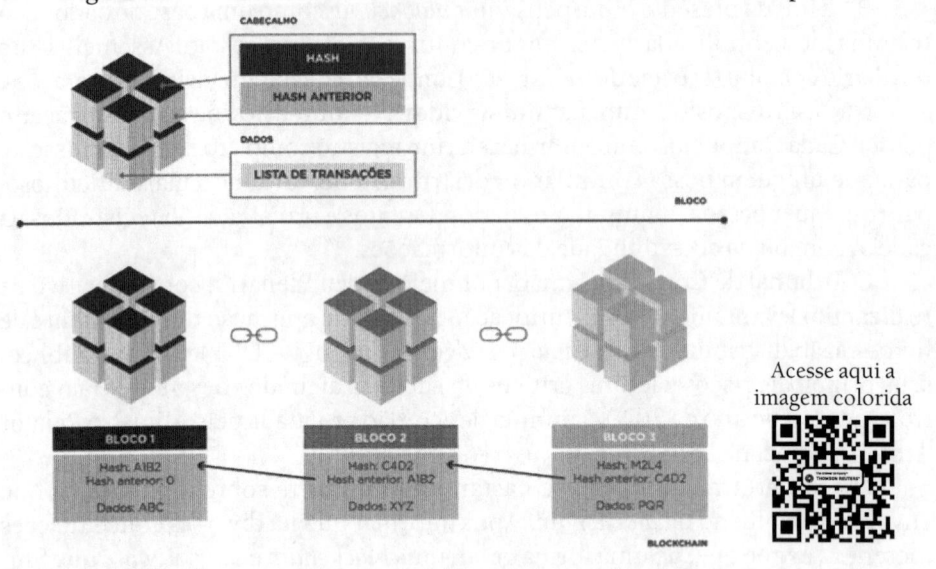

Acesse aqui a imagem colorida

Figura 2 – Funcionamento genérico de uma *blockchain*. Fonte: Comissão Europeia (adaptado).

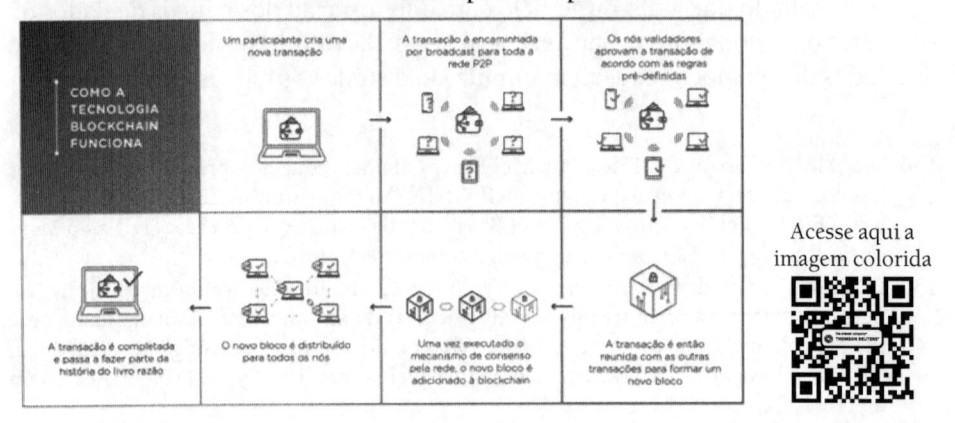

Acesse aqui a imagem colorida

A rede descentralizada *blockchain* opera a partir de blocos e nós. Cada novo bloco incluído na cadeia possui um conjunto de transações e uma identificação única gerada a partir de um resumo criptográfico de *hash*. Como consta no acórdão: "O cabeçalho possui um campo que armazena o resumo criptográfico (*hash*) do bloco imediatamente anterior, estabelecendo uma sequência única entre os blocos. Como cada bloco faz referência ao seu antecessor, se um bit do bloco anterior for alterado, o *hash* do bloco irá mudar e consequentemente haverá uma inconsistência na cadeia, que pode ser facilmente detectável".

Uma das premissas do sistema é a segurança nas transações, a partir da descentralização de operações, tal qual ilustrado, igualmente, pelo estudo realizado pela *United States Government Accountability Office*, GAO, no ano de 2022[139]:

Figure 1: **Difference between centralized and distributed ledgers**

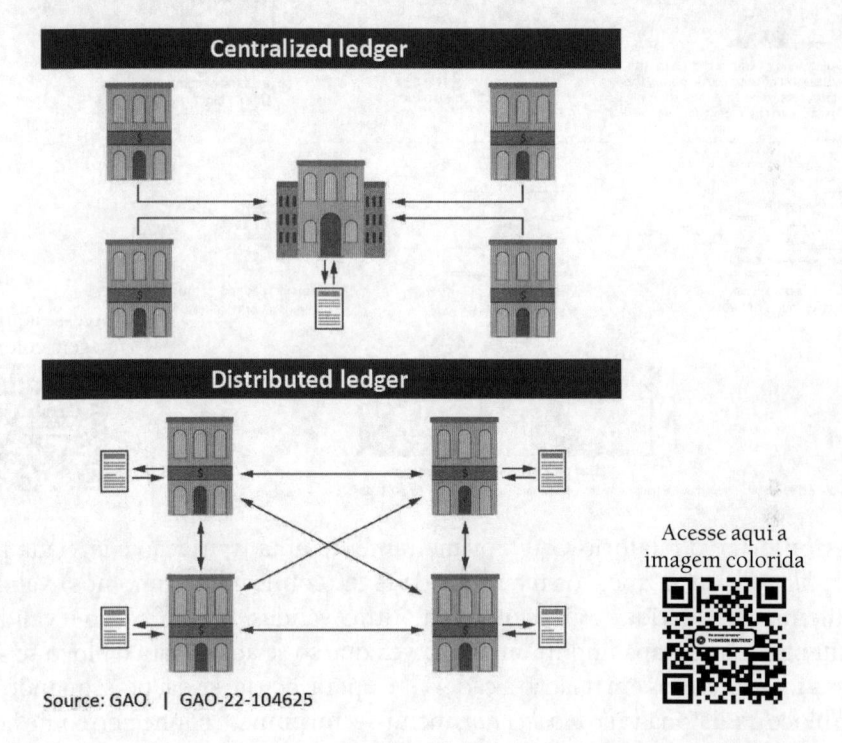

Source: GAO. | GAO-22-104625

Acesse aqui a imagem colorida

A implicação dessa distributividade é a ausência de uma autoridade central que proceda ao controle, comando, fiscalização das transações, o que é, deveras, atrativo ao mercado, principalmente pelas promessas de segurança, imutabilidade e transparência que envolvem técnicas criptográficas para verificar transações, criando um livro-razão imutável por blocos encadeados e inter-relacionados.

---

139. GAO, United States Government Accountability Office, Report to Congressional Requesters by Technology Assessment: *Blockchain Emerging Technology Offers Benefits for Some Applications but Faces Challenges,* March 2022, disponível em: https://www.gao.gov/assets/720/719826.pdf. Acesso em: 24 jun. 2022.

O mesmo estudo, de forma simplificada, traça uma rotina exemplificativa para os operadores do banco de dados distribuído:

Figure 3: Simplified example of blockchain operation to send digital assets

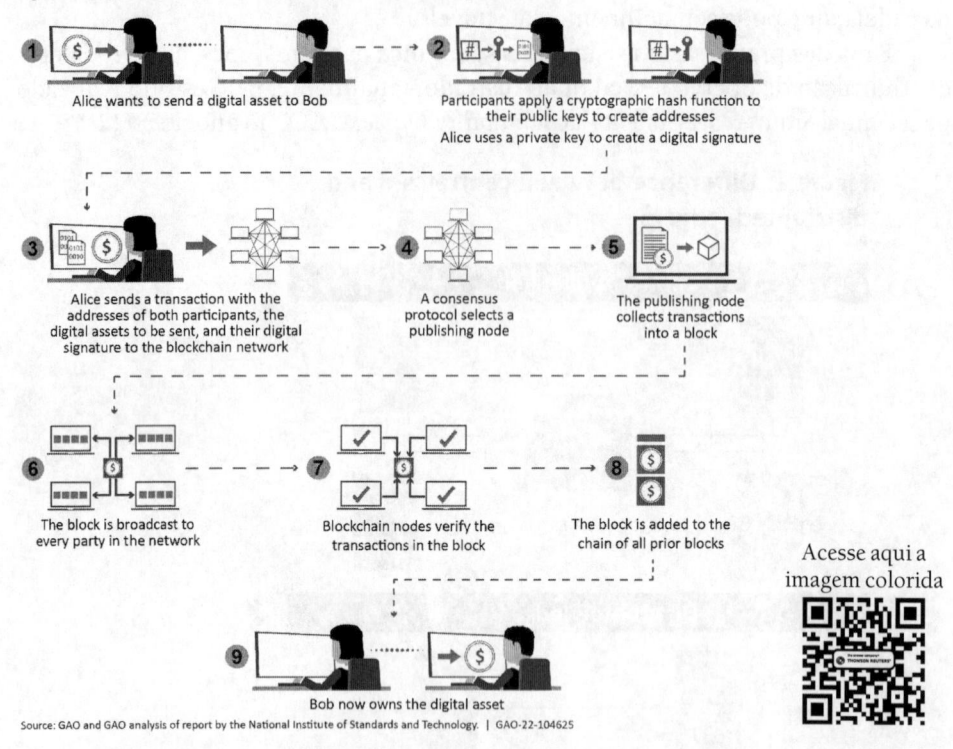

1. Alice wants to send a digital asset to Bob
2. Participants apply a cryptographic hash function to their public keys to create addresses. Alice uses a private key to create a digital signature
3. Alice sends a transaction with the addresses of both participants, the digital assets to be sent, and their digital signature to the blockchain network
4. A consensus protocol selects a publishing node
5. The publishing node collects transactions into a block
6. The block is broadcast to every party in the network
7. Blockchain nodes verify the transactions in the block
8. The block is added to the chain of all prior blocks
9. Bob now owns the digital asset

Source: GAO and GAO analysis of report by the National Institute of Standards and Technology. | GAO-22-104625

Acesse aqui a imagem colorida

Conforme o relatório GAO, primeiramente uma transação é enviada para a rede *blockchain*, e, após, os membros da rede (conhecidos como nós) validam e enfileiram as referidas transações com outras válidas. A verificação e validade de autenticação é etapa importante, uma vez que só se adicionará o bloco se seus valores forem válidos em relação à cadeia em operação (tal se dá, pois, quando um novo bloco é adicionado ao *blockchain*, inclui-se um número conhecido como *hash-digest*, que o *blockchain* matematicamente deriva dos dados do bloco anterior). Os serviços podem manter cópias do livro-razão, bem como gerenciar chaves privadas e públicas, transações e segurança da conta.[140]

Considerando tais conceituações, elementos e análises, qual a pertinência da *blockchain* para o cenário processual probatório?

---

140. GAO, United States Government Accountability Office, Report to Congressional Requesters by Technology Assessment: *Blockchain Emerging Technology Offers Benefits for Some Applications but Faces Challenges,* March 2022, disponível em: https://www.gao.gov/assets/720/719826.pdf. Acesso em: 24 jun. 2022.

Informações registradas no *blockchain* possuem os atributos de imutabilidade e segurança. O Direito busca valores como segurança jurídica, confiança da sociedade, cumprimento de regras de conduta. É praticamente improvável que alguém consiga alterar as informações já inseridas anteriormente nos blocos de tal tecnologia. Além disso, a transparência é também um dos marcos característicos, o que sobreleva a própria confiança do mercado e das transações econômico-financeiras envolvidas.

Assim, como o artigo 369 do CPC, de forma geral, admite que as partes têm o direito de empregar todos os meios legais, bem como os moralmente legítimos, ainda que não especificados nesse Código, para provar a verdade dos fatos em que se funda o pedido ou a defesa e influir eficazmente na convicção do juiz, nada impede que a documentação de atos e fatos (inclusive para a documentação de informação obtidas na internet[141]) seja realizada e registrada no *blockchain*, funcionando como uma prova atípica.

Levando em conta, como bem pondera Ricardo Leonel[142], que a tecnologia está presente no modo de se produzir ou colher a prova além de quando ela é o próprio elemento ou ferramenta que dá suporte à fonte de prova (nesse último sentido, prova digital), a preocupação quanto à produção de provas digitais é tônica constante de discussões quando o assunto é a busca da verdade processual, mas sem descurar dos direitos fundamentais dos sujeitos intervenientes no processo. Tecnologias que ofertam segurança e confiabilidade despontam como oportunidade de congregação de ambos os polos: efetividade na busca e alcance dessa verdade e respeito às garantias formais constitucionais.

Portanto, uma das utilidades principais dessa tecnologia, no campo probatório, é a preservação de dados, fatos e atos. Questões que sempre foram alvo de discussão na seara processual probatória, como a produção, armazenamento e integridade das provas podem ser minoradas quando utilizada a rede *blockchain*.

Dificulta-se que os registros sejam adulterados e armazenam-se os elementos de prova de modo que não se percam e, ainda mais, permaneçam preservados, sob qualquer circunstância, possibilitando a investigação da possível cadeia de custódia da prova.[143]

---

141. Conforme afirma André Roque, seria possível até mesmo que o blockchain supere a ata notarial. Vide: ROQUE, André Vasconcelos. *A tecnologia blockchain como fonte de prova no processo civil.* Disponível em: https://www.notariado.org.br/artigo-a-tecnologia-blockchain-como-fonte-de-prova-no-processo-civil-por-andre-vasconcelos-roque/. Acesso em 24 jun. 2022.
142. LEONEL, Ricardo de Barros. Provas, meios eletrônicos e garantias constitucionais: reflexões iniciais. *In:* LUCON, Paulo Henrique dos Santos *et al. Direito, Processo e Tecnologia.* São Paulo: Revista dos Tribunais, 2022, edição eletrônica.
143. MIZIARA, Raphael. Novas tecnologias e direito probatório: aspectos atuais sobre provas digitais. *Consultor Jurídico*, 8 de maio de 2022. Disponível em: https://www.conjur.com.br/2022-mai-08/raphael-miziara-aspectos-provas-digitais#_ftn9. Acesso em 30 nov. 2022.

III.7 Inteligência Artificial e execução

O processo, enquanto palco democrático de discussão da demanda posta em Juízo, tem como propósito o alcance funcional da solução do litígio. Não se busca apenas o conhecimento, declaração, constituição e condenação do réu, requerido, pela via do procedimento disposto em Lei, mas, a satisfação daquele que é reconhecido como merecedor e detentor da tutela jurídica pela decisão judicial.

A referida tutela jurisdicional, portanto, é realizada pela integridade da satisfação do pleito limitado pelos interessados, ou seja, a entrega da resposta integral do mérito, incluída a atividade satisfativa, conforme observamos do artigo 4º do Código de Processo Civil. Não obstante, é a fase da execução e do cumprimento de sentença que funcionam como um dos maiores obstáculos à realização de tal tutela.

A satisfação dos direitos perpassa pelo mundo da realidade, por atos materiais que tenham a possibilidade de conferir àquele que é detentor de um título executivo tudo (e não menos do que isso) que esse reconhecimento o possibilita.

É nesse contexto que se pode afirmar, no atual estágio civilizatório e constitucional, não se faz possível imaginar que as atividades desempenhadas pelo Poder Judiciário possam ser realizadas de forma descontextualizada ou desestruturada, principalmente em um campo que busca conferir o bem da vida àquele que se consagrou vitorioso ou possua um título que detenha a exequibilidade suficiente para a sua satisfação.

Atos inúteis, desnecessários, insuficientes para o alcance do propósito de satisfação integral do mérito de uma demanda (o que, por certo, inclui a fase executiva) devem ser evitados, sob pena de violação do devido processo legal (garantia de que a jurisdição opera com a finalidade de tutelar os direitos fundamentais dos sujeitos envolvidos em um conflito). O uso virtuoso da tecnologia na fase executiva perpassa pelo conhecimento devido de sua realidade.

Tantas são as dificuldades judiciais para a recuperação do crédito que Projetos de Lei discutem se seria alcançada a efetividade executória por meio de um outro agente, externo ao Poder Judiciário, com Poderes para realizar atos próprios do Juiz, como a análise do título (judicial ou extrajudicial), bloqueios financeiros e penhoras.

O Projeto de Lei n. 6.204/2019 propõe a desjudicialização da execução para que o tabelião de protesto possa atuar como esse agente da execução. Não obstante, a fim de que tal se realize, parece imprescindível que consigamos, antes, unificar as plataformas do processo eletrônico, uma vez que tal agente precisará ter acesso a todos os elementos necessários para a promoção de suas atribuições.

O diálogo entre sistemas, a interoperabilidade ou a padronização de procedimentos se faz necessário. Afinal, o Projeto supracitado desafia, em alguma medida, a exemplo da necessária participação de um Juiz quando houver necessidade de aplicação de medidas coercitivas atípicas, artigo 20, o uso da mesma plataforma pelo agente de execução e o magistrado, a fim de que as questões possam ser resolvidas de forma célere.

No campo da Execução, o principal momento em que se instaura uma crise no procedimento é aquele que se relaciona à busca de bens disponíveis e passíveis de penhora.

Por vezes, o gargalo que se instaura demora dias, meses, seja pela inviabilidade de identificação de tais bens, ou, por determinações que não se demonstram cooperativas pelos sujeitos processuais, como exigir do requerente/exequente que promova o exaurimento de diligências extrajudiciais antes da solicitação de informações pelo Juízo por seus próprios sistemas como o INFOJUD (Sistema de Informações ao Judiciário).

A Corte Especial do Superior Tribunal de Justiça, em sede de recurso repetitivo, já decidiu que o sistema BACENJUD, agora denominado SISBAJUD – Sistema de Busca de Ativos do Poder Judiciário, prescinde do exaurimento de diligências extrajudiciais pelo Exequente, como se observa do Tema n. 425, em que foi Relator, à época, o Ministro Luiz Fux.

No campo tecnológico, o procedimento executório tem muito a ganhar com a incorporação de benefícios substanciais, como a Inteligência Artificial, para as mais diversas atividades.

Sob o ponto, Aluísio Mendes e Larissa Clare apresentam perspectivas para a efetividade, tais como a criação de um Cadastro Nacional de Bens (CNB), a reunião de processos contra o mesmo devedor em um mesmo Juízo, facilitando a dispersão de processos que contribuem para a demora de sua tramitação e o fortalecimento e reiteração das medidas executivas.[144]

Como já assentado, a existência de uma base de dados única, um cadastro, a nível nacional, à disposição do Poder Judiciário, integrado e interoperável com os mais diversos setores, fazenda pública, cartórios, DETRANS, poderia permitir uma maior efetividade à execução, inclusive com a interrelação com o CNIB (Cadastro Nacional de Indisponibilidade de Bens) e o SISBAJUD (sistema de envio de ordens judiciais de constrição de valores por via eletrônica), já existentes.

Salutares são as medidas como a reiteração no sistema SISBAJUD da emissão da ordem de penhora *on line*, quanto se fizerem necessárias, até o bloqueio do valor necessário para o seu cumprimento (a chamada "teimosinha").[145]

---

144. MENDES, Aluisio Gonçalves de Castro; POCHMANN DA SILVA, Larissa Clare. Breves considerações sobre desafios e perspectivas para a eficiência do cumprimento de sentença e do processo de execução no Brasil. *In*: BELLIZZE, Marco Aurélio *et.al*. Execução Civil: novas tendências. São Paulo: Foco, 2022, p. 71-76.

145. Substancial fonte de consulta sobre os meios de recuperação de créditos existentes (e os que ainda estão porvir), a partir do novo cenário de transformação e refundação do processo civil brasileiro, vale a observação da obra: NUNES, Dierle; ANDRADE, Tatiane Costa de. *Recuperação de créditos* – A Virada Tecnológica: A Serviço Da Execução Por Quantia

Automações e emprego de sistemas que envolvam Inteligência Artificial para a resolução de problemas específicos no campo da Execução já se demonstraram exitosos.

O campo da Execução Fiscal, por exemplo, sempre se revelou como um grande desafio, uma vez que se trata de procedimento em que, na maioria das vezes, já se buscou em uma fase preliminar, prévia, a satisfação do crédito pela via administrativa, com resultado infrutífero.

No Estado do Rio de Janeiro, as execuções fiscais permaneciam como uma das grandes dificuldades para o Tribunal de Justiça, uma vez que existiam no ano de 2019, mais de 6 milhões de casos não concluídos. Fábio Ribeiro Porto, Juiz de Direito do referido Tribunal, ofertou interessante estudo à comunidade acadêmica: analisou o impacto da Inteligência Artificial nos processos de Executivo Fiscal que, segundo a publicação do CNJ, "Justiça em Números", se destaca pelo impacto negativo no alto volume processual e alta taxa de congestionamento[146]. Assim, foi desenvolvido o sistema Victoria que automatizou o trâmite processual de tais ações de massa, a partir da chamada *PoC – Proof of Concept*, usada como aplicação de Inteligência Artificial.

Outro caso, no campo da Recuperação de Créditos, que merece ser mencionado, é aquele que tratou do processo de recuperação judicial da empresa OI S/A. A resolução tomada nesse caso indica que a jurisdição e as instituições convencionais, por vezes, não conseguem responder aos questionamentos e complexidades contemporâneas, devendo-se pensar as litigâncias de forma diversificada, no que a tecnologia tem muito a contribuir. Afinal, a hipótese envolvia alto volume de recursos financeiros e mais de 65.000 credores.

Restou necessário realizar adaptações procedimentais, com a introdução no processo de uma etapa informatizada inteligente prévia de solução consensual (*on line dispute resolution*) que acabou permitindo o acesso ao processo judicial dos diversos interessados, suas habilitações, negociações e satisfação dos seus créditos de forma efetiva, demonstrando-nos que as formas de abordagem dos conflitos merecem ser repensadas.[147]

O investimento em plataformas digitais e a implementação de instrumentos tecnológicos, a fim de cumprir as determinações de efetividade, devem ser

---

Certa – Teoria E Prática. *E-book*, disponível em: https://experteditora.com.br/recuperacao-de-creditos-a-virada-tecnologica/. Acesso em 29 nov. 2022.

146. Basta verificar os relatórios que se encontram disponíveis, na Internet em: https://www.cnj.jus.br/pesquisas-judiciarias/cnj-em-numeros/. Acesso em: 30 nov.2022.

147. CURY, Cesar. Um modelo transdisciplinar de solução de conflitos: Direito e tecnologia no processo de recuperação judicial no *leading case* OI S/A. In: NUNES, Dierle; LUCON, Paulo Henrique dos Santos; WOLKART, Erik Navarro. *Inteligência artificial e direito processual*: os impactos da virada tecnológica no direito processual. Salvador: JusPodivm, 2020, p. 83-104.

fomentadas, mas sem descuidar dos direitos que o executado possui de exercer as faculdades que lhe são oportunizadas por Lei, a depender do tipo de execução que se trata, embargos à execução (se o título for extrajudicial, com o elenco de alegações de defesa maior) ou a impugnação ao cumprimento de sentença (título judicial).

Nesse aspecto, mais uma vez, desafia-se aqueles que buscam a introdução de técnicas digitais o balanço entre a efetividade/satisfação integral dos direitos do credor e a não abusividade dos meios executórios em relação ao executado/devedor.

III.8 Inteligência Artificial e procedimentos especiais

III.8.1 Inteligência Artificial e execução fiscal

III.8.1.1 Panorama da execução fiscal e o delineamento de sua crise

Há algum tempo, a execução fiscal revela uma verdadeira crise de efetividade, sendo invariavelmente tormentosa a recuperação do crédito público.

Como fatores determinantes da deficiência estrutural do executivo fiscal, costuma-se apontar a dificuldade de localização de bens dos devedores e a própria morosidade do próprio processo executivo[148].

Diante desse cenário, a União, os Estados, o Distrito Federal e os Municípios já se valem de outras vias de cobrança, tal como o protesto. Paralelamente, há uma expansão no uso de meios adequados de resolução de conflitos[149], com o objetivo maximizar a arrecadação, na linha da iniciativa implementada pela União, por meio da Lei 13.988, de 14 de abril de 2020, cujos termos estabelecem amplos incentivos à transação.

Por sua vez, a Inteligência Artificial tem se sobressaído não apenas como um fator de promoção de maior eficiência à prestação jurisdicional, mas também como um meio de esquadrinhamento de um novo *design* de resolução de disputas.

---

148. "Historicamente as execuções fiscais têm sido apontadas como o principal fator de morosidade do Poder Judiciário. O executivo fiscal chega a juízo depois que as tentativas de recuperação do crédito tributário se frustraram na via administrativa, provocando sua inscrição na dívida ativa. Dessa forma, o processo judicial acaba por repetir etapas e providências de localização do devedor ou patrimônio capaz de satisfazer o crédito tributário já adotadas, sem sucesso, pela administração fazendária ou pelo conselho de fiscalização profissional. Desse modo, acabam chegando ao Judiciário títulos de dívidas antigas e, por consequência, com menor probabilidade de recuperação." (Justiça em Números 2020/ Conselho Nacional de Justiça – Brasília: CNJ, 2020.)

149. Sobre o tema, Humberto Dalla e Marcelo Mazzola destacam que: "Nesse contexto, sobretudo à luz do conceito moderno de acesso à justiça, o princípio da inafastabilidade da jurisdição deve ser ressignificado, não ficando limitado ao acesso ao Judiciário, mas se estendendo, também, às possibilidades de solucionar conflitos no âmbito privado". (PINHO, Humberto Dalla Bernardina; MAZZOLA, Marcelo. *Manual de mediação e arbitragem*. São Paulo: Saraiva, 2019, p. 63.)

Assim, em um contexto disruptivo e com o auxílio da tecnologia, é possível transformar a execução fiscal em um meio mais efetivo para a recuperação do crédito público[150].

É preciso considerar que é comum a afirmação de que há uma crise numérica de processos, no âmbito do sistema de justiça brasileiro. É o ponto de partida de qualquer discussão ligada aos potenciais caminhos de busca pela efetividade da tutela jurisdicional. Não há como ignorar que os mais de setenta e sete milhões de feitos em tramitação impedem que se dê concretude à garantia constitucional da duração razoável do processo.

Como se sabe, os processos de execução fiscal representam, aproximadamente, 36% do total de casos a serem julgados e 68% das execuções pendentes no Poder Judiciário, com taxa de congestionamento de 87%. Ou seja, de cada cem processos de execução fiscal que tramitaram no ano de 2020, apenas 13 foram baixados.[151]

Ademais, o tempo médio de tramitação de uma execução fiscal é de oito anos, sendo certo que parcela substancial das execuções é extinta pela não localização de bens do devedor ou pelo reconhecimento da prescrição. Outros gargalos também se sobressaem, destacando-se a dificuldade de se realizar a citação (apenas 3/5 das execuções fiscais ultrapassam a etapa de citação[152]).

Sob outro prisma, pesquisa desenvolvida pelo Instituto de Pesquisa Econômica Aplicada – IPEA em parceria com o Conselho Nacional de Justiça – CNJ revela que o custo médio total de um processo de execução fiscal é de R$ 4.685,39[153] (quatro mil, seiscentos e oitenta e cinco reais e trinta e nove centavos).

A constatação evidencia que, em alguns casos, o valor executado é inferior ao montante despendido para viabilizar a continuidade do executivo fiscal, o que viola a própria lógica econômica da litigância.

Não é difícil perceber, portanto, que o modelo em operação está ultrapassado, o que justifica a busca por novas alterativas capazes de tornar a execução fiscal um instrumento mais eficaz de recuperação do crédito público.

Um primeiro passo para a superação dessa crise envolve a mudança de perspectiva do papel da Advocacia Pública quando da seleção das execuções a serem

---

150. BARBOSA, Caroline Vargas; Debora Bonat. A tecnologia em prol da efetividade e do acesso à justiça: um diagnóstico da execução fiscal no Brasil e da utilização da tecnologia nas execuções fiscais. *In*: PEIXOTO, Fabiano Hartmann. *Inteligência artificial: estudos de inteligência artificial.* Vol. 4. Curitiba: Alteridade, 2021, p. 239.
151. BRASIL. Conselho Nacional de Justiça. *Justiça em números 2021.* Brasília, CNJ, 2021, p. 176.
152. BRASIL. Instituto de Pesquisa Econômica Aplicada. *Custo Unitário do Processo de Execução Fiscal na Justiça Federal.* Brasília, 2011. p. 33. Disponível em: http://repositorio.ipea.gov.br/bitstream/11058/7862/1/RP_Custo_2012.pdf. Acesso em 29 nov.2022.
153. BRASIL. Instituto de Pesquisa Econômica Aplicada. *Custo Unitário do Processo de Execução Fiscal na Justiça Federal.* Brasília, 2011. p. 25. Disponível em: http://repositorio.ipea.gov.br/bitstream/11058/7862/1/RP_Custo_2012.pdf. Acesso em 30 nov. 2022.

propostas. Nesse sentido, é indispensável que sejam utilizadas ferramentas tecnológicas de inteligência fiscal capazes de auxiliar na análise preditiva quanto ao grau de recuperabilidade do valor devido.

A Procuradoria Geral da Fazenda Nacional – PGFN, por exemplo, implantou o sistema de Rating da Dívida Ativa e Ajuizamento Seletivo de Execuções Fiscais[154], por meio do qual consegue classificar, por de técnicas de mineração, análise de dados e regressão linear múltipla, os devedores em quatro grupos (A a D), de acordo com o maior índice de recuperação do crédito fazendário. Isso evita o ajuizamento de execuções fiscais infrutíferas, que apenas contribuiriam para o aumento do número de processos e para a maior morosidade do Poder Judiciário.

O exemplo da PGFN deve ser seguido pelos demais órgãos da Advocacia Pública, na medida em que tal paradigma tecnológico possibilita uma ampliação do fluxo arrecadatório, além de uma diminuição de recursos alocados para o aparelhamento da máquina administrativa.

Trata-se, na espécie, de verdadeira análise econômica[155] a ser operacionalizada pela Administração Pública.

De um modo geral, a análise econômica do Direito pode ser concebida como o estudo dirigido das instituições jurídicas, sob o prisma das bases econômicas, com o escopo de ampliar a eficiência do sistema normativo. Utiliza-se essa metodologia para buscar compreender o processo de escolha dos indivíduos ou da coletividade, dentro de perspectivas racionais e que tendem, em regra, a seguir um padrão comum.

Richard Posner propugna que o pressuposto fundamental da economia, o qual orienta a análise econômica do Direito, é o de que todas as pessoas são maximizadoras racionais de suas satisfações, de tal sorte que as escolhas são direcionadas àquilo que melhor se conforma às necessidades erigidas, em um ponto considerado ótimo[156]. Reforça-se, assim, a ideia de que a ciência econômica também serve à verificação dos comportamentos não mercadológicos, assim como já elucidava Jeremy Bentham, nos idos do século XVIII. Portanto, o processo decisório é tomado por incentivos e restrições, os quais nem sempre são providos de expressão monetária[157].

Dessa forma, nas implementações resolutivas, devem ser avaliados os custos inerentes ao processo de escolha, pois, quando alguém opta por algo, deixa de lado outras possibilidades, caracterizando o que se convencionou chamar de custo de

---

154. Disponível em: https://www.serpro.gov.br/menu/noticias/noticias-2020/solucao-serpro-aprimora-justica?utm_source=facebook&utm_medium=social&utm_campaign=pgfn&utm_content=20201207--materia-solucao-rating. Acesso em: 30 nov.2022.
155. FUX, Luiz; BODART, Bruno. *Processo civil e análise econômica*. Rio de Janeiro: Forense, 2019.
156. POSNER, Richard. *Problemas de filosofia do direito*. Traduzido por Jefferson Luiz Camargo. Martins Fontes. São Paulo, 2007, p. 473.
157. POSNER, Richard. *A economia da justiça*. Traduzido por Evandro Ferreira e Silva. Martins Fontes. São Paulo, 2007, p. XII.

oportunidade. Dessa feita, como o indivíduo busca otimizar os seus resultados, a escolha há que refletir a melhor via de implementação de seu bem-estar. Essas e outras premissas auxiliam na compreensão do comportamento humano, assegurando a adequada fixação dos padrões e das escolhas diuturnas da Administração Pública[158].

Por outro lado, a notória crise da execução fiscal brasileira também tem estimulado um movimento de desjudicialização[159], nos moldes do que já ocorre em outros países como Portugal.

Nesse particular, já existem três projetos de lei em tramitação no Congresso Nacional (Projeto de Lei nº 2.412/2007, Projeto de Lei nº 5.080/2009 e o Projeto de Lei nº 4.257/2019), cujos termos buscam implementar uma verdadeira execução fiscal administrativa[160].

O Projeto de Lei 4.257/2019, por exemplo, objetiva atribuir à Fazenda Pública a cobrança do crédito público (em relação à contribuição de melhoria, ao imposto territorial rural, ao imposto sobre propriedade de veículos automotores e ao imposto sobre propriedade predial e territorial urbana), sem necessidade de intervenção judicial.

Vale pontuar que, em conformidade com os prospectos de enunciados normativos, a execução fiscal administrativa constitui uma faculdade atribuída ao Poder Público, sem que lhe seja vedado o acesso às vias judiciais, quando pertinente[161]. A medida é salutar, pois afasta os entraves burocráticos decorrentes da execução fiscal, permitindo que o próprio ente público possa proceder à penhora dos bens suficientes ao pagamento integral do débito.

A proposta, no entanto, é por demais tímida, na medida em que restringe o uso da execução fiscal administrativa aos tributos reais, não abarcando, por exemplo, o ICMS, que constitui a principal fonte de receita dos Estados.

---

158. Em linha de convergência, vale transcrever o teor do art. 20 da Lei de Introdução às Normas do Direito Brasileiro: Art. 20. Nas esferas administrativa, controladora e judicial, não se decidirá com base em valores jurídicos abstratos sem que sejam consideradas as consequências práticas da decisão.
159. FARIA, Marcio Carvalho. Primeiras impressões sobre o projeto de lei 6.204/2019: críticas e sugestões acerca da tentativa de se desjudicializar a execução civil brasileira (parte um). *Revista de Processo*. São Paulo: Revista dos Tribunais, nº 313, Mar/2021, p. 393-414.
160. HILL, Flávia Pereira. *Lições do isolamento*: reflexões sobre direito processual em tempos de pandemia. Niterói-RJ: 2020, p. 107.
161. O PL 4.257/2019 prevê a inclusão do art. 41-A, na Lei de Execuções Fiscais (Lei 6.830/80), nos seguintes termos: "Art. 41-A. Para proceder à cobrança da dívida ativa de tributos instituídos com fundamento nos arts. 145, III, 153, VI, 155, III, e 156, I, da Constituição Federal, além taxas devidas em função da propriedade, do usufruto ou da posse de bem imóvel passível de alienação ou em razão da propriedade de veículo, a Fazenda Pública pode optar pela execução extrajudicial, na forma dos arts. 31 a 38 do Decreto-Lei nº 70, de 21 de novembro de 1966, observadas as regras específicas definidas nesta Lei."

O referido projeto de lei prevê, ainda, a possibilidade de o Poder Público utilizar a arbitragem nas discussões de ordem tributária, para fins de análise dos embargos à execução fiscal apresentados, quando o executado garante o juízo.

Por fim, é preciso pontuar que a PGFN, por meio da Portaria nº 33/2018, já promoveu, de certa forma, a desjudicialização da cobrança dos seus créditos, pois instituiu um procedimento de averbação pré-executória, nos seguintes termos:

> Art. 21. A averbação pré-executória é o ato pelo qual se anota nos órgãos de registros de bens e direitos sujeitos a arresto ou penhora, para o conhecimento de terceiros, a existência de débito inscrito em dívida ativa da União, visando prevenir a fraude à execução de que tratam os artigos 185 da Lei nº 5.172, de 25 de outubro de 1996 (Código Tributário Nacional) e 792 da Lei nº 13.105, de 16 de março de 2015.

Busca-se, dessa forma, independentemente das controvérsias já suscitadas[162], um instrumento para viabilizar a satisfação do crédito na seara extrajudicial, evitando-se a propositura de múltiplas execuções fiscais.

III.8.1.2 Redesenho da execução fiscal, com base nos sistemas de inteligência artificial

O âmbito executivo é fértil para a aplicação de ferramentas de inteligência artificial, uma vez que há um conjunto de atos repetitivos que muitas vezes seguem um padrão. Sobre o tema, assinala Jordi Nieva Fenoll[163]:

---

162. Em sentido contrário às iniciativas de desjudicialização da execução fiscal, pronuncia-se Leonardo Greco: "Creio que uma mais intensa desjudicialização não foi cogitada, como gostariam alguns pregoeiros da execução administrativa, não só pela resistência oposta ao longo de décadas pela jurisprudência do Supremo Tribunal Federal à legitimação, pelo princípio da auto-executoriedade dos atos administrativos, da prática pela Administração de atos coativos de invasão da liberdade pessoal ou patrimonial do devedor, mas também pela ausência de confiança de que a Administração Pública no Brasil seja capaz de implantar um sistema de fiscalização e apuração de débitos fiscais dotado da necessária impessoalidade e capaz de assegurar aos contribuintes e responsáveis, perante ela própria, o contraditório e a ampla defesa previstos constitucionalmente (artigo 5º, inciso LV), e, mais do que isso, um julgamento justo.

    Enquanto a administração tributária brasileira continuar a inspirar-se mais no princípio da mais rigorosa obediência hierárquica do que no da legalidade, a única esperança de preservação das liberdades e dos direitos fundamentais dos cidadãos continuará a ser o Poder Judiciário, devendo ser repudiadas todas as tentativas de imposição aos contribuintes de atos coativos pela Administração Pública." (GRECO, Leonardo. As garantias fundamentais do processo na execução fiscal. In LOPES, João Batista. CUNHA, Leonardo José Carneiro da (coords). *Execução Civil* (aspectos polêmicos). São Paulo: Dialética, 2005, p. 251.)

163. FENOLL, Jordi Nieva. *Inteligencia artificial y proceso judicial*. Madrid: Marcial Pons, 2018, p. 39.

Otro campo en el que la inteligencia artificial debería entrar decididamente es en la fase de ejecución de las condenas pecuniarias sobre todo. Se trata de un periodo bastante previsible cuyo cometido, como es sabido, es la localización y realización del patrimonio del ejecutado. Es decir, una actividad eminentemente administrativa o de gestión, sin descartar los puntuales pronunciamientos jurisdiccionales que debe contener en ocasiones.

Nesse particular, algumas ferramentas já foram desenvolvidas, no âmbito do Poder Judiciário, cujos resultados promoveram verdadeira racionalização no fluxo procedimental do executivo fiscal.

O Tribunal de Justiça do Estado de Pernambuco, por exemplo, desenvolveu a ferramenta ELIS, a qual promove verdadeira triagem das execuções fiscais. Na prática, é possível identificar casos de prescrição, situações de erros nas Certidões de Dívida Ativa, bem como mapeamento de incompetência. Desse modo, o filtro tecnológico da inteligência artificial presta valoroso suporte à atividade jurisdicional, reduzindo substancialmente horas de trabalho dos servidores vinculados às varas de execução fiscal.

De acordo com a equipe de desenvolvedores: "enquanto a triagem manual de 70 mil processos leva em média um ano e meio, a ELIS analisa pouco mais de 80 mil em 15 dias."[164] Para além da triagem, a ELIS ainda viabiliza a sugestão de eventuais pronunciamentos, que podem ser validados pelo órgão jurisdicional. Tem-se, portanto, um ganho exponencial na tramitação das execuções fiscais, possibilitando a redução do seu tempo médio de duração.

Diante do sucesso do sistema ELIS, a ferramenta foi disponibilizada, por meio da plataforma SINAPSES do CNJ, para uso pelos demais Tribunais do país.

Outro caso emblemático relacionado à aplicação de inteligência artificial na execução fiscal é o da ferramenta LEIA (*Legal Intelligent Advisor*), desenvolvida pela sociedade empresária SOFTPLAN para o Tribunal de Justiça do Estado do Amazonas. O sistema possibilita a automação da consulta, do bloqueio e do desbloqueio de bens nas plataformas eletrônicas SISBAJUD, RENAJUD e INFOJUD. Evita-se, assim, a realização de inúmeros atos despiciendos que retardam a execução fiscal e impedem a constrição patrimonial efetiva.

Por vezes, soluções alheias ao uso de inteligência artificial também têm produzido importantes resultados para o redesenho procedimental da execução fiscal. Basta lembrar o exemplo do sistema POTI, do Tribunal de Justiça do Estado do Rio Grande do Norte, que, assim como a LEIA, realiza automaticamente a busca e o bloqueio de valores em contas bancárias em ações de execução fiscal e transfere a quantia bloqueada para as contas oficiais indicadas no processo[165].

---

164. Disponível em: https://www.tjpe.jus.br/-/tjpe-disponibiliza-ferramenta-de-inteligencia-artificial-para-execucao-fiscal-em-programa-de-formacao-do-cnj. Acesso em 29 nov. 2022.
165. Disponível em: https://www.cnj.jus.br/ferramenta-estimula-colaboracao-no-judiciario/. Acesso em 24 nov. 2022.

Iniciativas dessa natureza iniciativas não têm partido apenas do Poder Judiciário, mas também dos órgãos da Advocacia Pública, que têm envidado esforços para racionalizar e impulsionar os executivos fiscais e, consequentemente, aumentar a arrecadação.

Por exemplo, a Procuradoria-Geral do Distrito Federal, por meio da Fundação de Amparo à Pesquisa do Distrito Federal, está construindo um projeto estratégico de inteligência artificial voltado à otimização das execuções fiscais, no qual se busca arquitetar ferramentas para automatizar atividades repetitivas[166]:

> De modo geral, 70% (setenta por cento) das intimações diárias para o DF estão relacionadas a atividades mecânicas e repetitiva, a exemplo da apresentação de novo endereço para citação, justificativa de modalidade de citação, apresentação de bens à penhora, pedido de suspensão da execução em virtude de parcelamento, extinção da ação pelo pagamento, ciência de decisão que suspende o processo pelo parcelamento e ciência de sentença pelo pagamento dos débitos[167].

Como se vê, as novas tecnologias, aliadas à mudança de comportamento do Fisco, podem contribuir para desidratar os principais entraves da execução fiscal (a localização do devedor e a busca de bens passíveis de penhora).

Poder-se-ia cogitar, ainda, o desenvolvimento de uma plataforma que controlasse, automaticamente, todos os passos até o reconhecimento de eventual prescrição intercorrente[168]. Com efeito, as teses 566 e 567 firmadas pelo STJ e relacionadas à execução fiscal demandam uma solução tecnológica, para fins de controle do trâmite procedimental:

> Tese 566: O prazo de 1 (um) ano de suspensão do processo e do respectivo prazo prescricional previsto no art. 40, §§ 1º e 2º da Lei n. 6.830/80 – LEF tem início automaticamente na data da ciência da Fazenda Pública a respeito da não localização do devedor ou da inexistência de bens penhoráveis no endereço fornecido, havendo, sem prejuízo dessa contagem automática, o dever de o magistrado declarar ter ocorrido a suspensão da execução.
>
> Tese 567: Havendo ou não petição da Fazenda Pública e havendo ou não pronunciamento judicial nesse sentido, findo o prazo de 1 (um) ano de suspensão inicia-se automaticamente o prazo prescricional aplicável.

Considerando que o prazo de 1 (um) ano de suspensão do processo flui automaticamente, a partir da ciência da não localização do devedor ou da inexistência de bens penhoráveis, seria salutar que uma ferramenta de inteligência artificial (fundada no uso de linguagem natural) promovesse a leitura da comunicação

---

166. Disponível em: http://www.pg.df.gov.br/inteligenciaartificial/. Acesso em 30 nov. 2022.
167. http://www.pg.df.gov.br/wp-conteudo/uploads/2020/06/IAExecucaoFiscal_Cenarios.pdf. Acesso em 30 nov. 2022.
168. RODRIGUES, Marco Antonio. *Curso de processo administrativo e judicial tributário*. Salvador: JusPodivm, 2021, p. 223.

processual e, ato contínuo, já deflagrasse a contagem do período suspensivo, com a inclusão de um temporizador. Tal medida também poderia ser implementada para o cômputo do prazo da prescrição intercorrente.

O sistema computacional acima sugerido permitiria uma melhor gestão das execuções fiscais, estimulando a busca por meios mais eficientes de localização do devedor e/ou de eventuais bens, bem como peticionamentos de desistência do executivo fiscal, caso seja inconteste a infrutuosidade da cobrança judicial.

Não há dúvidas de que ferramentas de inteligência artificial podem ressignificar o panorama das execuções fiscais, promovendo, de um lado, a redução dos custos operacionais e o tempo de tramitação das demandas, e, de outro, o maior incremento arrecadatório.

Estamos cientes de que o momento é de transformação. As novas tecnologias ampliam o leque de possibilidades, rompem as barreiras geográficas e criam novos paradigmas.

Especificamente no campo da execução fiscal, em suma, o uso da inteligência artificial pode contribuir para reduzir o tempo de tramitação das demandas e os custos operacionais, bem como controlar prazos prescricionais e aprimorar o desempenho arrecadatório. Sob outro prisma, é possível pensar na própria desjudicialização da execução fiscal, com o auxílio de sistemas computacionais capazes de garantir maior eficiência aos atos repetitivos, sem descurar das garantias fundamentais. Essa nova rota, obviamente, seria pavimentada com o tempo.

III.8.2 Inteligência Artificial e procedimentos de falência e recuperação judicial

Poderíamos antever diversas aplicações de Inteligência Artificial para procedimentos específicos, especiais.

A possível aplicação de Inteligência Artificial em diversos campos, entre eles, o auxílio ao Magistrado na elaboração do relatório do processo, filtrando as etapas relevantes, sintetizando-as, bem como na avaliação da jurisprudência aplicada ao caso para fins de realização de minutas de despachos, decisões e sentenças, é uma realidade.

Um caso de aplicação merece registro, considerando a sua exitosa solução de criação: sistema de resolução de problema específico no âmbito da recuperação judicial da empresa de telefonia "Oi".

No Estado do Rio de Janeiro, promoveu-se um modelo transdisciplinar de solução de conflitos para o processo de recuperação judicial da empresa OI S/A em que a resolução tomada indicou que a jurisdição e as instituições convencionais, por vezes, não conseguem responder aos questionamentos e complexidades contemporâneas, devendo-se pensar as litigâncias de forma diversificada.

A hipótese envolvia alto volume de recursos financeiros e mais de 65.000 credores. Restou necessário realizar adaptações procedimentais, com a introdução no processo de uma etapa informatizada inteligente prévia de solução consensual (*online dispute resolution*) que acabou permitindo o acesso ao processo judicial dos diversos interessados, suas habilitações, negociações e satisfação dos seus créditos de forma efetiva, demonstrando-nos que, na pós-modernidade, as formas de abordagem dos conflitos merecem ser repensadas.[169]

Diante de um cenário de adequação procedimental pela tecnologia, fomentam-se novas formas de solução dos conflitos pela criação de uma fase prévia tecnológica de conciliação e mediação (respeitados os artigos 194, 198 e 199 do CPC).

Mudanças promovidas na Lei de Recuperação Judicial e Falências (LRJF) pela Lei n. 14.112, de 24 de dezembro de 2020, autorizaram o funcionamento paralelo *online* e físico na seara processual, como se pode observar dos atuais artigos 20-A, B, C e D da Lei 11.101, de 09 de fevereiro de 2005 (LRJF).

Conjuntamente com a permissão da Resolução n. 358, de 02 de dezembro de 2020, do Conselho Nacional de Justiça (CNJ), que possui normatividade processual por aplicação, igualmente, do artigo 196 do CPC, far-se-á possível a criação de soluções tecnológicas para a resolução de conflitos pelo Poder Judiciário por meio da conciliação e mediação, neste âmbito, de forma a auxiliar na automatização da análise de documentos, habilitação dos credores, entre outras funcionalidades.

Tal implemento é desejável, a fim de refundar velhos problemas, com uma nova roupagem, célere, eficiente, sem descurar dos direitos dos interessados (credores e devedores no procedimento especial específico da recuperação de crédito).

III.9 Inteligência Artificial e meios adequados à resolução de conflitos

Há muito que observamos que o modelo adjudicatório não é o único para a resolução de conflitos.[170] Os debates a respeito do acesso à Justiça se desenvolvem há décadas. Em 1970, o Projeto Florença de Acesso à Justiça, organizado por Cappelletti e Garth[171], demonstrou que se faz necessário observar o fenômeno na ordem global, enquanto princípio fundamental ao funcionamento do próprio Estado de Direito.

Com efeito, são conhecidas as chamadas "ondas renovatórias" de fortalecimento do papel do Poder Judiciário: a primeira relacionada a resguardar a assistência

---

169. Maiores informações sobre como foi realizado o projeto podem ser estudadas em: CURY, Cesar. Um modelo transdisciplinar de solução de conflitos: Direito e tecnologia no processo de recuperação judicial no *leading case* OI S/A. *In*: NUNES, Dierle; LUCON, Paulo Henrique dos Santos; WOLKART, Erik Navarro. *Inteligência artificial e direito processual*: os impactos da virada tecnológica no direito processual. Salvador: JusPodivm, 2020, p. 83-104.
170. FISS, Owen; RESNIK, Judith. *Adjudication ant its Alternatives:* An introduction to procedure. New York: Foundation Press, 2003.
171. Em nosso País, ficou conhecido parte do estudo realizado pelo Projeto de Florença, pela seguinte obra: CAPPELLETTI, Mauro; GARTH, Bryan. *Acesso à Justiça*. Trad. Ellen Gracie Northfleet. Porto Alegre: Fabris Editora, 1988.

jurídica integral e gratuita; a segunda a proteção dos direitos difusos e coletivos, e, a terceira, a simplificação de procedimentos e o incentivo a mecanismos privados ou informais de resolução de conflitos (ADR's). Essa última onda, em grande parte, foi uma das principais razões para o movimento reformista processual brasileiro.

O fomento ao acesso à justiça permite que os cidadãos recorram aos Tribunais não apenas para obter uma resposta para uma controvérsia, mas, principalmente, efetivar direitos, sejam eles civis, sociais ou coletivos. Promove-se a abertura a novos tipos de litigiosidade que tornam o conceito clássico de Jurisdição insuficiente, por envolverem a busca do direito de minorias, em atuação contramajoritária, ampliando a sua função garantística.

Em 2010, a Resolução n. 125 do Conselho Nacional de Justiça, estabelecia diretrizes para a instituição da Política Judiciária Nacional de tratamento adequado dos conflitos de interesses, pela via multiportas, valorizando e estimulando métodos consensuais, em qualquer fase do processo e para além dele.

A tendência para o redirecionamento de procedimentos, aliás, já advinha da reforma do judiciário, promovida pela Emenda Constitucional n. 45, de 2004.

É possível perceber, igualmente, que o CPC/15 fomenta a solução jurisdicional do conflito (e não apenas judicial), pela via consensual (§ 2º do artigo 3º, arts. 165 a 175, 190 e 334) inclusive inserindo como título executivo extrajudicial o instrumento de transação referendado por conciliador ou mediador credenciado por tribunal (artigo 784, IV).

Não obstante, importante que se pontue que o Poder Judiciário, como grande catalisador das demandas sociais, acabou por absorver demandas complexas (litigâncias de interesse público, políticas públicas, estruturantes) que não devem ter, no Juiz, o seu protagonismo, razão pela qual a importância de se defender uma solução comparticipada democrática no processo.

Em nosso País sofremos um paradoxo, como aponta o Ministro Luiz Fux, pois, ao mesmo tempo em que lutamos para que haja o acesso à Justiça, sua facilitação ampla erodiu a eficiência do sistema como um todo, ocasionando o abarrotamento de processos, ações e recursos.[172]

Outrossim, e em complemento, a abertura axiológica da Constituição da República de 1988 conduz a uma forma de interpretação criativa das normas jurídicas, alargada pela utilização de técnicas de ponderação e argumentação, bem como o fortalecimento da competência do Judiciário para invalidar atos legislativos, controlar as funções e políticas públicas e exercer o amplo controle de constitucionalidade das Leis e atos normativos. Tal quadro conduz à possibilidade de que dispositivos legais e constitucionais sejam interpretados e aplicados das

---

172. FUX, Luiz. Juízo 100% digital e a vocação da moderna atividade jurisdicional. *In*: FUX, Luiz; ÁVILA, Henrique; CABRAL, Trícia Navarro Xavier (coords.). *Tecnologia e Justiça Multiportas*. São Paulo: Foco, 2021, p. 4.

mais variadas formas por diferentes Juízes e Tribunais, o que é uma possibilidade natural do sistema.

Na sociedade atual, uma das preocupações do Poder Judiciário é, portanto, garantir segurança e previsibilidade às decisões, além de gerir um sistema que seja viável, com julgamentos otimizados e resultados seguros a casos presente e futuros.

Ocorre que tal não tem como se dar, no mundo fático, sem que deixemos de observar as disputas como um problema, algo que se pretende extirpar, extinguir do sistema ou campo social. Tal, aliás, é inviável, uma vez que as sociedades contemporâneas se revelam como hipercomplexas, onde o dissenso faz parte até mesmo do eixo constitucional democrático.

Pensar diferente, ter interesses diversos, é algo que faz parte do espaço público e privado. Liberdades são reveladoras de um momento de republicanismo democrático. Não devemos pensar que o "problema" é a diversidade do pensamento e da expressão da consciência.

São tais premissas que nos levam a observar os sujeitos, suas necessidades, suas perspectivas. Em um País como o nosso, em que há uma grande parcela de pessoas analfabetas funcionais, não se revela democrática a transmissão de informações jurídicas pelos meios tradicionais, documentos extensos e de difícil compreensão, sem a observação da realidade daqueles que os leem.

As disputas e os litígios devem ser tratados com a devida adequação e, sob o olhar do usuário do sistema de solução. Devemos melhorar tanto a jurisdição como os meios existentes de justiça multiportas ou, até mesmo, ofertar protótipos de *designs* consentâneos, portanto.

Refundar os espaços a partir de um ambiente democrático é algo que devemos, cada vez mais, incluir na pauta de debate, até mesmo porque o artigo 3º do CPC, referindo-se à apreciação de disputas, remete ao caráter jurisdicional para a sua resolução, ou seja, vai além do Poder Judiciário, permitindo novos modos de composição.

Câmaras de arbitragem, conciliação, mediação, juizados cíveis especializados, ferramentas tecnológicas de composição, *chatbots*, algumas técnicas que possibilitam a solução de conflitos no âmbito privado vêm sendo tomados como alternativas à jurisdição, crescendo movimentos que propugnam, inclusive, pela desjudicialização de alguns tipos de conflitos, como os relativos às execuções.

Embora a via judicial não deva ser tomada como única solução, é preciso sempre estar atento às garantias e direitos fundamentais dos envolvidos no litígio, a fim de que uns sejam privilegiados em detrimento de outros.

É preciso que a qualidade da atividade jurisdicional conduza, primeiramente, o cidadão (e os profissionais do Direito) a compreender melhor os instrumentos que estão à sua disposição, bem como viabilize um tratamento adequado a cada tipo de litígio que seja apresentado para a composição.

Ademais, o grau de concretização dos direitos fundamentais deve ser o mesmo, no ambiente judicializado ou não, analógico ou digital, observando-se, por certo, as restrições que cada meio apresenta. Exatamente por essas distinções, é necessário oportunizar àquele que se sentir lesado, ou ameaçado de sofrer uma lesão, que se socorra da eventual judicialização da matéria, enquanto exercício de controle (idealmente final) do Poder Judiciário.

As novas tecnologias podem funcionar como elemento de auxílio para o acesso à Justiça. Um dos passos importantes para tal é reconhecer a institucionalização da inovação consciente e responsável, transparente e dotada de *accountability* enquanto alternativa viável, uma vez que a assimetria informacional entre os litigantes é uma das grandes preocupações nos modelos que despontam o horizonte virtual, como já acentuado.[173]

Para reduzir as assimetrias e desigualdades, a IDEO (Tim Brown), uma das principais empresas relacionadas ao *design thinking* no mundo, e que oferta metodologias para a criação de sistemas pensados para os destinatários finais (considerando-os), nos coloca reflexões importantes, aqui sintetizadas.

Devemos, sob essa perspectiva:

a) observar o problema que queremos solucionar;
b) identificá-lo, com clareza, a partir da visão do usuário sobre uma possível solução;
c) realizar protótipos que considere tais possíveis soluções imagináveis por aqueles que serão atingidos pelo modelo;
d) efetivar testes e experimentos a fim de verificar o *feedback* dos usuários e se as soluções inicialmente pensadas se coadunam com as necessidades reais, podendo o resultado ser utilizado até mesmo para a criação de políticas públicas adequadas.[174]

Com efeito, a avaliação dos referidos cenários indica que é necessário fomentar políticas públicas para a identificação das realidades contextuais político-econômico-sociais diversificadas, de modo que a referida assimetria informacional não se revele como uma violação ao acesso à justiça àqueles menos favorecidos socialmente.

Não queremos formar elites técnicas que se apropriam do esforço coletivo de construção dos conhecimentos para si próprios, sem compartilhamentos ou intersubjetividades, e, muito menos, analfabetos digitais passíveis de todo o tipo de manipulação. Esse é um dos maiores desafios tecnológicos da contemporaneidade, quando pensamos na junção tecnologia x métodos alternativos de resolução de conflitos ou modelo multiportas.

---

173. SUSSKIND, Richard. *On line courts and the future of justice*. New York: Oxford Press, 2019.
174. BROWN, Tim. *Design Thinking*: uma metodologia poderosa para decretar o fim das velhas ideias. Tradução de Cristina Yamagami. Rio de Janeiro: Alta Books, 2020, p. 97-138.

É nesse sentido que apontamos que o Direito, enquanto elemento inserido na sociedade, serve-se da linguagem, e, assim, sua construção e aplicação ocorrem a partir de uma prática argumentativa.

Sob esse mote, novos métodos de customização de litígios, *designs* centrados no ser humano, a possibilidade de popularização e disseminação de signos de maior facilidade semântica[175], têm muito a nos oferecer. Inclusão é uma palavra de ordem na política e na sociedade.[176]

É nesse sentido que hoje muito se ouve falar que é preciso que as instituições públicas se aproximem dos cidadãos. Ouçam-nos e busquem compreender seus anseios e necessidades. Embora o Direito seja ciência complexa, tal não quer dizer que a linguagem a ser utilizada nos documentos jurídicos, ferramentas de composição de litígio, deva espelhar jargões e palavras do século passado.[177]

A facilitação da compreensão daqueles que mais precisam do instrumental jurídico deve ser estimulada, não pelo fato de que é mais atraente, estratégico e belo ver desenhos ou infográficos, mas porque o modelo constitucional, tomado como objetivo da República (artigo 3º da CRFB/88), nos traz o dever de funcionalizar os institutos, a partir do ser humano[178].

Sistemas judiciais ou extrajudiciais de prevenção ou gerenciamento de disputas que considerem a comunicação entre os interessados como ponto chave para a etiologia dos conflitos, explicitando-os, com a oitiva de diferentes *players* sociais que possam contribuir para a solução do litígio, favorece a linguagem policontextual, pois onde todos possuem voz, e são considerados em seus contextos de fala, promove-se a redução de espaço para manipulações e a abertura para a inclusão social.[179]

Portanto, a adaptação procedimental e o desenvolvimento de novos *designs* para a solução e gestão de disputas, operacionalizados a partir da linguagem policontextual, que pode ser desenvolvida por meio de cenários de inovação[180] e pela

---

175. CLEMENTINO, Marco Bruno Miranda. Legal Design no Poder Judiciário. *In*: CALAZA, Tales; FALEIROS JÚNIOR, José Luiz de Moura (coords.). *Legal Design*. São Paulo: Foco, 2021, p. 326.
176. LUTTERMANN, Karin. Be Clear! The Role of Clarity in Legal Communication. *Catholic University of Eichstaett-Ingolstadt,* 2021. Disponível em: https://ojs.law.cornell.edu/index.php/joal/index. Acesso em 29 nov.2022.
177. DOHERTY, M. Comprehensibility as a Rule of Law Requirement: The Role of Legal Design in Delivering Access to Law, *Journal of Open Access to Law*, Vol. 8, n. 1, 2020.
178. HAGAN, M. *Law by Design*. 2020. Disponível em: https://lawbydesign.co/. Acesso em: 30 nov.2022.
179. BORDONE, R.; ROGERS, N.; SANDER, E.; MC EWEN, C. *Designing Systems and process for managing disputes*. 2nd edition. Queen Mary, University of London: Wolters Kluwer Law & Business, 2018.
180. BROWN, Tim. *Design Thinking*: uma metodologia poderosa para decretar o fim das velhas ideias. Tradução de Cristina Yamagami. Rio de Janeiro: Alta Books, 2020.

facilitação de visualização e aportes gráficos (*visual law*) são caminhos do agora (e não apenas do futuro), uma vez que, ao aplicá-los, estaremos mais próximos de resgatar o papel redistributivo do acesso à Justiça.

Ademais, pontue-se que o Conselho Nacional de Justiça (CNJ) fomenta a criação de diversos Grupos de Trabalhos (GT's) e de estudos para debate do avanço da chamada "Justiça Digital", enquanto espaço de abertura para inovações.

Resoluções do CNJ e normativas de implementação da IA no Poder Judiciário ganharam ainda mais força com a assunção à Presidência do Supremo Tribunal Federal – STF – e, em consequência, ao CNJ, do Ministro Luiz Fux, em setembro de 2020, uma vez que um dos eixos de sua gestão é o incentivo à justiça digital, com foco na governança, eficiência, inovação tecnológica e transparência como vetores estratégicos, além da criação do chamado "Inova STF".

A Resolução n. 358, de 02 de dezembro de 2020[181] do CNJ, que possui normatividade processual por aplicação, igualmente, do artigo 196 do CPC, possibilita a criação de soluções tecnológicas para a resolução de conflitos pelo Poder Judiciário por meio da conciliação e mediação nesse âmbito, de forma a auxiliar na automatização da análise de documentos, habilitação dos credores, entre outras funcionalidades.

O Poder Judiciário, por meio do CNJ e STF, assumiu compromisso com a ONU para cumprir objetivos de Desenvolvimento Sustentável (ODS) expostos na agenda global 2030 (um esforço coletivo assumido por 197 países, incluindo o Brasil), entre eles, a busca pela paz, justiça e o fortalecimento das instituições. O emprego da IA pode vir a fortalecer o alcance dessas práticas, enquanto facilitadora do fluxo de gestão processual e apoio à decisão. O campo da mediação e conciliação de conflitos é vasto para esse propósito.

A tendência é de crescimento do ambiente digital para a resolução e solução de conflitos. Em fevereiro de 2021, o Ministro Luiz Fux, em mais uma etapa de cumprimento de um dos eixos de sua gestão, apresentou o "Programa Justiça 4.0".

O conjunto de projetos fomenta o "Juízo 100% digital"; o PJe como plataforma única; o Datajud enquanto importante contribuição para a formação de uma base nacional de dados estatísticos. A interoperabilidade, tão aguardada pela comunidade jurídica, pode estar a caminho de ser, efetivamente, implementada para que seja possível criar novas etapas procedimentais com a utilização das novas tecnologias.

Para tanto, parece ser essencial considerar que o caminho não deve ser o negacionista, mas sim equilibrado, compreendendo o caráter policontextual da

---

181. BRASIL. Conselho Nacional de Justiça. *Resolução n. 358, de 02 de dezembro de 2020*. Regulamenta a criação de soluções tecnológicas para a resolução de conflitos pelo Poder Judiciário por meio da conciliação e mediação. Brasília: DJe/CNJ nº 382/2020, de 3/12/2020, p. 2-3. Disponível em: https://atos.cnj.jus.br/atos/detalhar/3604. Acesso em 30 nov.2022.

discussão de IA, a fim de que, como afirma Hartmann[182], consigamos minimizar os riscos e enfrentá-los de forma sólida, valiosa, robusta e responsável.

III.10 Cortes *online*

Nos últimos tempos, assolados pela Pandemia da Covid-19, o ambiente virtualizado ganhou maior espaço na vida dos brasileiros. O período exigiu uma grande capacidade de adaptação por parte de todos os setores da sociedade, isolamento social, *home office*, *lives* de entretenimento e conhecimento, "o novo normal", acarretando problemas jurídicos inéditos, inclusive para a jurisdição, com videoconferências em julgamentos virtuais, suspensão de prazos processuais, aceleração da inserção no mundo digital, em que anos de (r)evolução tecnológica aconteceram em poucas semanas.

O Supremo Tribunal Federal, inclusive, editou os casos que foram julgados pelo Tribunal durante a pandemia, na versão em inglês.[183]

De fato, não foi tarefa simples regular as situações jurídicas de direito público e direito privado, nascidas durante a pandemia. Até mesmo uma legislação de regime transitório (Lei n. 14.010/2020[184]) foi criada, a ponto de termos que refletir como o Poder Judiciário deveria lidar com tantas demandas relacionadas a esse período. Um sistema próprio para a resolução de conflitos parecia inevitável.

Essas constatações são aqui expostas a fim de corroborar a impossibilidade de fecharmos os olhos para os tempos contemporâneos de mudanças no cenário jurídico, onde veio à tona a discussão, que já havia sido preconizada por Richard Susskind, antes mesmo da Pandemia, a respeito da função do Poder Judiciário. Estaria ele deixando de ser visto apenas como um "local físico", mas sim como um prestador jurisdicional de serviços à comunidade? Em todo o mundo, discutiu-se os chamados "tribunais *online*".[185]

---

182. PEIXOTO, Fabiano Hartmann. *Inteligência artificial e Direito*: Convergência ética e estratégica. Curitiba: Alteridade Editora, 2020, p. 26-27.

183. BRASIL. Supremo Tribunal Federal. *Case law compilation* [recurso eletrônico]: Covid-19 / Brazilian Federal Supreme Court. -- Brasília: STF, Secretaria de Altos Estudos, Pesquisas e Gestão da Informação, 2020, *eBook*.

184. BRASIL. Presidência da República. *Lei n. 14.010, de 10 de junho de 2020*. Dispõe sobre o Regime Jurídico Emergencial e Transitório das relações jurídicas de Direito Privado (RJET) no período da pandemia do coronavírus (Covid-19). DOU de 8.9.2020 – Edição extra. Disponível em: http://www.planalto.gov.br/ccivil_03/_ato2019-2022/2020/lei/L14010.htm. Acesso em: 30 nov.2022.

185. "O que é uma Corte? É um lugar para onde o jurisdicionado tem o direito de ir? Ou um serviço que lhe é prestado? Com esse questionamento, o Professor Richard *Susskind* nos convida a uma reflexão importante: Qual o papel do Poder Judiciário em um mundo em constante mutação? Como a inovação tecnológica pode ser apropriada por essas estruturas tradicionais para melhorar a qualidade da prestação jurisdicional? É possível perceber, nos

O que pode ser entendido como "Cortes ou Tribunais *online*"?

As acepções podem ser diversificadas, uma vez que, para alguns, como o próprio Richard Susskind, o termo "Tribunais *online*" se referiria às iniciativas públicas, enquanto as *online dispute resolution* (ODR) estariam vinculadas às atividades dos particulares.[186]

Tomamos, para fins desta obra, concepção diversa. Restringir o conceito na dicotomia público/privado descaracterizaria o efeito transformador que advém da utilização da tecnologia para a promoção de novos meios de resolução de conflitos, mais dinâmicos e transparentes.

Os Tribunais ou Cortes *online*, em uma acepção mais ampla, envolvem mudanças significativas na percepção da prevenção, gerenciamento e solução dos conflitos pelo uso e desenvolvimento de técnicas pautadas nas tecnologias da informação e da comunicação. Consubstancia, portanto, todas as possibilidades de aplicação do subcampo tecnológico à resolução de disputas.

A intermediação e inserção da tecnologia, tanto por meio da formulação de Cortes *online* ou como ferramentas e sistemas de ODR, trazem possibilidades inovadoras do modo pelo qual enxergamos as realidades. Na contemporaneidade, para além de compreendê-los como o uso da tecnologia enquanto complemento e apoio em um processo de resolução de conflitos, podemos conferir novos papéis à Jurisdição, mais próximas àqueles envolvidos nas disputas, a partir da utilização de algoritmos e de *big data*.

Conhecer, interpretar, prever, aumentar o acesso à justiça, diminuir o custo e a assimetria de informações são objetivos perseguidos e oportunizados pela utilização da tecnologia, enquanto quarta parte[187]. Tratar o conflito pela via dos dados e mineração específica das informações congrega o que chamamos de "transformação epistemológica das disputas", revelando o que está por trás e escondido nas "sublinhas" dos desentendimentos.[188]

No *e-commerce* e nas plataformas de *marketplace* (a exemplo do "mercado livre") já acompanhávamos evoluções nos métodos de desenvolvimento de soluções virtuais ou digitalizadas para soluções de disputas. Incluir o litigante no diálogo e estimular o diálogo entre consumidores e fornecedores de produtos possui

---

mais diversos países do mundo, uma tendência em incorporar ferramentas de automação e inteligência artificial na estrutura do Poder Judiciário como forma de lidar com a litigância e de oferecer uma melhor experiência ao jurisdicionado" (BRASIL. Conselho Nacional de Justiça. *Inteligência Artificial no Poder Judiciário brasileiro*. Brasília: CNJ, 2019, p. 7).

186. SUSSKIND, Richard. *Online Courts and the future of justice*. Oxford: Oxford University Press, 2019.
187. KATSH, Ethan; RIFKIN, Janet. *Online Dispute Resolution, Resolving Conflicts in Cyberspace*. Jossey Bass: São Francisco, 2001.
188. RABINOVICH-EINY, Orna; KATSH, Ethan. *Digital Justice*: technology and the internet of disputes. New York: Oxford University Press, 2017, p. 48-50.

potencialidades de sucesso, uma vez que aumenta a confiança dos envolvidos na atividade econômica em si própria considerada.

Inspirados em alguns modelos de sucesso, como o Modria, plataforma utilizada pelo Ebay e Paypal para solucionar conflitos de serviços, Tribunais passaram a verificar a possibilidade de abrir maiores espaços para adotar a negociação, mediação e arbitragem *online*. Tal pode ocorrer no espaço interno ou externo em relação ao órgão público.

O Tribunal de Resolução Civil de Conflitos da Columbia Britânica (CRT), Canadá, é um dos exemplos mais promissores correspondentes a essas premissas, uma vez que, conforme consta do ato responsável de sua instalação, buscou incentivar a resolução das disputas consensualmente, com o fornecimento de informações rápidas, acessíveis ao público.[189]

O CRT oferta serviços destinados a incentivar a resolução antecipada de disputas por meio de informações relevantes e resolução *online*, facilitação por telefone, *e-mail*, entre outros serviços. Para o pequeno número de casos em que a adjudicação formal é necessária, o tribunal gerencia ativamente a disputa para que a ela seja conduzida de forma rápida e eficiente.[190]

Atualmente, conforme consta na página do Tribunal[191], os casos que são resolvidos no CRT se referem às controvérsias de acidentes de veículos; disputas de pequenas causas até US$ 5.000; questões condominiais e de propriedade de qualquer valor e conflitos de sociedades e associações cooperativas de qualquer valor.

A plataforma de uso do CRT, pela via do programa *solution explorer*, oferta aos interessados na solução de conflitos um questionário em que o cidadão responde às perguntas interrelacionadas a seu problema. Essas respostas iniciais têm o objetivo de indicar ao requerente o formulário adequado para iniciar o tratamento de sua questão. É a fase preliminar de diagnóstico e autoajuda, auxiliar.

Acaso seja preciso prosseguir nos procedimentos da plataforma, a próxima fase se revela com o emprego ativo da tecnologia por meio da automatização negociada. O programa identifica o problema dos interessados e oferece soluções

---

189. Mais informações sobre o ato e o CRT podem ser obtidos no site oficial de British Columbia, disponível em: https://www2.gov.bc.ca/gov/content/justice/about-bcs-justice-system/legislation-policy/legislation-updates/civil-resolution-tribunal-act. Acesso em: 22 nov.2022.
190. No original: "The Civil Resolution Tribunal offers services designed to encourage early resolution of disputes through online information and resolution, telephone facilitation and other such services. For the small number of cases where formal adjudication is required, the tribunal actively case manages the dispute so that the adjudication is conducted quickly and efficiently. In all cases, the level of resources applied to a dispute will be proportionate to the nature of the dispute and the issues involved." (disponível em: https://www2.gov.bc.ca/gov/content/justice/about-bcs-justice-system/legislation-policy/legislation-updates/civil-resolution-tribunal-act. Acesso em: 30 nov. 2022).
191. Vide a página oficial do CRT em: https://civilresolutionbc.ca/. Acesso: em 30 nov.2022.

prováveis para o caso. Posteriormente, se não houver ainda a resolução, entra em cena o facilitador, em uma nova etapa intermediada pelo terceiro que se comunica com as partes de forma assíncrona, organizando e gerenciando a disputa. Apenas em último caso, passa-se ao módulo judicial (e, também nesse caso, audiências são realizadas por telefone, videoconferência ou escrito, com decisão de um dos membros integrais do Tribunal).

Soluções por plataforma *online*, com utilização de meios audiovisuais e videoconferência não são novidade, igualmente, em nosso País.

III.10.1 Experiência brasileira e o plenário virtual: da repercussão geral ao julgamento total dos casos sob análise no Supremo Tribunal Federal

Conforme assentado, a experiência pelo mundo virtualizado alcançou o Poder Judiciário antes mesmo da Pandemia da Covid-19.

Tal constatação pode ser verificada pelo instituto da repercussão geral, espécie de filtro de admissibilidade dos Recursos Extraordinários pela Corte Constitucional que possui a atribuição de conferir o sentido adequado à Constituição. Não se confunde com técnica para o julgamento de recursos repetitivos, procedimento mais preocupado com a eficiência quantitativa, mas também à tutela especializada dos direitos fundamentais.[192]

Interpretada à sua melhor luz, a repercussão geral pode ser reconhecida como uma técnica que possibilita ao Supremo Tribunal a delimitação da interpretação constitucional adequada, considerando filtros de relevância e transcendência da causa sob análise.

É preciso considerar, na contemporaneidade, que o Poder Judiciário exerce função de extrema relevância para a República Federativa de nosso País. Ao lado dos demais Poderes, tem o papel de promover o diálogo assertivo para a consecução dos objetivos e diretrizes traçadas pela Constituição (artigo 3º da CRFB/88).

Não obstante, diante de uma forma de Estado pautada na realização de direitos sociais, o Judiciário vem funcionando como um "compensador de déficits", acarretando a sua hipertrofia, ao mesmo tempo em que promove a interpretação de preceitos textuais normativos com ampla gama de conceitos abertos e indeterminados.[193] Fundamentações e motivações díspares por parte dos julgadores, em todas as esferas jurisdicionais, tornaram-se comuns.[194]

---

192. MARINONI, Luiz Guilherme. *Processo Constitucional e Democracia*. São Paulo: Thomson Reuters Brasil, 2021, p. 510-511.
193. BONAT, Debora. A judicialização da política e emancipação: um exame da repercussão geral nos recursos extraordinários julgados pelo Supremo Tribunal Federal. Tese (Doutorado) – Curso de Direito, Universidade de Brasília, Brasília, 2014.
194. Interrelacionando o paradigma constitucional democrático, o aumento de demandas, as inseguranças interpretativas e o consequente movimento de objetivação do direito,

Diante desse contexto, medidas foram pensadas para a contenção de demandas. Técnicas de julgamento decorrentes de sumarização e aceleração de procedimentos, microssistema de tutela coletiva, recursos que procuram abarcar questões jurídicas a fim de vincular os casos futuros (microssistema de litigiosidade repetitiva), ou seja, diretrizes e metas impostas pelo ideário de eficiência que determina a adoção de sistematizações padronizadas de aplicação de uma tese para diversos processos idênticos ou similares em suas pretensões, como resposta de eficiência quantitativa.

Os métodos de racionalização dos recursos, com a valorização das decisões dos Tribunais Superiores, intensificaram-se com a regulamentação da sistemática dos recursos repetitivos (Lei n. 11.672/2008, que introduz os artigos 543-C ao CPC de 1973; hoje, artigo 1.031 do CPC de 2015) e a repercussão geral (Lei 11.418/2006, que introduz o artigo 453-A e B no CPC de 1973; hoje, artigos 1.035 e 1.036, ambos do CPC de 2015), esta última, igualmente, com sede constitucional. Sobre este último requisito de admissibilidade recursal criado nos recursos extraordinários (art. 102, § 3º, da CF/88), espelha-se na necessidade de obstar inúmeros recursos excepcionais que o Supremo deve se debruçar para análise, ano a ano, quando não preencham os seus requisitos.

É sob esse prisma de análise que se pode dizer que os requisitos para o reconhecimento da repercussão geral espelham elementos qualitativos que ensejam o entendimento de que o recurso extraordinário deve considerar as perspectivas além do processo individual: a relevância, isto é, a questão constitucional debatida deve funcionar como norte à sistematização e desenvolvimento do direito bem como a transcendência, ou seja, destaca-se o número de pessoas e de processos suscetíveis de alcance, pela decisão daquela específica matéria, sob julgamento. A repercussão geral explicita o extravasamento das decisões do STF para além dos limites intersubjetivos da lide, até mesmo porque é requisito de recurso que tem como finalidade a tutela do direito objetivo e da ordem jurídica.

A partir da Emenda Constitucional n. 45 de 2004, que inseriu o requisito constitucional "repercussão geral" para a admissão do recurso extraordinário, com finalidade de contenção de demandas[195] e, como afirma Marinoni[196], ofertar

---

vide: PEREIRA, 2021, João Sergio dos Santos Soares. *A padronização decisória na era da inteligência artificial*: uma possível leitura hermenêutica e da autonomia do direito. Belo Horizonte: Casa do Direito, 2021. p. 35-134.

195. Pondere-se, no entanto, que a chamada "crise do Supremo Tribunal Federal" remonta a tempos bem anteriores. A história do Supremo coincide com a crise numérica no sentido de sua incapacidade para fazer frente, em tempo ótimo, à quantidade de processos que lhe são apresentados, seja originariamente ou pela via recursal (LAGE, Fernanda de Carvalho. *Manual de Inteligência Artificial no Direito Brasileiro*. Salvador: JusPodivm, 2021, p. 178-179).

196. MARINONI, Luiz Guilherme. *Processo constitucional e democracia*. São Paulo: Thomson Reuters Brasil, 2021.

à Corte a possibilidade de não decidir (desde que com critérios e justificativas), ou seja, apenas os casos relevantes e que não se revelem como fatos sociais que possam ser devidamente discutidos pela população e parlamento deveriam ser alvo de discussão mais ampliada e formação de "precedentes"[197].

Assim, o recorrente deve demonstrar a repercussão geral da questão constitucional discutida no seu caso para que o Tribunal examine a admissão do recurso, somente podendo recusá-la pela manifestação de dois terços de seus membros (artigo 102, § 3º, da CRFB/88).

Um dos principais motivos, igualmente, da repercussão geral, é fornecer ao Supremo Tribunal Federal um caso relevante para a formação de provimento qualificado constitucional. A técnica é importante em sistemas como o nosso, difuso, em que qualquer Juiz pode se pronunciar sobre a constitucionalidade ou não de uma lei (nos Tribunais, seguindo a reserva de plenário, artigo 97 da CRFB/88), uma vez que permite a tutela da segurança jurídica, igualdade e unidade do Direito.

A formação de um provimento vinculante, a partir do reconhecimento inicial e posterior julgamento de recurso extraordinário, pela sistemática da repercussão geral, possui espectro de grande importância, pois sinaliza a interpretação do texto constitucional ofertada pelo Poder Judiciário sobre determinada questão jurídica específica, a ser controlada pelos demais atores sociais, instituições e o povo.

Considerando a função precípua do Supremo Tribunal Federal de promover o desenvolvimento da questão constitucional, devidamente contextualizada em seu tempo e espaço, a repercussão geral é instrumento que permite que se faça conhecer a interpretação da Corte sobre ela. Função de extrema relevância, embora, em nosso País, os recursos excepcionais possam vir a invalidar o julgamento e, se necessário, rejulgar a causa, conforme expresso no artigo 1034 e seu parágrafo único do CPC (não possuímos perspectiva semelhante à Itália, por exemplo, em que se adotam as teses puras na tomada de decisões pelas cortes de cassação, com outro órgão jurisdicional para sua aplicação, diante das especificidades do caso concreto[198]).

Portanto, a preocupação de estudo sobre a decisão que vai orientar a sociedade para a resolução dos casos conflitivos, a partir dela, é evidente. O Poder Judiciário participa da reconstrução contínua do Direito, porém, é preciso formular

---

197. Não se faz possível debater, com o vagar necessário, as críticas aos chamados "precedentes à brasileira", distantes da realidade dos precedentes originários da *common law*. O importante é reconhecer que há determinados padrões decisórios vinculantes que guardam relevante papel no ordenamento jurídico: estabelecer a unidade do direito, a segurança jurídica, a coerência e integridade (artigos 926 e 927, ambos do CPC/15).

198. STRECK, Lenio; ABBOUD, Georges. Dos processos nos tribunais e dos meios de impugnação as decisões judiciais. In: STRECK, Lenio Luiz; NUNES, Dierle; CUNHA, Leonardo Carneiro da. *Comentários ao Código de Processo Civil*. São Paulo: Saraiva, 2016.

instrumentos adequados que não permitam que as decisões judiciais idênticas ou similares sofram variações frívolas.

Nos últimos tempos da Pandemia de Covid-19, a formação de decisões que vinculam para casos futuros e tem o condão de publicizar à sociedade e atores do sistema jurisdicional a interpretação constitucional vem sendo tomada pela via do Plenário Virtual (PV).

Mas, como trilhamos o caminho de construção dessas decisões? De que forma o Supremo Tribunal Federal vem promovendo a construção desses importantes instrumentos de uniformização do direito? Quais são os dilemas que devemos considerar?

Consoante expusemos, o advento do instituto da repercussão geral, pela via da Emenda Constitucional nº 45/04, não apenas se consubstanciou como um filtro necessário de acesso ao Supremo Tribunal Federal – STF, mas também serviu como impulsionador da implementação do modelo deliberativo do plenário virtual.

A virtualização do julgamento no STF adveio da necessidade de viabilizar a análise, de forma mais célere, do requisito constitucional de admissibilidade do Recurso Extraordinário (artigo 102 da CRFB/88).

Nesse contexto é que, de forma paradigmática, foi estruturado, em 2007 (Emenda Regimental 21/07, Regimento Interno do STF-RISTF), um ambiente de julgamento exclusivamente virtual e assíncrono que permitia aos integrantes da Corte se manifestassem sobre a existência ou não de repercussão geral, sem que, necessariamente, estivessem reunidos ou em um horário regular restrito de trabalho.

Inicialmente, o plenário virtual era marcado por um traço de opacidade, considerando que apenas os julgadores e eventuais Tribunais cadastrados possuíam acesso ao sistema, de tal modo que havia nítido déficit de publicidade e, consequentemente, de legitimidade das manifestações proferidas. Ademais, previa-se, em afronta a cânones constitucionais decisórios, que a omissão de determinado ministro, na fase deliberativa, significaria reconhecimento da existência de repercussão geral.

Portanto, a tenra configuração da arquitetura tecnológica do plenário virtual não correspondia à necessidade de observância dos direitos e garantias fundamentais processuais.

No ano de 2010, por meio da Emenda Regimental nº 42/2010 (RISTF), o Supremo Tribunal ampliou as hipóteses de utilização do plenário virtual, de tal sorte que também passou a ser analisado, em tal ambiente de julgamento, o mérito dos temas de repercussão geral, quando se tratasse de reafirmação da jurisprudência dominante da Corte.

Deslocou-se, assim, um grande volume de processos para o plenário virtual, o que se traduziu em maior racionalização do trabalho do Supremo, tendo em vista que, apenas no ano de 2010, foram recebidas, no STF, 74.822 novas demandas, mas foram baixados 85.407 processos[199]. No entanto, não houve mudança no *design* deliberativo do plenário virtual, de tal sorte que ainda permaneciam restrições de acesso e de participação no julgamento de mérito dos recursos extraordinários com repercussão geral reconhecida e que envolviam mera reafirmação da jurisprudência dominante da Corte.

O ano de 2016 é marcado pela formulação da Emenda Regimental nº 51/2016 e da Resolução nº 587, cujos termos possibilitaram o julgamento dos agravos regimentais e embargos de declaração no plenário virtual.

Percebe-se, dessa forma, que o STF já dava sinais de sua metamorfose para se tornar, no futuro, uma Corte 100% online[200]. Registre-se, nessa linha de intelecção, que em 2015 o STF julgou 17.634 processos de forma presencial e apenas 82 de modo virtual, porém, em 2016, há uma guinada, de tal sorte que são julgados 9.464 processos presenciais e 5.069 de forma virtual.

É preciso considerar que essa transmudação não veio acompanhada de uma reflexão mais profunda sobre a adaptação necessária do plenário virtual à cláusula do devido processo legal, uma vez que subsistiam impasses quanto à publicização das pautas de julgamentos e das manifestações dos próprios ministros. Além disso, o ambiente obstaculizava a intervenção adequada das partes, sob a ótica do processo democrático, pois, por exemplo, não era permitida a intervenção para o esclarecimento de questões fáticas.

Diante, principalmente, da celeridade proporcionada pelos julgamentos realizados em ambiente virtual, em 2019 (Emenda Regimental nº 52/2019), passa-se a admitir também o julgamento de medidas cautelares em ações de controle concentrado, referendo de medidas cautelares e de tutelas provisórias e a análise das demais classes processuais, cuja matéria tenha jurisprudência dominante na Corte.

Edita-se, ainda em 2019, a Resolução nº 642/2019, que passou a prever alguns parâmetros procedimentais para o julgamento no plenário virtual, tais como:

a) previsão de que as sessões virtuais ocorreriam semanalmente, com início às sextas-feiras;
b) divulgação das listas de julgamento no sítio eletrônico do Supremo Tribunal Federal;
c) a ementa, o relatório e voto somente seriam tornados públicos com a publicação do acórdão do julgamento;
d) o ministro que não se pronunciasse no prazo de 5 (cinco) dias úteis teria o seu voto computado como se tivesse acompanhado o relator; e

---

199. Disponível em: https://transparencia.stf.jus.br/single/?appid=b282ea92-29ef-4eeb-9676-2b9615ddfabd&sheet=ef87c134-e282-47ac-8f8f-813754f74e76. Acesso em: 30 nov.2022.
200. SUSSKIND, Richard. *Online courts and the future of justice*. Oxford. 2019.

e) o pedido de sustentação oral realizado com 48 (quarenta e oito horas) de antecedência do início da sessão deslocaria o julgamento do plenário virtual para o físico.

Algumas das medidas acima apontadas demonstram, de certa forma, o burilamento do plenário virtual, mormente com o intuito de tornar previsível e transparente ao jurisdicionado a sistemática de julgamento. Malgrado o exposto, a capitulação de que a abstenção de algum ministro se traduz em aderência aos termos do voto do relator é um agir subversivo à lógica de deliberação colegiada, que, em seus termos, não admite o silêncio como anuência.

A verdadeira guinada no uso do plenário virtual ocorre, efetivamente, com a publicação da Emenda Regimental nº 53/2020, ocasião em que se possibilitou o uso desse modelo deliberativo para todos os processos em trâmite no Supremo Tribunal Federal, a critério do relator ou do ministro vistor com a concordância do relator.

O desfecho do ciclo de expansão do uso do plenário virtual, sem dúvida alguma, foi catalisado pelo fator pandemia, tendo em conta as restrições à ocorrência de sessões presenciais e a necessidade de continuidade dos trabalhos desenvolvidos pela Corte constitucional. De acordo com pesquisa realizada pela *International Association for Court Administration*, o Brasil foi um dos países que melhor adequou o seu sistema de justiça às limitações impostas pelo contexto pandêmico, figurando em nona posição, em um universo de 38 nações[201].

Com efeito, no dossiê "STF na pandemia de covid-19"[202], o Tribunal restou mapeado em três grandes eixos temáticos: I) Inovação tecnológica; II) Gestão de pessoas; e III) Perfil Decisório.

Pela leitura do relatório, observamos que os eixos, na realidade, estão interligados, uma vez que tanto a gestão de pessoas como o perfil decisório institucional tiveram que se ambientar às realidades digitalizadas.

O caminho para a ampla virtualização, digitalização e automação foi ainda mais encurtado pelo evento pandêmico. Tal se confirma pelo subitem denominado "A expansão do Plenário Virtual após o início da pandemia" em que informa que o aumento de decisões virtuais proferidas pela Corte coincide com a expansão da competência do PV, especialmente a partir de 2016 (ER 51/2016), para o julgamento de embargos de declaração e agravo regimental, com números ainda mais expressivos, diante das posteriores emendas regimentais que ampliaram a competência deliberativa do PV.[203]

---

201. Disponível em: https://www.jfsp.jus.br/documentos/administrativo/UCIN/inovajusp/IACA/Analise_portugues.pdf. Acesso em: 30 nov.2022.
202. BRASIL. Supremo Tribunal Federal (STF). Dossiê [recurso eletrônico]: *STF na pandemia de Covid-19 / Supremo Tribunal Federal*. — Brasília: STF, Secretaria de Altos Estudos, Pesquisas e Gestão da Informação, 2021. 154 p.
203. O documento é enfático ao asseverar que, desde o ano de 2020 (epicentro da Pandemia decorrente da Covid-19), em razão da edição da ER 53/2020, mais de 95% dos julgamentos colegiados do Supremo Tribunal Federal foram proferidos em ambiente virtual (*idem*, p. 67).

A supracitada Emenda Regimental 53/2020, em conjunto com a Resolução 669/2020 e 675/2020, possibilitaram, assim, substancioso aperfeiçoamento na arquitetura do plenário virtual, na medida em que previram a disponibilização do relatório e dos votos, ainda durante a realização da sessão, bem como permitiram o esclarecimento de questões fáticas, quando do trâmite do julgamento.

No entanto, foi introduzida previsão que contraria, como será visto mais adiante, o atendimento pleno ao contraditório substancial e ao processo de formação adequada de precedentes vinculantes. Trata-se da determinação de que, caso haja necessidade de realização da sustentação oral, esta deverá ser enviada, de forma eletrônica, após a publicação da pauta e até 48 (quarenta e oito) horas antes da sessão de julgamento.

É oportuno registrar, ainda, que a Resolução nº 684/2020 ampliou o prazo de manifestação dos ministros para 6 (seis) dias úteis e, por meio da Emenda Regimental nº 54/2021, subtraiu-se a teratologia de computar a ausência de manifestação do julgador como aderência ao relator, de tal modo que a ausência de pronunciamento será registrada como não participação.

Divisando-se a presente linha evolutiva, percebe-se que o plenário virtual passou a ser o *locus* originário de julgamento no Supremo Tribunal Federal, o que tem se refletido nos números, pois, em 2020, apenas 813 processos foram julgados de forma presencial, enquanto 17400 se submeteram ao ambiente virtual[204].

Em síntese, o julgamento no plenário virtual é desenvolvido de acordo com as seguintes etapas:

1) o ministro relator opta por submeter qualquer processo ao plenário virtual;
2) divulgam-se as listas dos processos liberados para julgamento no site do Supremo Tribunal Federal. A pauta é publicada no Diário de Justiça Eletrônico (DJe), respeitando-se o prazo de 5 dias úteis entre a data da publicação da pauta e o início do julgamento, em conformidade com o art. 935 do Código de Processo Civil;
3) os interessados em realizarem sustentação oral devem encaminhá-la, via arquivo eletrônico, com 48 horas de antecedência do início do julgamento;
4) o relator insere o relatório e o voto no sistema virtual, que ficam disponíveis no site do STF e podem ser acessados por qualquer pessoa;
5) inicia-se o julgamento no plenário virtual e os julgadores tem até 6 (seis) dias úteis para votar;
6) de acordo com o que preceitua o art. 941, § 1º, do CPC, qualquer julgador pode alterar o seu voto até o fim da sessão;
7) os advogados e procuradores poderão realizar esclarecimentos fáticos e apresentar memoriais, durante a sessão;
8) qualquer julgador poderá pedir vista ou destaque para julgamento presencial;

---

204. Disponível em: https://www.cnj.jus.br/wp-content/uploads/2021/09/apresentacao-pesquisa-pv-09-09.pdf. Acesso em: 27 nov. 2022.

9) o ministro que não se pronunciar, eventualmente, terá registrada a ausência de participação;
10) serão computados os votos, observados os quóruns legais, e proclamado o resultado, com a respectiva publicação do acórdão no DJE.

O funcionamento, uso e desenvolvimento do Plenário Virtual merece análise propositiva, igualmente, afinal, cada vez mais, resta evidente que as Cortes Supremas têm compreendido o seu papel no sistema de justiça, de tal modo que a função nomofilácica tem se destacado, em detrimento de uma atuação meramente revisora dos pronunciamentos lavrados pelos tribunais inferiores.

O Superior Tribunal de Justiça e o Supremo Tribunal Federal não podem ficar atrelados à correção de decisões de órgãos inferiores, pois lhes é atribuído o destacado mister de conferir unidade ao Direito, por ducto da promoção da adequada interpretação dos dispositivos infraconstitucionais e constitucionais[205].

Nessa linha de intelecção, o STJ e STF se revelam como Cortes de precedentes, estabelecendo, assim, referenciais decisórios que não apenas orientarão os julgamentos futuros, mas criarão pautas de condutas dos jurisdicionados.

Em linha de convergência, o Código de Processo Civil forcejas estruturar um sistema de precedentes judiciais, ou melhor, de padrões decisórios vinculantes, que segue uma lógica própria de organização, pois, o texto legal, aprioristicamente, anuncia quais manifestações judiciais serão consideradas obrigatórias. Diversamente, em países como Inglaterra e Estados Unidos, são os juízes dos casos futuros que irão considerar a decisão pretérita, de acordo com o seu potencial qualitativo, como verdadeiro parâmetro decisório.

No sistema brasileiro, como se disse, a obrigatoriedade de seguir precedentes não decorreu de uma prática judiciária regular, sobremaneira ligada à ideia de integridade decisional[206], mas sim de uma imposição legislativa, ou seja, o legislador interveio para fazer assentar uma nova forma de compreender o Direito[207].

Por isso, ainda são incontáveis os equívocos dos profissionais da área jurídica, no trato do sistema de precedentes judiciais, tais como:

a) tomar ementa por precedente;
b) não distinguir, de maneira adequada o que é *ratio decidendi/holding* (razão determinante para decidir – parte vinculante do precedente judicial) e o que é *obter dictum* (dito de passagem – parte não vinculante);

---

205. MITIDIERO, Daniel. *Cortes superiores e cortes supremas: do controle da interpretação, da jurisprudência ao precedente*. 2ª ed. São Paulo: Revista dos Tribunais, 2014, p. 69.
206. DWORKIN, Ronald. *O império do direito*. 3ª ed. Tradução: Jeferson Luiz Camargo. São Paulo: Martins Fontes, 2014.
207. ABBOUD, Georges. Do genuíno precedente do *stare decisis* ao precedente brasileiro: os fatores histórico, hermenêutico e democrático que os diferenciam. DIDIER JR, Fredie *et al* (coord.). *Precedentes*. Salvador, JusPodivm, 2015, p. 399-405.

c) aplicar o precedente judicial apenas com base no método subsuntivo;
d) não levar em consideração os fatos substanciais relevantes para o julgamento do caso (*material facts*);
e) inadequada motivação das decisões judiciais;
f) realização de distinções inconsistentes, muitas vezes com o intuito de não aplicar o precedente obrigatório (*inconsistent distinguishing*);
g) cultura jurídica não adaptada a lidar com a análise de casos (*cases*);
h) modelo decisório dos Tribunais que, muitas vezes, obstaculiza a extração da *ratio decidendi*, em razão da ausência de fundamentos determinantes, entre outros.

Considerando, por exemplo, que os recursos extraordinários com repercussão geral reconhecida são julgados pelo plenário do Supremo Tribunal Federal, o Código de Processo Civil outorgou-lhes a natureza de precedentes vinculantes (art. 927, V). Portanto, compete à Corte constitucional se preocupar com o processo de formação dessas decisões, em face do caráter irradiador de seus preceitos.

Há uma preocupação pertinente, quando se discute precedentes no Brasil, com os contornos da sua adequada aplicação, mas parcos são os debates acerca do processo formativo das decisões paradigmáticas.

Um dos aspectos mais marcantes dessa discussão envolve a indispensabilidade do debate aprofundado, para que se possa promover, em certa medida, o exaurimento argumentativo nos julgamentos que se destinam à formação de padrões decisórios vinculantes. Ampliar o processo de participação dos mais variados sujeitos processuais é introjetar o perfil democrático que deve ser marca indelével de toda decisão.

As Cortes de precedentes não podem se distanciar da vocação dialógica, na medida em que os seus pronunciamentos traduzem o que a sociedade deve compreender em termos de correta interpretação do plexo normativo infraconstitucional e constitucional. Aduz, nesse sentido, Luiz Guilherme Marinoni[208] que: "A decisão, numa Corte Suprema, deve ser construída a partir do diálogo ou da discussão entre os Juízes e Advogados".

Por tal motivo, deve ser estimulada a realização de audiência pública e a participação de *amicus curiae,* nas situações voltadas a possibilitar a criação de precedentes judiciais vinculantes[209].

---

208. MARINONI, Luiz Guilherme. *Processo constitucional e democracia.* São Paulo: Thomson Reuters Brasil, 2021, p. 633.
209. Em linha de convergência, destaca Sheyla Suruagy: "O processo de formação do precedente judicial será, necessariamente, dinâmico, ou seja, deve envolver todos os atores processuais, de modo a prestigiar o perfil democrático do processo, cujos termos rechaçam autoritarismos e solipsismos decisórios." (VALE, Sheyla Suruagy Amaral Galvão do. *A adequada construção dos precedentes judiciais e o problema da responsabilidade solidária dos entes federativos em matéria de saúde.* Rio de Janeiro: GZ, 2021, p. 48.)

Faz-se imprescindível, nos termos expostos, rememorar o princípio da vinculação ao debate (*mootness principle*), o qual revela a ideia de que a decisão judicial somente poderá ser compreendida à luz dos fundamentos coligidos pelos mais variados sujeitos processuais. Nesse sentido, é primordial, no constructo do padrão decisório vinculante, que exista real exaurimento discursivo do caso submetido à apreciação da Corte[210].

Malgrado o exposto, a forma como tem sido delineado o plenário virtual impede que se promovam debates profícuos e necessários à formação adequada de precedentes judiciais vinculantes[211].

Como já arrematado em linhas pretéritas, a Emenda Regimental nº 53 do Supremo Tribunal Federal determinou, nos julgamentos realizados no plenário virtual, que os advogados encaminhassem, com 48 horas de antecedência, o arquivo com o vídeo de suas sustentações orais.

A sistemática, a despeito de transparecer uma busca por uma melhor gestão do procedimento, vergasta o contraditório substancial, na medida em que não se tem real garantia de que os argumentos aventados pelas partes serão considerados e, portanto, terão o condão de influenciar os julgadores. Nessa linha de intelecção, pronuncia-se Bruno Dantas[212]: "A sustentação oral em sede de recursos no âmbito dos Tribunais é mais uma oportunidade que o legislador concede às partes de realizarem o contraditório."

Outrossim, quanto à temática do direito fundamental ao contraditório digital, em junho de 2022, considerando a edição da Lei n. 14.365, que introduz nova possibilidade de sustentação oral perante o Superior Tribunal de Justiça, nas hipóteses em que houver recurso interposto contra decisão monocrática de relator que julgar o mérito ou não conhecer dos recursos especial e ordinário, embargos de divergência, ação rescisória, mandado de segurança, reclamação, *habeas corpus* e outras ações de competência originária, a referida Corte Superior resolveu, por meio da Resolução STJ/GP n. 19 de 17 de junho de 2022, nas hipóteses de julgamento virtual, pela retirada do processo da pauta, até que exista viabilidade tecnológica para a inserção no processo da mídia contendo a sustentação oral.

---

210. NUNES, Dierle; DERZI, Misabel, BUSTAMANTE, Thomas; NAVARRO, Ana. Recursos extraordinários, precedentes e responsabilidade dos tribunais. *Revista de Processo*, v. 237. 2014.

211. Em reforço aos argumentos expendidos, manifesta-se Luiz Guilherme Marinoni: "Numa Corte de precedentes, em que a adequada discussão está ligada à função essencialmente pública de definição do sentido do direito, estimula-se o debate para o aprofundamento da deliberação em torno da solução das disputas interpretativas. Portanto, a intensidade da discussão, que antes dependia do interesse dos litigantes, hoje tem relação com a legitimação da função da Corte." (MARINONI, Luiz Guilherme. *Processo constitucional e democracia*. São Paulo: Thomson Reuters Brasil, 2021, p. 613.)

212. BUENO, Cassio Scarpinela (coord.). *Comentários ao código de processo civil*. Vol. 4. São Paulo: Saraiva, 2017, 76.

É possível extrair, assim, que, acaso seja realizado o pedido de sustentação oral ou de uso da palavra para esclarecimento de equívoco ou dúvida surgida em relação aos fatos, documentos ou a afirmações que influam na decisão, configura-se como possibilidade consentânea com o contraditório efetivo a retirada do processo da pauta virtual. A Resolução supracitada, portanto, garante o direito da parte de se manifestar, com a perspectiva de influência no julgamento.

Surge, aqui, a primeira proposição de mudança do modelo deliberativo do plenário virtual: É imperioso que se tenha um procedimento bifásico, que abranja um momento síncrono de apresentação das sustentações orais e debates entre os ministros, para que apenas posteriormente possa se seguir com a juntada dos demais pronunciamentos dos membros da Corte, no ambiente virtual e assíncrono.

Apenas desse modo, será possível visualizar a decisão judicial paradigmática como fruto de um agir comparticipativo, no qual se confrontam argumentos para se chegar a um resultado que expresse, em profundidade, os contornos democráticos do processo.

Outro aspecto digno de nota é a possibilidade atual de inclusão de todo e qualquer processo no plenário virtual. Os chamados *hard cases*, os quais provocam intensos e acalorados debates, no Supremo Tribunal Federal, deveriam se submeter à deliberação síncrona, mormente diante da necessidade de maior amadurecimento da questão constitucional.

Comparar processos que são fruto de mera reiteração da jurisprudência dominante com situações peculiares jamais analisadas pelo STF é olvidar a necessidade de adaptabilidade objetiva do procedimento.

Em face das considerações alinhavadas, é que exsurge necessária a remodelagem do plenário virtual, para excluir de sua competência os cognominados "casos difíceis", posto que carecem de um debate síncrono qualificado. Deve-se, assim, tomar como critério para a seleção desses casos o fato de algum ou alguns deles jamais ter chegado à Corte.[213]

Insta salientar que, atualmente, o plenário virtual não conta com área própria para a realização de audiências públicas, as quais demonstram ser verdadeiros instrumentos de participação direta dos cidadãos, na formação do precedente judicial.

---

213. O critério aqui mencionado é apresentado enquanto simplificação metodológica, uma vez que se pretende apresentar hipóteses concretas de melhoramento do sistema do plenário virtual, não obstante não compartilhemos da distinção de aplicação do juiz-julgador especificada pela dicotomia *easy e hard cases* de Hart (admitindo, equivocadamente, a possibilidade de existirem mais de uma decisão juridicamente válida posta à disposição do julgador, por mera discricionariedade). Sob o ponto, vide obra do primeiro autor deste artigo: PEREIRA, João Sergio dos Santos Soares. *A padronização decisória na era da inteligência artificial*: uma possível leitura hermenêutica e da autonomia do direito. Belo Horizonte: Casa do Direito, 2021. p. 37-94.

Seria viável, portanto, criar uma funcionalidade, no próprio plenário virtual, que permitisse a realização de audiências públicas de forma síncrona, com vistas a possibilitar a interação com o maior número de pessoas possíveis.

No âmbito dos órgãos colegiados, outro aspecto de fundamental importância diz respeito à sistemática de colheita de votos, pois, a depender da técnica utilizada, podem ser obtidos resultados completamente díspares.

Há, nesse sentido, duas formas de se promover a deliberação colegiada: a) modelo de votação por questão (*issue-by-issue*) e b) modelo de votação global (*case-by-case*).

Quando o órgão julgador adota o modelo de votação global, cada membro do tribunal, ao votar, expõe o seu posicionamento, de acordo com a compreensão ampla do caso, ou seja, foca-se em definir o resultado, sem que se avalie, pormenorizadamente, cada uma das questões que exsurgem da situação em debate.

Por outro lado, nas hipóteses em que se aplica o modelo *issue-by-issue*, há uma fragmentação da votação, permitindo que cada questão autônoma e relevante para o julgamento seja apreciada separadamente. Assim, o pronunciamento final tende a refletir, em maior escala, o entendimento colegiado.

Como assinala Luiz Guilherme Marinoni[214], "o modelo *case-by-case* reflete a visão de cada juiz sobre o resultado do caso em sua totalidade, enquanto o modelo *issue-by-issue* reflete a visão de cada juiz a respeito das questões."

Note-se que o artigo 939 do CPC/15 prestigia a sistemática de votação questão por questão, na medida em que estabelece a necessidade de pronunciamento dos julgadores, em separado, sobre as questões preliminares e de mérito: "Se a preliminar for rejeitada ou se a apreciação do mérito for com ela compatível, seguir-se-ão a discussão e o julgamento da matéria principal, sobre a qual deverão se pronunciar os juízes vencidos na preliminar."

Assim, no âmbito do plenário virtual, deveria ser possível a segmentação da votação por questão, atendendo, inclusive, ao que vaticina o art. 939 do CPC, acima referenciado.

Em face de tudo o que foi exposto é que se afirma a incompatibilidade, nos termos atualmente postos, do plenário virtual com as exigências de formação adequada de padrão decisório vinculante, no Supremo Tribunal Federal.

As proposições, nessa linha, buscam trazer melhoria inconteste à sistemática de julgamento hoje preponderante na Corte constitucional.

O que percebemos é que a escalada do uso do plenário virtual não foi acompanhada, pelo menos até este momento, de uma análise mais profunda sobre a sua adaptação para contemplar um modelo de deliberação conectado com o papel institucional da Corte de uniformizar o Direito.

---

214. MARINONI, Luiz Guilherme. *Julgamento nas cortes supremas: precedente e decisão do recurso diante do novo CPC*. São Paulo: Revista dos Tribunais, 2015, p. 91.

Hoje, fecham-se as portas para o debate aprofundado, inviabilizando, assim, a pluralidade argumentativa tão necessária à formação de precedentes judiciais verdadeiramente qualificados.

Por isso, é que foram trazidas algumas propostas de reformulação do plenário virtual que possam convergir o anseio de transmudação do Supremo Tribunal Federal em uma Corte 100% online com o respeito aos direitos e garantias fundamentais processuais fundamentais.

O caminho é desafiador, mas não se pode ignorar que os *designs* deliberativos em vigor rechaçam a adequada arquitetura que devem possuir os padrões decisórios vinculantes.

IV
O FUTURO DO PROCESSO

Sumário: IV.1 Mudanças advindas do ambiente virtual e suas implicações. IV.2 A expansão das Cortes *online*, o Juízo 100% digital, os Núcleos de Justiça 4.0 e a base nacional de dados estatísticos do Poder Judiciário. IV.3 Uma Justiça com olhares para o jurisdicionado: o *design* de sistemas, *legal design* e *visual law*. IV.4 Ampliação de uso e desenvolvimento de técnicas de automação e Inteligência Artificial no trato de atividades, atos e fatos repetitivos no processo. IV.5 O necessário aprimoramento de instrumentos tecnológicos na fase executiva. IV.6 A mineração de dados, processos, *analytics*, jurimetria, análise preditiva e a preocupação com a assimetria informacional. IV.7 O acesso à justiça, o processo e o metaverso: dilemas e oportunidades. IV.8 Uma palavra final: quando o inevitável e irrefreável deve ser operado a nosso favor.

IV.1 Mudanças advindas do ambiente virtual e suas implicações

O ambiente digitalizado e virtualizado se reflete em diversas áreas que se interconectam, tais como a empresarial (revelando a necessidade imediata de as empresas repensarem a forma de operacionalizar os dados, reestruturando suas práticas internas e externas, por meio de técnicas de *compliance*), habitações automatizadas (casas que, por meio da conexão de dispositivos, comunicam-se intermitentemente, captando dados como imagens, temperatura, localização, com a oferta de utilidades para os seres humanos), automóveis autônomos, agricultura de precisão (o uso da tecnologia no campo, por meio da análise e coleta de dados, pode gerar economias no processo de distribuição, venda e descarte de alimentos), além da utilização de sensores e hardwares de alta velocidade de conexão, na área de formulação de políticas públicas, como alertas sobre falhas na sinalização de trânsito, vazamentos de água e esgoto em determinado trecho até a detecção de locais que indiquem maior possibilidade de deslizamento de terra.[1]

Se em diversas áreas complexidades, avanços e desafios permeiam as novas tecnologias, principalmente aquelas mais desenvolvidas, como a IA e suas técnicas

---

1. THIERER, Adam. The Internet of Things and Wearable Technology: Addressing Privacy and Security Concerns without Derailing Innovation, *George Mason University*, February 18, 2015, p. 12-16. Disponível em: https://papers.ssrn.com/sol3/papers.cfm?abstract_id=2494382. Acesso em: 21 jun. 2022.

de *machine e deep learning*, em que há a habilidade de acumulação das experiências, por meio de um código de aprendizado das ações anteriormente ocorridas (tal qual ocorre com o ser humano que aprende com seus próprios atos, erros e acertos, modeladores de seu futuro), também é assim no campo jurídico.

As inovações vêm transformando a vida em sociedade. Não é diferente quando o assunto é a realidade do que entendemos como processo enquanto uma espécie de procedimento que congrega a possibilidade de participação dialogada das partes, em contraditório, para a formação e alcance de um pronunciamento jurisdicional assegurador de direitos fundamentais[2].

Ao longo dos capítulos anteriores, percebemos que as transformações no âmbito processual acompanham as modificações e inovações ocorridas no mundo da vida. Mas, quais seriam as projeções para se pensar o processo no futuro?

Somos conscientes de que, em uma área em constante modificação como é a tecnologia e a ciência da computação, não há como realizar projeções e conclusões fechadas. Aplicações são pensadas, estudadas, refletidas e refundadas em um contínuo hoje e amanhã.

Resta-nos promover uma abertura para as novas experiências, com a necessária atenção às consequências jurídicas que advêm da interrelação constante que o Direito e a Tecnologia, entre elas, modelos que aprendem a partir de dados como a IA que pode automatizar inúmeras tarefas.

IV.2 A expansão das Cortes *online*, o Juízo 100% digital, os Núcleos de Justiça 4.0 e a base nacional de dados estatísticos do Poder Judiciário

As apostas nas cortes digitais tendem a manter uma constância. Em fevereiro de 2021, o então Presidente do Supremo Tribunal Federal, Ministro Luiz Fux, em mais uma etapa de cumprimento de um dos eixos de sua gestão, qual seja, incentivar a justiça digital como nova realidade para o Judiciário, apresentou o "Programa Justiça 4.0". O conjunto de projetos fomenta o "Juízo 100% digital"; o PJe como plataforma única; o Datajud enquanto importante contribuição para a formação de uma base nacional de dados estatísticos.

É certo que, desde 2019, o Laboratório de Inovação para o Processo Judicial em meio Eletrônico, criado pela Portaria n. 25/2019[3], busca fomentar uma rede de

---

2. NUNES, Dierle; BAHIA, Alexandre; PEDRON, Flávio. *Teoria geral do Processo*. 2ª ed. rev., atual. e ampl. Salvador: JusPodivm, 2021, p. 340-344.
3. BRASIL. Conselho Nacional de Justiça. *Portaria n. 25 de 19 de fevereiro de 2019*. Institui o Laboratório de Inovação para o Processo Judicial em meio Eletrônico – Inova PJe e o Centro de Inteligência Artificial aplicada ao PJe e dá outras providências. Brasília: DJe/CNJ nº 35/2019, em 22/02/2019, p. 4-7. Disponível em: https://atos.cnj.jus.br/atos/detalhar/2829. Acesso em: 20 jun. 2022.

cooperação para a construção de um ecossistema de serviços de IA, o que também está sendo aperfeiçoado com a criação da Plataforma Digital do Poder Judiciário (PDPJ)[4]. Mas, com o ambiente pandêmico, advindo da Covid-19, houve a aceleração de tais propostas. Tanto é assim que foram editadas diversas Resoluções e Portarias pelo Conselho Nacional de Justiça nos anos de 2020 e 2021 para tentar lidar com o momento de dificuldades que atravessamos pela doença que se espalhou por todo o mundo. Igualmente, no mês de dezembro de 2022, Comissão instaurada para estabelecer princípios, regras, diretrizes e fundamentos para regular o desenvolvimento e a aplicação da inteligência artificial no Brasil entregou ao Senado Federal substitutivo de Projeto de Lei com ferramentas de governança e arranjo institucional de fiscalização e supervisão das novas tecnologias tratadas nesta obra (automações e IA)[5].

Núcleos da justiça 4.0 vão sendo implantados, a exemplo do Estado do Rio de Janeiro, que criou, em cumprimento ao disposto na Resolução n. 345, de 2020, sete áreas de competências que permitem o processamento e o julgamento de ações judiciais por meio do Juízo 100% Digital, cabendo aos juízes atender a demandas especializadas que lhe forem encaminhadas, a depender da abrangência territorial.[6]

Embora não tenham sido alvo de estudo mais apurado, com a análise de estatísticas e dados, os Juízos 100% digital e os Núcleos de Justiça 4.0 são apostas no ambiente digitalizado. Podem vir a auxiliar o alcance de uma jurisdição em que há maior protagonismo dos interessados na resolução dos próprios conflitos.

Atualmente, é possível observar dados e extrair informações de elementos processuais, em tempo aproximado ao real, a partir da criação da Base Nacional de Dados do Poder Judiciário, instituída pela Resolução CNJ n. 331/2020 como fonte primária de dados do Sistema de Estatística do Poder Judiciário – SIESPJ, conforme figura a seguir:

---

4. Vide a Resolução nº 335 de 29 set. 2020 do Conselho Nacional de Justiça.

5. BRASIL. Comissão de Juristas instituída pelo Ato do Presidente do Senado nº 4, de 2022, destinada a subsidiar a elaboração de minuta de substitutivo para instruir a apreciação dos Projetos de Lei nºs 5.051, de 2019, 21, de 2020, e 872, de 2021, que têm como objetivo estabelecer princípios, regras, diretrizes e fundamentos para regular o desenvolvimento e a aplicação da inteligência artificial no Brasil. Brasília: Senado Federal, 2022.

6. A notícia foi veiculada na página oficial do Tribunal de Justiça do Estado do Rio de Janeiro em 02 de junho de 2022, disponível em: http://www.tjrj.jus.br/web/guest/noticias/noticia/-/visualizar-conteudo/5111210/94687967. Acesso em: 22 jun. 2022.

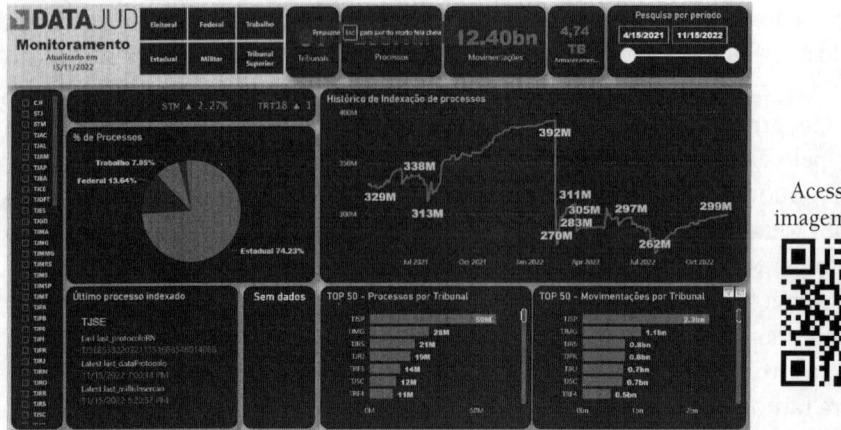

Acesse aqui a imagem colorida

A expansão dos Núcleos 4.0, Justiças 100% digitais, Tribunais *online*, Plenários que promovem julgamentos virtuais, a interconexão entre sistemas para a cooperação e o intercâmbio de informações são medidas que são fomentadas pelo Conselho Nacional de Justiça e Tribunais Superiores, com ampla possibilidade de extensão. O futuro dirá se alcançarão a tão almejada pacificação dos conflitos, sem descurar do processualismo constitucional democrático.

IV.3 Uma Justiça com olhares para o jurisdicionado: o *design* de sistemas, *legal design* e *visual law*

Uma das preocupações que está em discussão permanente daqueles que lidam com a implantação do processo digital é como ofertar o *design* assertivo para que a resolução das disputas se dê sem vícios, induções indevidas ou distopias informacionais.

Conforme expõe o estudo desenvolvido por Ana Beatriz Presgrave, Ana Luiza Marques, Bernardo de Azevedo e Souza, Dierle Nunes, Juliana Castello, Larissa Holanda e Vitória Capute, a expressão "design" é relacionada à criação de planos e/ou projetos para a solução de um problema ou melhoria de uma situação a partir de um pensamento inovador e criativo, portanto, está vinculado à funcionalidade, e não à estética. Para além deste último elemento (estética), importa a efetividade da solução proposta para melhorar a experiência do usuário/destinatário.[7]

A expressão *legal design*, por sua vez, segundo os referidos autores, correlaciona-se a uma área de estudo interdisciplinar em que métodos do *design* centrados nos seres humanos são utilizados para a melhoria da comunicação jurídica e da própria experiência do direito. Assim, possibilita-se que novas ferramentas

---
7. NUNES, Dierle *et al*. *Visual Law*: o design em prol do aprimoramento da advocacia. Brasília: OAB Editora, 2021.

disponíveis explorem ideias e promovam soluções novas e criativas para problemas da comunicação jurídica, do direito e do sistema de justiça. De forma ilustrativa, os autores trazem o seguinte gráfico[8] sobre as etapas para a aplicação do *legal design:*

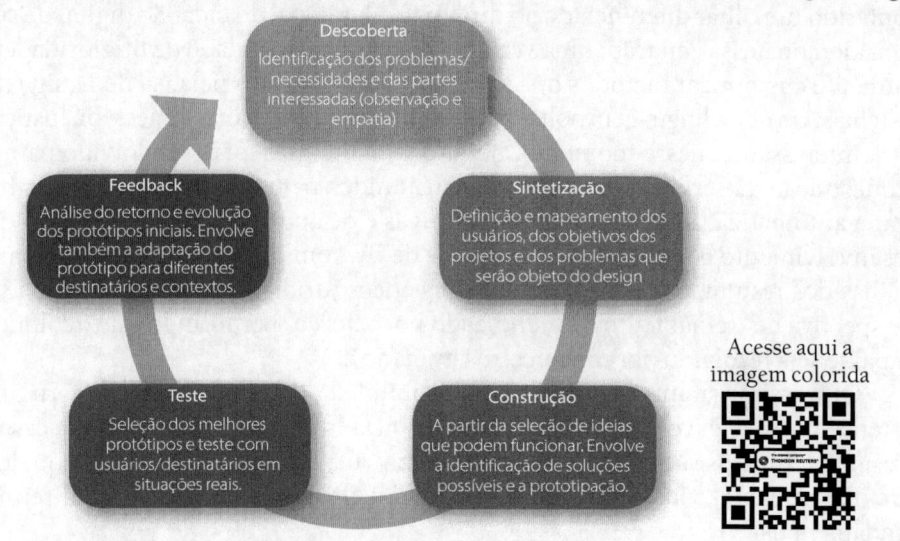

Descoberta
Identificação dos problemas/ necessidades e das partes interessadas (observação e empatia)

Sintetização
Definição e mapeamento dos usuários, dos objetivos dos projetos e dos problemas que serão objeto do design

Construção
A partir da seleção de ideias que podem funcionar. Envolve a identificação de soluções possíveis e a prototipação.

Teste
Seleção dos melhores protótipos e teste com usuários/destinatários em situações reais.

Feedback
Análise do retorno e evolução dos protótipos iniciais. Envolve também a adaptação do protótipo para diferentes destinatários e contextos.

Acesse aqui a imagem colorida

É interessante observar como o processo do futuro não poderá se afastar da análise da etiologia dos conflitos, identificação dos problemas e necessidades dos interessados. O *legal design* tem muito a oferecer, por meio de estudos de padrões, comportamentos, dados que instiguem a investigação, testes e construção de novos modelos de resolução de disputas.

Percebemos que o Conselho Nacional de Justiça optou pelo PJe enquanto plataforma operacional para o processamento eletrônico, na forma de sua Resolução n. 185, de 18 de dezembro de 2013, embora existam outros em operação, como o Eproc, na Justiça Federal da 4ª Região. Em sua atual versão, o PJe congrega característica de uma plataforma de microsserviços, arquitetura de novas funcionalidades colaborativas. Porém, sua interface não é convidativa, em termos de *design* do usuário.

Considerando que a primeira ferramenta oficial reconhecida pelo CNJ, direcionada ao uso da IA, é o Sinapses, uma solução tecnológica que permite a pesquisa e a produção de serviços inteligentes para auxiliar na construção de módulos para o PJe e no seu aprimoramento, é possível antever que os melhoramentos estão em trâmite.

A Resolução n. 332 do CNJ, ao eleger o Sinapses como solução computacional com o objetivo de armazenar, testar, treinar e auditar modelos de IA (dados e

---

8. *Ibidem*, p. 29.

algoritmos, concedidos a partir de modelos matemáticos), conforme o seu inciso III do artigo 3º, e corroborada pela Portaria n. 271/2021, que regulamenta a Resolução, no mesmo sentido (artigo 4º, parágrafo único) conduz à possibilidade de que seja conferido um olhar diferenciado ao direito fundamental do cidadão digital de ser considerado nessa equação, uma vez que, diante da disparidade de litigiosidades, é urgente customizar métodos que solucionem os conflitos pela via do *Design* de Sistemas, em que a linguagem policontextual oferta novas formas de acesso à Justiça.

Interessante, nesse momento, notar que o Sinapses foi desenvolvido para a orquestração de serviços inteligentes, consumidos pelo PJe, de modo a possibilitar a automatização de atividades repetitivas e de apoio à decisão, por meio do desenvolvimento colaborativo de modelos de IA, com previsão de auditoria para análise dos resultados, a partir de critérios éticos jurídicos. Ademais, segue-se a perspectiva de treinamento e aprendizado por reforço, permitindo que qualquer impasse seja resolvido por um terceiro (humano).[9]

Outrossim, garantir segurança e previsibilidade às decisões, além de gerir um sistema que seja viável, com julgamentos otimizados e resultados seguros a casos presente e futuros são tônicas que, cada vez mais, são perseguidas por aqueles que dedicam suas vidas à promoção de uma jurisdição garantidora de direitos fundamentais.

Ocorre que tal não tem como se dar, no mundo fático, sem que deixemos de observar as disputas como um problema, algo que se pretende extirpar, extinguir do sistema ou campo social. Tal, aliás, é inviável, uma vez que as sociedades contemporâneas se revelam como hipercomplexas, em que o dissenso faz parte até mesmo do eixo constitucional democrático. Pensar diferente, ter interesses diversos, é algo que faz parte do espaço público e privado. Liberdades são reveladoras de um momento de republicanismo democrático. Não devemos pensar que o 'problema' é a diversidade do pensamento e da expressão da consciência.

A partir dessas premissas, aposta-se que a observação dos sujeitos, suas necessidades, suas perspectivas será (ou está em via de ser) a chave para a construção de um processo de espectro mais democrático, coparticipativo, cooperativo, enquanto uma rede de dar e receber razões.

As plataformas digitais que conferem respostas aos cidadãos, seus anseios e angústias, em tempo diminuto e com qualidade, são expressões desse novo momento de solução dos desentendimentos.

---

9. BRASIL. Conselho Nacional de Justiça. *Inteligência Artificial no Poder Judiciário brasileiro.* Brasília: CNJ, 2019, p. 16 e 18. Ademais, "Com base nos resultados obtidos no projeto Sinapses, observou-se que a adoção dessa prática é o caminho a seguir para o sucesso das atividades e resultados esperados com a criação do Centro de IA. Esse é o entendimento do Min. Dias Toffoli, presidente do Supremo Tribunal Federal e do Conselho Nacional de Justiça, em artigo publicado pelo *Consultor Jurídico*, ao ressaltar a importância da pesquisa empírica no Direito, mediada pela IA" (*Ibid.*, p. 16 e 17).

Porém, o grande desafio, em um País como o nosso, em que há uma grande parcela de pessoas analfabetas funcionais, é como empreender esforços para que a inclusão seja, efetivamente, implementada.

Sob esse aspecto, parece-nos que o processo do futuro não se coadunará mais com expressões retóricas, descontextualizadas. Afinal, não se revela democrática a transmissão de informações jurídicas pelos meios tradicionais da documentação extensa e de difícil compreensão, sem a observação da realidade daqueles que os leem.

Sob esse prisma, o Conselho Nacional de Justiça, a par de implementar medidas orientadas pelo já citado *legal design*, publicou a Resolução nº 347/2020, que dispõe sobre a Política de Governança das Contratações Públicas no Poder Judiciário. Em seu artigo 32, parágrafo único, especificou: "Sempre que possível, dever-se-á utilizar recursos de *visual law* que tornem a linguagem de todos os documentos, dados estatísticos em ambiente digital, análise de dados e dos fluxos de trabalho mais claros, usuais e acessíveis".

Igualmente, o *design* de sistemas foi alvo de preocupação por ocasião das discussões do projeto substitutivo do marco de Inteligência Artificial brasileiro, uma vez que consta em seu artigo 8º e parágrafo único que qualquer pessoa afetada por sistema de inteligência artificial poderá solicitar explicação sobre a decisão, previsão ou recomendação, com informações a respeito dos critérios e dos procedimentos utilizados, assim como sobre os principais fatores que afetam tal previsão ou decisão específica, sendo certo que essas informações deverão ser fornecidas por procedimento gratuito e facilitado, em linguagem que permita que a pessoa compreenda o resultado da decisão ou previsão em questão, no prazo de até quinze dias a contar da solicitação, permitida a prorrogação, uma vez, por igual período, a depender da complexidade do caso. Tal inserção se insere no âmbito dos direitos fundamentais de explicabilidade, consideração e influência da pessoa humana nas decisões automatizadas.[10]

Técnica que está contida no *legal design*, a *visual law* ou direito visual é uma aposta que conecta a linguagem escrita à linguagem visual ou audiovisual, que, com o avanço tecnológico, proporciona novas funcionalidades aos profissionais do Direito.

A consolidação de elementos visuais permanecerá no processo do futuro, desde que usados com moderação, uma vez que a área jurídica ainda insiste na manutenção de velhas tradições e jargões que nada acrescentam, na realidade, ao

---

10. BRASIL. Comissão de Juristas instituída pelo Ato do Presidente do Senado nº 4, de 2022, destinada a subsidiar a elaboração de minuta de substitutivo para instruir a apreciação dos Projetos de Lei nºs 5.051, de 2019, 21, de 2020, e 872, de 2021, que têm como objetivo estabelecer princípios, regras, diretrizes e fundamentos para regular o desenvolvimento e a aplicação da inteligência artificial no Brasil. Brasília: Senado Federal, 2022, artigo 8º.

ambiente argumentativo cooperativo que hoje se espera por aplicação do Código de Processo Civil de 2015. Sobre o ponto, vale o alerta muito bem colocado por Dierle Nunes *et al.*:

> Uma advertência essencial é que o cérebro humano é neofóbico, ou seja, possui ojeriza para apresentações inovadoras em demasia. Nestes termos, a dica de ouro é a de usar modelos de peças familiares ao usuário, com aspectos gráficos de inovação pensados com o intuito direcionado de potencializar informações prioritárias ou viabilizar sínteses que permitam uma compreensão mais direta de narrativas mais longas (por exemplo, em memoriais). Perceba-se que tais sínteses permitem que se alcance os fatores mais valorizado pelos juízes ao analisar petições: a concisão e a objetividade.[11]

Diversas são as iniciativas de utilização de elementos gráficos, *storytelling* em petições, ofícios, mandados, atos judiciais (como sentenças), memoriais, documentos em geral. A título ilustrativo, citamos a iniciativa promovida pela Procuradoria-Geral da Fazenda Nacional que, em maio de 2022, adotou um modelo de comunicação inclusiva e acessível para quem tem débitos na Dívida Ativa, com o uso de técnicas de linguagem simples e direito visual. O lote conta com mais de seis mil cartas postadas:

Fonte: site da Procuradoria da Fazenda Nacional, 2022.[12]

Nesse sentido, o que percebemos é que não há mais como se observar um processo que trabalhe as disputas e litígios sem a devida adequação, leia-se: sob o olhar do usuário do sistema de solução. Devemos melhorar tanto a jurisdição

---

11. NUNES, Dierle *et al. Visual Law:* o design em prol do aprimoramento da advocacia. Brasília: OAB Editora, 2021, p. 36.
12. PGFN adota novo modelo de Carta de Cobrança inclusiva e mais acessível, notícia atualizada em 06 jun. 2022, disponível em: https://www.gov.br/pgfn/pt-br/assuntos/noticias/2022/pgfn-adota-novo-modelo-de-carta-de-cobranca-inclusiva-e-mais-acessivel. Acesso em: 24 jun. 2022.

como os meios existentes de justiça multiportas ou, até mesmo, ofertar protótipos de *designs* consentâneos[13], portanto.

IV.4 Ampliação de uso e desenvolvimento de técnicas de automação e Inteligência Artificial no trato de atividades, atos e fatos repetitivos no processo

É possível destacar que as tecnologias vieram para auxiliar o ser humano, afastá-lo de atividades repetitivas, ajudando na realização de tarefas específicas. Assim, a automação de atos e rotinas processuais, com o desenvolvimento constante e progressivo de programas, *softwares*, aplicações API´s continuarão a estar no âmbito de propósitos alcançáveis pela justiça digital.

Soluções que auxiliem na realização das atividades judiciais estão sendo consolidadas. Projetos como Victor, Athos e Mandamus seguirão em expansão, uma vez que a desmaterialização processual de atos para suportes computacionais ou servidores eletrônicos disponíveis no ambiente digital harmoniza e simplifica as rotinas, tanto para servidores como para os jurisdicionados.

Sob esse aspecto, é possível que, como afirma Fernanda Bragança, trazendo a lume o contexto francês, o processo sofra alterações desde o ajuizamento da demanda no tribunal até a assinatura da sentença pelo juiz, com uma posterior plataforma de acesso aos títulos executivos para agilizar a execução, contando, ainda, com uma fase inicial *online* de solução de conflitos.[14] No Brasil, o impulso para a desmaterialização adveio da criação do sistema *e-STF,* em 2007[15], para o processamento eletrônico dos recursos extraordinários.

IV.5 O necessário aprimoramento de instrumentos tecnológicos na fase executiva

Conforme estudamos no capítulo relativo à Inteligência Artificial e Execução, o campo da satisfação do direito do credor, seja portador de título executivo judicial, seja extrajudicial, é fértil para aplicações automatizadas.

---

13. Com efeito, o *Design* não se vincula simplesmente a aspectos estéticos ou visuais e possui diversos tipos e possibilidades: design de produtos, serviços, sistemas, organizações, informações. A área comporta estudo especializado. Por todos, vide: HAGAN, Margaret. *Law by Design*. Disponível em: https://lawbydesign.co. Acesso em: 23 jun. 2022.
14. BRAGANÇA, Fernanda. *Justiça Digital*: implicações sobre a proteção de dados pessoais. Solução on-line de conflitos e desjudicialização. Londrina: Thoth, 2021, p. 196.
15. No final do ano de 2006, foi promulgada a Lei 11.419, que inseria dispositivos no CPC/73 autorizando que atos e termos do processo poderiam ser produzidos, transmitidos, armazenados e assinados por meio eletrônico, conforme dispusesse a Lei. Autorizava-se, igualmente, comunicações processuais pela via digital.

Discussões quanto à eficácia e efetividade da desjudicialização no direito brasileiro seguirão no Congresso Nacional. Independentemente de tal movimento, medidas salutares vêm sendo firmadas (convênios, termos e acordos) para, de forma automatizada, buscar ativos, proceder restrições no patrimônio do devedor, o que deverá continuar em aprimoramento. São os exemplos do SISBAJUD, INFOJUD, RENAJUD, SREI, entre outros modelos.[16]

Para o sucesso das iniciativas, é preciso melhorar o intercâmbio de informações e a interoperabilidade entre os sistemas.

IV.6 A mineração de dados, processos, *analytics*, jurimetria, análise preditiva e a preocupação com a assimetria informacional

Área que também se destaca no cenário tecnológico é a ciência de dados. Sua conjugação com o mundo do direito promove a possibilidade de conhecimento efetivo do caminho real do processo. A partir de dados e sua análise, podemos envidar esforços para alterar a realidade.

A descoberta a partir de dados é chamada de *Knowlegde Discovery in Databases* (KDD) ou mineração de dados ou *analytics* e, segundo Ben Fry[17], para que atinja o propósito de auxílio na tomada de decisões e precisão nos resultados, perpassa por sete estágios de evolução, quais sejam:

a) A aquisição de dados: momento inicial em que se colhe, busca os dados, por meio de API's (Interface de programação de aplicações) ou *Web Scraper* (raspagem de dados).[18]

b) A análise dos dados colhidos: é a fase de organização e avaliação preliminar dos dados, uma espécie de pré-processamento das informações.

c) A filtragem indesejada: etapa em que, após a análise, são descartados dados ruidosos em relação ao objeto da pesquisa em trâmite.

d) A exploração dos dados: conjuntamente com setores especializados de análise matemática e estatística, os dados são aplicados pela via de programas de mineração variados, podendo incluir técnicas de aprendizado de máquina de Inteligência Artificial supervisionada.

---

16. Uma análise completa sobre como é possível integrar tecnologia e execução pode ser consultada, em versão livre e gratuita, na obra de Dierle Nunes e Tatiane Costa de Andrade: NUNES, Dierle; ANDRADE, Tatiane Costa de. *Recuperação de créditos:* A Virada Tecnológica: A Serviço Da Execução Por Quantia Certa Teoria E Prática. Expert editora digital, *e-book*, 2021, disponível em: https://experteditora.com.br/recuperacao-de-creditos-a-virada-tecnologica/. Acesso em: 24 jun. 2022, às 13:28h.

17. FRY, Bem. *Visualizing Data*: Exploring and Explaining data with the processing environment. O´Reilly Media Inc., 2007.

18. Para maiores informações técnicas sobre os métodos de investigação digital baseada em dados, vale a leitura da obra: CASELLI, Guilherme. *Manual de Investigação Digital*. Salvador: JusPodivm, 2021.

e) Refinamento dos dados: a partir do resultado obtido, é preciso contextualizar as informações e refinar os dados, restando possível que a etapa anterior de exploração seja revisitada e auditada, de acordo com o propósito da pesquisa.
f) Integração da equipe com a apresentação dos resultados da pesquisa. Considerando que os trabalhos que envolvem Direito e Tecnologia congregam diferentes grupos de especialização, multisetoriais, faz-se imprescindível assegurar o encontro e a discussão de seus membros para avaliação detalhada das fases percorridas, com ajustes finais, pós-pesquisa.

A partir dos ensinamentos anteriores, aplicando a mineração de dados enquanto técnica de extração de informações e ligações advindas de diversos depósitos digitais, é possível conjugar esforços para proceder à mineração de processos. Ou seja, este último campo deverá ser usado para compor estudos e pesquisas sobre aspectos ocultos da caminhada processual, deixando explícito[19], por meio dos *logs*, gargalos e eventos que sequer poderíamos ter conhecimento sem a técnica de padronização de dados, clusterização, oportunizando a proposição de melhoramentos.

Vem se tornando comum a análise preditiva, *analytics*, jurimetria para prever e prevenir determinados acontecimentos. Na seara processual, igualmente, a expansão de tais verificações são inafastáveis para separar os perfis de litigância, descrever padrões, classificar aplicações, redesenhar caminhos. No entanto, devemos permanecer atentos às disparidades que o uso dessas tecnologias proporciona em relação à assimetria informacional.

Como bem pontuam Dierle Nunes e Camilla Paolinelli, considerando que o poder da computação é exponencial, a capacidade que os computadores possuem de realizar tarefas jurídicas complicadas tende a se sofisticar a cada ano, e isso amplia as vantagens de determinados profissionais do Direito que investem no campo da tecnologia jurídica. A ponderação é evidenciada quando pensamos no emprego de *Analytics* para a prevenção de resultado de casos, reforçando as estratégias dos litigantes habituais. Além de que, tal análise pormenorizada pode vir a ser usada por determinados profissionais, mais bem aparelhados, para induzir comportamentos decisórios. Tais aspectos devem ser levados em conta, inclusive para aqueles que buscam desenvolver novos designs de plataformas em ODR, por exemplo.[20]

---

19. AALST, Wil. Process Discovery: Capturing the invisible. *Computational Intelligence Magazine*, IEEE, 5.28-41, 2020.
20. NUNES, Dierle; PAOLINELLI, Camilla. Acesso à justiça e virada tecnológica no sistema de justiça brasileiro: gestão tecnológica de disputas e o alinhamento de expectativas para uma transformação com foco no cidadão – novos designs, arquitetura de escolhas e tratamento adequado de disputas. *In*: NUNES, Dierle; WERNECK, Isadora; LUCON, Paulo Henrique dos Santos. *Direito processual e tecnologia*: os impactos da virada tecnológica no âmbito mundial. São Paulo: JusPodivm, 2022, p. 15-91.

IV.7 O acesso à justiça, o processo e o metaverso: dilemas e oportunidades

Há uma realidade que também bate às portas da jurisdição: o metaverso.

Inquietações nutrem o mundo jurídico, diante da possibilidade da interseção de nossa vida em uma realidade imersiva, ampliada. Conforme artigo desenvolvido por Lik-Hang Lee et al.,[21] o ecossistema metaverso implica relações que afetam diversos setores, a partir de seis pilares básicos que envolvem a figura do avatar, a criação de conteúdos inovadores, a economia virtual, a aceitabilidade social, segurança e privacidade, além da confiança e responsabilidade (fiscalização, auditabilidade). Nesse sentido, a seguinte figura:

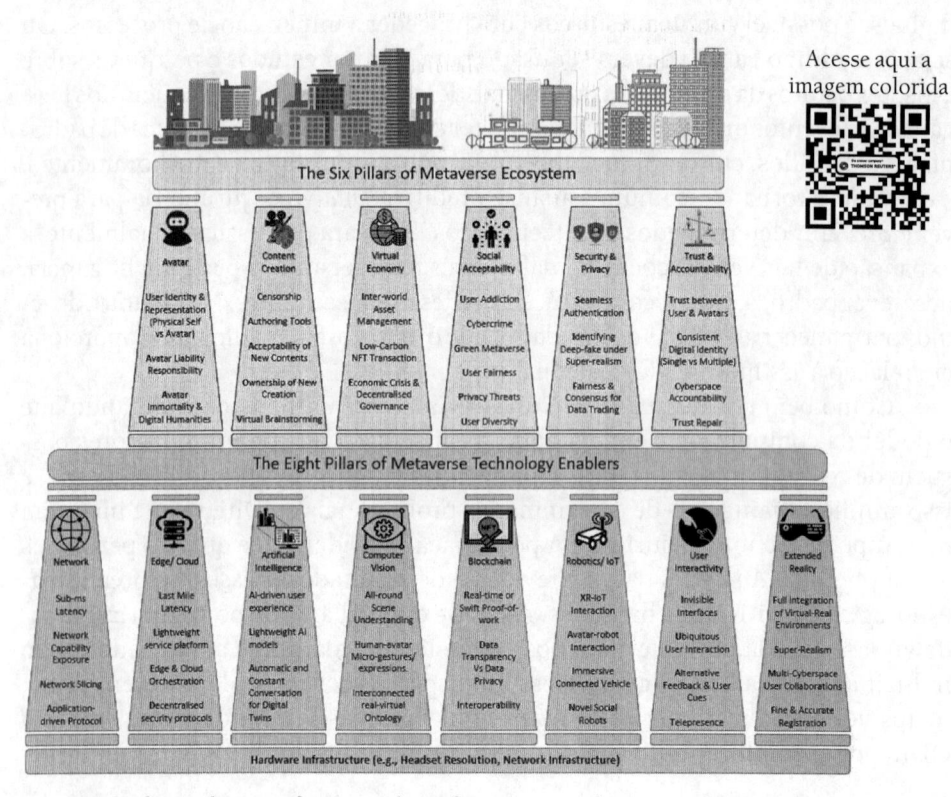

Acesse aqui a imagem colorida

Fig. 34. The figure depicts a future roadmap for metaverse three-stage developments towards the surreality, i.e., the concept of duality and the final stage of co-existence of physical-virtual reality. The technology enablers and ecosystem drivers help achieve self-sustaining, autonomous, perpetual, unified and endless cyberspace.

---

21. LEE, Lik-Hang et al. All One Needs to Know about Metaverse: A Complete Survey on Technological Singularity, Virtual Ecosystem, and Research Agenda, *Journal of latex class files*, vol. 14, nº 8, september 2021.

Para o campo processual, alvo de nossas preocupações nesta obra, podemos questionar: Como assegurar acesso a meios de composição de litígios de forma imediata, célere e eficiente no metaverso? É possível imaginar como se dará o acesso à justiça em um ambiente como o metaverso?

Conforme estudo realizado em obra específica sobre dilemas e implicações do advento do metaverso no universo jurídico[22], devemos avaliar dois âmbitos diversificados: externo ao campo da realidade imersiva e interno.

Assim, remanescem as perguntas a serem discutidas pelo profissional jurídico, em uma perspectiva de avaliação do processo do futuro: Sob a perspectiva externa, o acesso e uso desse universo digital deve ser assegurado de forma igualitária aos cidadãos? E, internamente, àqueles que o utilizam, é possível garantir acesso a meios de composição de litígios de forma imediata, célere e eficiente no metaverso?

Os questionamentos não possuem respostas claras e indenes de dúvidas, até mesmo porque o metaverso é fenômeno que ainda ingressa no ciclo de debates brasileiro de forma paulatina.

De fato, em 28 de outubro de 2021, o mundo digital voltou os olhos para o pronunciamento de Mark Zuckerberg, que anunciou estar transformando o Facebook de uma rede social para o metaverso – o futuro da internet. Na mesma oportunidade, informou que o universo imersivo seria a próxima interação da internet com os seres humanos e renomeou o Facebook para Meta.[23]

Conforme nos informa Brendon Stock, a interpretação de Mark Zuckerberg evoca uma visão de realidade virtual, imersiva. A utilização de um headset Quest VR amplia a experiência e oferta diversas oportunidades de negócios: participar de reuniões de negócios como avatar; repaginar ambientes para a simulação de cenas de crimes; ofertar aulas e ministrar o ensino com uma nova realidade de aprendizado imersivo. Porém, igualmente, traz preocupações com a captura de dados necessária para tanto, já que os óculos inteligentes capturam o que você vê, ouve e fornece a realidade inovadora. O metaverso será acessível via telefones, laptops, tecnologia vestível e fones de ouvido (ou uma combinação deles). Estará em todos os lugares, onde trabalhamos, exercitamos, compramos, socializamos, em uma mistura similar ao que se vê com a Internet das coisas (IoT).[24]

---

22. PEREIRA, João Sérgio dos Santos Soares; MAFALDO, Denize Reginato. O acesso à justiça e o Metaverso: possíveis caminhos de integração. In: AZEVEDO E SOUZA, Bernardo de (coord.). *Metaverso e Direito:* Desafios e oportunidades. São Paulo: Thomson Reuters Brasil, 2022.
23. Sobre o metaverso, sua história, implicações e características centrais, vale a leitura da obra: RIJMENAM, Mark Van. *Step into the metaverse:* How the Immersive Internet will unlock a trillion-dolar social economy. New Jersey: Wiley, 2022.
24. STOCK, Brendon. *The first guide to conquer the blockchain word and invest in virtual lands, NFT (crypto art), altcoins and cryptocurrency plus best defi projects.* Blockchain NFT Academy, 2022.

Gramaticalmente, um ambiente virtual que existe fora, em cima ou além do mundo real é referido como um "metaverso". O termo foi usado pela primeira vez no romance distópico de ficção científica de Neal Stephenson "Snow Crash", publicado em 1992. Explicita Stock que o metaverso, segundo o romance, é uma coleção de realidades virtuais e aumentadas centradas em torno de uma longa "rua" que os indivíduos podem passear como avatares e acessar via óculos e computadores: "Desde então, o termo "metaverso" passou a se referir a uma ampla gama de atividades para construir um mundo virtual mais permanente que permeia nosso cotidiano"[25].

Com essa noção, retornemos ao âmbito do processo e suas garantias fundamentais, uma vez que garantir acesso à justiça em todos os espaços é dever constitucional.

Conforme observado alhures[26], uma das preocupações principais que norteiam o tema acesso à justiça no ambiente metaverso é a observação daqueles que o utilizam, os seres humanos. Se vivemos em um País em que as desigualdades político-socioeconômicas são enormes, inclusive em nível regional, é preciso discutir, com a devida seriedade, como o Poder Público pode promover a redução delas para os eventuais litigantes vulneráveis, uma vez que é dever do Estado e objetivo fundamental da República construir uma sociedade livre, justa e solidária, com a mitigação das desigualdades sociais e regionais (Artigo 3º, I e III, da CRFB/88).

Outrossim, embora no metaverso estejamos representados por símbolos identitários próprios, os avatares, é preciso considerar que, por detrás, há seres humanos que são dignos de tutela, por um lado, e sujeitos à responsabilização, em casos de violação das regras e princípios dispostos em nosso ordenamento jurídico.

A dificuldade de acesso à justiça pelos vulneráveis, uma das primeiras ondas de preocupação aventada por Garth e Cappelletti em estudo histórico sobre o tema, é potenciada pelo advento do metaverso, uma vez que o acesso imersivo está diretamente relacionado à existência de grandes recursos financeiros. Não se pode ignorar que as pessoas, para ingressar nesse universo, deverão ter condições financeiras para tanto, eis que não se trata de um ambiente com custo zero. A necessidade de existência de recursos econômicos para acesso ao metaverso leva não só à criação de grandes monopólios – já que os serviços jurídicos serão prestados por poucos –, mas também ao distanciamento do cidadão de um universo que está mais iminente na vida da sociedade.

Por um outro lado, também é possível afirmar que as alterações tecnológicas de digitalização, automação de atividades repetitivas e uso e desenvolvimento de

---

25. *Ibidem*, p. 10-11.
26. PEREIRA, João Sérgio dos Santos Soares; MAFALDO, Denize Reginato. O acesso à justiça e o Metaverso: possíveis caminhos de integração. *In*: AZEVEDO E SOUZA, Bernardo de (coord.). *Metaverso e Direito*: Desafios e oportunidades. São Paulo: Thomson Reuters Brasil, 2022.

Inteligência Artificial no Judiciário têm o condão de ampliar o acesso à justiça, pois integram e inserem oportunidades àqueles que têm dificuldades de alcance efetivo ao Poder, a ponto de incluírem uma nova onda de acesso, de acordo com o *Global Acess to Justice Project*[27], a sexta, que estuda as iniciativas promissoras das novas tecnologias para aprimorar o referido acesso à justiça.

No entanto, por outro, diante de tais alterações, estaria o Metaverso preparado para receber as possíveis demandas, litigâncias, conflitos reais que os seres humanos podem criar e fomentar, por meio de seus avatares? Haveria uma imposição ao Poder Público de acompanhar e fiscalizar esse ambiente imersivo, com uma regulação inclusiva e protetiva para os vulneráveis digitais? Como tratar o processo, a solução de disputas nesse ambiente?

Ao que nos parece, é possível antever que se os cidadãos estão no novo ambiente imersivo, é preciso que o Poder Público também esteja, para alguns, de forma ainda mais enfática, com a fiscalização e integração no próprio espaço virtualizado do metaverso, enquanto, para outros, bastaria assegurar, de forma externa, os direitos fundamentais constitucionalmente dispostos.

De um modo ou outro, é preciso equilibrar as esferas pública e privada, em prol da coletividade.

Ademais, é preciso considerar que os Avatares correspondem à nossa personificação no metaverso. Se assim é, há de se resguardar a eles, simetricamente, direitos e garantias constitucionais transportáveis para esse novo ambiente diversificado de possibilidades, incluindo a solução de possíveis desavenças que advenham de tal ambiente.

O Metaverso, enquanto universo imersivo de aplicação, confere aos seus participantes dimensão que não deve ser isenta de direitos e garantias, de molde a gerar confiança e segurança a seus usuários. Embora inexista uma legislação específica para esse ambiente, é certo que, em nosso País, há normas que tratam da proteção de dados pessoais, navegabilidade na internet e, no caminho, um novo marco regulatório para a Inteligência Artificial[28].

Embora o novo ambiente digital traga a possibilidade de criação de mundos sociais independentes e intercambiantes relacionais, com a prestação de serviços e a aposta de empreendimentos multissetoriais, com estrutura descentralizada, é possível antever que inexiste possibilidade constitucional de observar tais modelos inovadores como acéfalos de proteção.

---

27. O *Global Acess to Justice Project* tem o objetivo fundamental de pesquisar e identificar soluções práticas para a problemática do acesso à justiça, formando uma rede internacional de pesquisadores advindos de todas as partes do mundo, e em uma escala global. Sobre o projeto, vide: https://globalaccesstojustice.com/project-overview/?lang=pt-br. Acesso em: 07 jun. 2022.
28. No momento de escrita deste livro, seguiam os debates a respeito da edição de projeto substitutivo ao PL´s 21/20, que trata da regulação da Inteligência Artificial no Brasil.

A representação pessoal e o engajamento social proporcionados pelo metaverso, somados às realidades virtuais e aumentadas, conduzem à afirmação de que, dentro de espaço curto de tempo (dada a velocidade exponencial das transformações digitais em curso), importarão, sobremaneira, as ações e omissões de nossos avatares.

Violações que venham a ser reconhecidas no ambiente virtualizado devem ter a sua devida correspondência a direitos e garantias constitucionais básicas, uma vez que por trás da simbologia do avatar há um ser humano, digno de tutela. Automóveis autônomos, entes robóticos, a interação homem-máquina parece denotar assuntos diferentes, pois no metaverso a relação é homem-avatares-ecossistemas virtuais independentes.

Não se trata de discutir personalidade ou autonomia independente às nossas representações e simbologias pessoais no Metaverso[29], mas como coadunar todo um ambiente em que essas representações possuam o mesmo nível de direitos e garantias reais e concretas. Afinal, tal ambiente digital se propõe imersivo e com promessas de autonomia, pela via de acesso a bens de consumo e serviços, grande aposta das gigantes da tecnologia. Mas não é possível olvidar que há problemas de segurança das informações, furto e apreensão de dados de terceiros e utilização dos avatares para fins indevidos, restando compreender como faremos para inserir os Tribunais e os órgãos de persecução criminal virtualmente.

É possível que serviços e Órgãos Públicos estejam presentes no ambiente próprio do metaverso, mas, para tanto, a imposição de algum tipo de regulamentação do espaço é necessária, pois, enquanto elementos promovedores de acesso à justiça em sentido amplo, devem ser implantados subsídios suficientes para que suas representações sejam incluídas, enquanto plano de ação e política pública de proteção de tutela dos seres humanos por detrás dos avatares. A tecnologia deve ser tomada em benefício da humanidade, e não contra ela.

IV.8 Uma palavra final: quando o inevitável e irrefreável deve ser operado a nosso favor

Um processo que se pense "do futuro" não escapará das discussões expostas, por mais apartadas da realidade momentânea que possam parecer.

O que podemos concluir, por agora, após as verificações possíveis, é que modelos efetivos, como aqueles que se utilizam de IA, ainda que em sua versão

---

29. Em outro artigo um dos autores desta obra discutira se seria necessário conferir personalidade jurídica aos robôs dotados de Inteligência Artificial: PEREIRA, João Sergio dos Santos Soares. E-personality aos robôs dotados de inteligência artificial: uma terceira via de personalidade? Utopia ou realidade? A necessidade de discutir a interação entre seres humanos e robôs. *Revista de Direito e Novas Tecnologias*, São Paulo, v. 3, n. 7, abr./jun. 2020.

fraca mais simplista para a resolução de um problema específico, promovem uma diferenciação enorme na realidade daqueles que precisam solucionar os seus problemas e conflitos.

Assim, o futuro do processo deverá congregar, de fato, a realidade tecnológica espelhada na sociedade. Afinal, a Era Digital a qual estamos imersos é irrefreável e irreversível. Façamos que opere, portanto, a nosso favor.

POSFÁCIO

Quem atravessar o caminho delineado, neste livro, por João Sergio dos Santos Soares Pereira e Luís Manoel Borges do Vale, perceberá que o contato entre o processo e os cada vez mais profusos meios tecnológicos está muito além da mera digitalização dos atos processuais.

A inevitável e paulatina ampliação das ferramentas tecnológicas utilizadas para as tarefas diárias dos juízes e advogados anuncia a nova realidade do processo: a Justiça *online,* cuja potencialidade revelada pela inteligência artificial e outras tecnologias disruptivas o livro procura explorar.

Vale e Pereira, situados nesse contexto, mostram que a construção do melhor processo não se satisfaz apenas com elaborações teóricas, mas exige também uma aventura pelo campo quase alienígena da tecnologia, cuja força gravitacional está cada vez mais irresistível. Como fazer uso das novas tecnologias para aperfeiçoar a solução dos conflitos levados ao Poder Judiciário? A obra dá resposta à pergunta, contribuindo para esclarecer pontos fundamentais para o processo dos nossos dias.

Os autores estão de parabéns pelo importante livro, que certamente contribuirá muito para o estudo do direito processual entre nós.

Luiz Guilherme Marinoni

REFERÊNCIAS BIBLIOGRÁFICAS

AALST, Wil. Process Discovery: Capturing the invisible. *Computational Intelligence Magazine*, IEEE, 5.28-41, 2020.

ABBOUD, Georges. *Do genuíno precedente do stare decisis ao precedente brasileiro: os fatores histórico, hermenêutico e democrático que os diferenciam*. DIDIER JR., Fredie et al. (coord.). Precedentes. JusPodivm. Salvador, 2015.

ABBOUD, Georges; PEREIRA, João Sergio dos Santos Soares. *O devido processo na era algorítmica digital*: premissas iniciais necessárias para uma leitura constitucional adequada. Revista dos Tribunais, ano 110, vol. 1026, abr. 2021, p. 125-145.

ALEXY, Robert. *Teoria da argumentação jurídica:* a teoria do discurso racional como Teoria da justificação jurídica. Tradução de Zilda Hutchinson Silva. 2 ed. São Paulo: Laudy, 2005.

ALGORITMO roubou meu futuro: solução para 'Enem britânico' na pandemia provoca escândalo, disponível em: https://www.bbc.com/portuguese/internacional-53853627. Acesso em: 02 abr. 2022.

ARRUDA ALVIM, Teresa; DANTAS, Bruno. *Recurso especial, recurso extraordinário e a nova função dos tribunais superiores no direito brasileiro*. 4ª edição. São Paulo: Revista dos Tribunais, 2017.

ATIENZA, Manuel. *As razões do Direito:* Teorias da argumentação jurídica: Perelman, Toulmin, MacCormick, Alexy e outros. Tradução de Maria Cristina Gonçalves Cupertino. 2. ed. São Paulo: Laudy, 2002.

AVELINO, Murilo Teixeira. A posição do magistrado em face dos negócios jurídicos processuais: já uma releitura. *In*: CABRAL, Antônio; NOGUEIRA, Pedro Henrique (org.). *Negócios Processuais*. Salvador: JusPodivm, 2017.

BARBI, Celso Agrícola. *Comentários ao Código de Processo Civil*. Vol. I. Rio de Janeiro: Forense, 2018.

BARBOSA, Caroline Vargas; Debora Bonat. A tecnologia em prol da efetividade e do acesso à justiça: um diagnóstico da execução fiscal no Brasil e da utilização da tecnologia nas execuções fiscais. *In*: PEIXOTO, Fabiano Hartmann. *Inteligência artificial: estudos de inteligência artificial*. Vol. 4. Curitiba: Alteridade, 2021.

BARROSO, Luís Roberto. *Revolução tecnológica, crise da democracia e constituição*: direito e políticas públicas num mundo em transformação. Belo Horizonte: Fórum, 2021.

BELLMAN, Richard. *An introduction to Artificial Intelligence: Can Computer Think?* Boyd & Frase, 1978, *apud* RUSSEL, Stuart J.; NORVIG, Peter. *Artificial Intelligence*. A Modern Approach. 3 ed. India: Person Indian Education Services, 2010.

BOBBIO, Norberto. *O positivismo jurídico: lições de filosofia do direito*. São Paulo: Ícone, 2006.

BONAT, Debora. A judicialização da política e emancipação: um exame da repercussão geral nos recursos extraordinários julgados pelo Supremo Tribunal Federal. *Tese (Doutorado) – Curso de Direito, Universidade de Brasília*, Brasília, 2014.

BONAT, Débora; PEIXOTO, Fabiano Hartmann. Processo e Inteligência Artificial: uma perspectiva de logística jurisdicional em um contexto de precedentes. *In*: IWAKURA, Cristiane; BORGES, Fernanda Gomes e Souza; BRANDIS, Juliano Oliveira (orgs.). *Processo e Tecnologia*. Londrina: Thoth Editora, 2022.

BORDONE, R.; ROGERS, N.; SANDER, E.; MC EWEN, C. *Designing Systems and process for managing disputes*. 2nd edition. Queen Mary, University of London: Wolters Kluwer Law & Business, 2018.

BOSTROM, Nick. *Superinteligência: caminhos, perigos e estratégias para um novo mundo*. Darkside Books. Rio de Janeiro, 2018.

BRAGANÇA, Fernanda. *Justiça Digital*: implicações sobre a proteção de dados pessoais. Solução on-line de conflitos e desjudicialização. Londrina: Thoth, 2021.

BRASIL. *Comissão de Juristas instituída pelo Ato do Presidente do Senado nº 4, de 2022*, destinada a subsidiar a elaboração de minuta de substitutivo para instruir a apreciação dos Projetos de Lei nºs 5.051, de 2019, 21, de 2020, e 872, de 2021, que têm como objetivo estabelecer princípios, regras, diretrizes e fundamentos para regular o desenvolvimento e a aplicação da inteligência artificial no Brasil. Brasília: Senado Federal, 2022.

BRASIL. Conselho Nacional de Justiça. *Inteligência artificial na Justiça*. Coordenação: José Antônio Dias Toffoli; Bráulio Gabriel Gusmão. – Brasília: CNJ, 2019. Disponível em: https://www.cnj.jus.br/wp-content/uploads/2020/03/Inteligencia_artificial_no_poder_judiciario_brasileiro_2019-11-22.pdf. Acesso em: 13 jul. 2022.

BRASIL. Conselho Nacional de Justiça. *Inteligência Artificial no Poder Judiciário brasileiro*. Brasília: CNJ, 2019.

BRASIL. Conselho Nacional de Justiça. *Justiça em Números,* 2020. Brasília: CNJ, 2020.

BRASIL. Conselho Nacional de Justiça. *Justiça em Números*, disponível em: https://www.cnj.jus.br/pesquisas-judiciarias/cnj-em-numeros/. Acesso em: 29 mar. 2022.

BRASIL. Conselho Nacional de Justiça. *Justiça em números 2021*. Brasília, CNJ, 2021.

BRASIL. Conselho Nacional de Justiça. *Portaria n. 25 de 19 de fevereiro de 2019*. Institui o Laboratório de Inovação para o Processo Judicial em meio Eletrônico – Inova PJe e o Centro de Inteligência Artificial aplicada ao PJe e dá outras providências. Brasília: DJe/CNJ nº 35/2019, em 22/02/2019, p. 4-7. Disponível em: https://atos.cnj.jus.br/atos/detalhar/2829. Acesso em: 20 jun. 2022.

BRASIL. Conselho Nacional de Justiça. *Resolução n. 358, de 02 de dezembro de 2020*. Regulamenta a criação de soluções tecnológicas para a resolução de conflitos pelo Poder Judiciário por meio da conciliação e mediação. Brasília: DJe/CNJ nº 382/2020, de 3/12/2020, p. 2-3. Disponível em: https://atos.cnj.jus.br/atos/detalhar/3604. Acesso em: 24 jun. 2022.

BRASIL. Instituto de Pesquisa Econômica Aplicada. *Custo Unitário do Processo de Execução Fiscal na Justiça Federal*. Brasília, 2011. Disponível em: http://repositorio.ipea.gov.br/bitstream/11058/7862/1/RP_Custo_2012.pdf.

REFERÊNCIAS BIBLIOGRÁFICAS

BRASIL. Presidência da República. *Lei n. 14.010, de 10 de junho de 2020*. Dispõe sobre o Regime Jurídico Emergencial e Transitório das relações jurídicas de Direito Privado (RJET) no período da pandemia do coronavírus (Covid-19). DOU de 8.9.2020 - Edição extra. Disponível em: http://www.planalto.gov.br/ccivil_03/_ato2019-2022/2020/lei/L14010.htm. Acesso em: 03 jun. 2022.

BRASIL. Superior Tribunal de Justiça. *CC n. 147.746/SP*, relator Ministro Napoleão Nunes Maia Filho, Primeira Seção, julgado em 27/5/2020, DJe de 4/6/2020.

BRASIL. Superior Tribunal de Justiça. HC 459.824/SP, Rel. Ministro Joel Ilan Paciornik, Quinta Turma, julgado em 09/04/2019, DJe 22/04/2019. Disponível em: https://ww2.stj.jus.br/processo/revista/inteiroteor/?num_registro=201801772996&dt_publicacao=22/04/2019. Acesso em: 20 jun. 2022.

BRASIL. Superior Tribunal de Justiça. RHC 51.531-RO, Rel. Min. Nefi Cordeiro, Sexta Turma, julgado em 19/4/2016, DJe 9/5/2016, Informativo n. 583, período entre 13 a 26 de maio de 2016. https://ww2.stj.jus.br/jurisprudencia/externo/informativo/?acao=pesquisarumaedicao&livre=@cod=%270583%27. Acesso em: 07 jun. 2022.

BRASIL. Superior Tribunal de Justiça. RHC 86.076-MT, Rel. Min. Sebastião Reis Júnior, Rel. Acd. Min. Rogerio Schietti Cruz, por maioria, Sexta Turma, julgado em 19/10/2017, DJe 12/12/2017, Informativo n. 617, de 09 de fevereiro de 2018. Disponível em: https://ww2.stj.jus.br/jurisprudencia/externo/informativo/?acao=pesquisarumaedicao&livre=@cod=%270617%27. Acesso em: 07 jun. 2022.

BRASIL. Superior Tribunal de Justiça. RHC 99.735-SC, Rel. Min. Laurita Vaz, Sexta Turma, julgado em 27/11/2018, DJe 12/12/2018, Informativo n. 640, de 15 de fevereiro de 2019. Decisões relativas ao aplicativo *whatsapp* se encontram disponíveis, atualizadas: https://ww2.stj.jus.br/jurisprudencia/externo/informativo/?acao=pesquisar&livre=-WHATSAPP&operador=mesmo&b=INFJ&thesaurus=JURIDICO&p=true. Acesso em: 07 jun. 2022.

BRASIL. Supremo Tribunal Federal (STF). Dossiê [recurso eletrônico]: *STF na pandemia de Covid-19 / Supremo Tribunal Federal*. — Brasília: STF, Secretaria de Altos Estudos, Pesquisas e Gestão da Informação, 2021.

BRASIL. Supremo Tribunal Federal, RE 418.416, Tribunal Pleno, Rel. Min. Sepúlveda Pertence, julgado em: 10/05/2006. DJe de 19/12/2006. Disponível em: http://redir.stf.jus.br/paginadorpub/paginador.jsp?docTP=AC&docID=395790. Acesso em: 03 maio 2022.

BRASIL. Supremo Tribunal Federal. *Case law compilation* [recurso eletrônico]: Covid-19 / Brazilian Federal Supreme Court. – Brasília: STF, Secretaria de Altos Estudos, Pesquisas e Gestão da Informação, 2020, *eBook*.

BRASIL. Tribunal de Contas da União. Processo n. 031.044/2019-0, *Acórdão n. 1613/2020*, Relatório de levantamento, Plenário, Relator: Ministro Aroldo Cedraz, data da sessão: 24/06/2020. Disponível em: https://portal.tcu.gov.br/imprensa/noticias/tcu-realiza--estudo-inovador-sobre-a-tecnologia-blockchain-e-elabora-guia-para-orientar-os--gestores.htm. Acesso em: 24 jun. 2022.

BRASIL. Tribunal de Contas da União. Relatório TC n. 006.662/2021-8, *Acórdão n. 1139/2022*. Disponível em: https://portal.tcu.gov.br/data/files/1C/62/96/7E/06DF08102DFE0FF-7F18818A8/006.662-2021-8-AC%20-%20Levantamento_Inteligencia_Artificial.pdf. Acesso em: 11 jul. 2022.

BRITISH Columbia, Content Justice, disponível em: https://www2.gov.bc.ca/gov/content/justice/about-bcs-justice-system/legislation-policy/legislation-updates/civil-resolution-tribunal-act. Acesso em: 09 abr. 2022.

BROWN, Tim. *Design Thinking*: uma metodologia poderosa para decretar o fim das velhas ideias. Tradução de Cristina Yamagami. Rio de Janeiro: Alta Books, 2020.

CABRAL, Antônio do Passo. *Convenções Processuais*. 2. ed. Salvador: JusPodivm, 2016.

CÂMARA, Alexandre Freitas. *Levando os padrões decisórios a sério*: formação e aplicação de precedentes e enunciados de súmula. São Paulo: Atlas, 2018.

CÂMARA, Alexandre Freitas. *Manual de Direito Processual Civil*. Barueri: Atlas, 2022.

CÂMARA, Alexandre Freitas; MARÇAL, Felipe Barreto. Repensando os dogmas da publicidade e do sigilo na Justiça brasileira. *Revista de Processo*. São Paulo: Revista dos Tribunais, nº 299, jan./2020, p. 43-68.

CAMBI, Eduardo. *Neoconstitucionalismo e neoprocessualismo: direitos fundamentais, políticas públicas e protagonismo judiciário*. São Paulo: Almedina, 2016.

CAPPELLETTI, Mauro; GARTH, Bryan. *Acesso à Justiça*. Trad. Ellen Gracie Northfleet. Porto Alegre: Fabris Editora, 1988.

CARNEIRO, Athos Gusmão. *Jurisdição e competência*. 17ª ed. São Paulo: Saraiva, 2010.

CARNEIRO, Paulo César Pinheiro, Comentários aos arts. 1º ao 15. *In*: ARRUDA ALVIM WAMBIER, Teresa et al. Breves comentários ao Código de Processo Civil. São Paulo: Revista dos Tribunais, 2015.

CASELLI, Guilherme. *Manual de investigação digital*. São Paulo: JusPodivm, 2021.

CASTELLI, Claudio; PIANA, Daniela. *Giusto processo e intelligenza artificiale*. Santarcangelo di Romagna: Maggioli, 2019.

CASTRO, Carlos Roberto Siqueira. *O devido processo legal e os princípios da razoabilidade e da proporcionalidade*. Rio de Janeiro: Forense, 2010.

CAYÓN, José Ignacio Solar. *La inteligencia artificial jurídica: el impacto de la innovación tecnológica em la práctica del Derecho y el mercado de servicios jurídicos*. Thomson Reuters. España, 2019.

CEJ publica cadernos de enunciados aprovados na I Jornada de direito administrativo e processo penal, disponível em: shttps://www.cjf.jus.br/cjf/noticias/2020/08-agosto/cej-publica-cadernos-de-enunciados-aprovados-na-i-jornada-de-direito-administrativo-e-na-i-jornada-de-direito-e-processo-penal. Acesso em: 01 abr. 2022.

CITRON, Danielle Keats. *Technological Due Process*. 85 WASH. U. L. ver. 1249 (2008). Disponível em: https://openscholarship.wustl.edu/law_lawreview/vol85/iss6/2/. Acesso em: 12 jul. 2022.

CLEMENTINO, Marco Bruno Miranda. Legal Design no Poder Judiciário. *In*: CALAZA, Tales; FALEIROS JÚNIOR, José Luiz de Moura (coords.). *Legal Design*. São Paulo: Foco, 2021.

COMOGLIO, Luigi Paolo. *Il modelli di garanzia costituzionale del processo*, in Riv. dir. proc. civ., v. 45, 1991.

COMO os filtros digitais de beleza perpetuam o colorismo, disponível em: https://mittechreview.com.br/como-os-filtros-digitais-de-beleza-perpetuam-o-colorismo/. Acesso em: 28 jan. 2022.

CORNIELLES-HERNÁNDEZ, Jose Angel. ¿Seriatim o per curiam? Modelos de decisiones colegiadas emitidas por las cortes constitucionales. *Civil Procedure Review,* v. 11, n. 1: jan.-abr. 2020.

COSTA, Marcos Bemquerer; BASTOS, Patrícia Reis Leitão. Controle Externo: *Revista do Tribunal de Contas do Estado de Goiás*, Belo Horizonte, ano 2, n. 3, p. 11-34, jan./jun. 2020.

CURY, Cesar. Um modelo transdisciplinar de solução de conflitos: Direito e tecnologia no processo de recuperação judicial no *leading case* OI S/A. *In:* NUNES, Dierle; LUCON, Paulo Henrique dos Santos; WOLKART, Erik Navarro. *Inteligência artificial e direito processual:* os impactos da virada tecnológica no direito processual. Salvador: JusPodivm, 2020, p. 83-104.

DIÁLOGO de Blake Lemoine: https://www.docdroid.net/rHg2Zmd/is-lamda-sentient-an-interview-by-blake-lemoine-jun-2022-medium-pdf. Acesso em: 12 jul. 2022.

DIDIER JR., Fredie. *Curso de direito processual civil*: teoria da prova, direito probatório, ações probatórias, decisão, precedente, coisa julgada e antecipação dos efeitos da tutela. 11ª ed. Salvador: JusPodivm, 2016.

DIDIER JR., Fredie. Negócios jurídicos processuais atípicos no CPC-2015. *In:* MARCATO, Ana *et al.* (coord.). *Negócios Processuais*. V. 1. Coletânea Mulheres no Processo Civil. Salvador: JusPodivm, 2017.

DIDIER JR., Fredie. Princípio do respeito ao autorregramento da vontade no processo civil. *In: Ensaios sobre os negócios jurídicos processuais.* Fredie Didier Jr. (org.). Salvador: JusPodivm, 2018.

DIDIER JR., Fredie; NOGUEIRA, Pedro Henrique Pedrosa. *Teoria dos Fatos Jurídicos Processuais*. 2ª Edição. Salvador: JusPodivm, 2013.

DINAMARCO, Cândido Rangel. *Comentários ao código de processo civil: das normas processuais civis e da função jurisdicional*. Vol. 1. São Paulo: Saraiva, 2018.

DOHERTY, M. Comprehensibility as a Rule of Law Requirement: The Role of Legal Design in Delivering Access to Law, *Journal of Open Access to Law*, Vol. 8, n. 1, 2020.

DOMINGOS, Pedro. *O algoritmo mestre*: como a busca pelo algoritmo de machine learning definitivo recriará nosso mundo. Traduzido por Aldir José Coelho Corrêa da Silva. Novatec. São Paulo, 2017.

DUXBURY, Neil. *The nature and authority of precedent*. United Kingdom: Cambridge University Press, 2008.

DWORKIN, Ronald. *O império do direito*. 3ª ed. Tradução: Jeferson Luiz Camargo. São Paulo: Martins Fontes, 2014.

EDELMAN, Gilad. *Paradise at the Crypto Arcade*: Inside the Web3 Revolution, The new movement wants to free us from Big Tech and exploitative capitalism—using only the blockchain, game theory, and code. What could possibly go wrong? May, 10, 2022. Disponível em: https://www.wired.com/story/web3-paradise-crypto-arcade/. Acesso em: 24 jun. 2022.

FARIA, Marcio Carvalho. Primeiras impressões sobre o projeto de lei 6.204/2019: críticas e sugestões acerca da tentativa de se desjudicializar a execução civil brasileira (parte um). *Revista de Processo*. São Paulo: Revista dos Tribunais, nº 313, Mar/2021, p. 393-414.

FAZZALARI, Elio. *Instituzioni di diritto processuale*. 8 ed. Padova: CEDAM, 1996.

FENOLL, Jordi Nieva. *Inteligencia artificial y proceso judicial*. Marcial Pons. Madrid, 2018.

FERRAJOLI, Luigi. *Direito e razão – teoria geral do garantismo penal*. Fauzi Choukr (trad.). São Paulo: Revista dos Tribunais, 2002, p. 683-688.

FERRAMENTA de recrutamento Amazon AI discriminava mulheres, disponível em: https://tecnoblog.net/meiobit/391571/ferramenta-de-recrutamento-amazon-ai-discriminava-mulheres/. Acesso em: 01 jun. 2022.

FERRAMENTA estimula colaboração no judiciário, disponível em: https://www.cnj.jus.br/ferramenta-estimula-colaboracao-no-judiciario/. Acesso em: 04 jul. 2022.

FISS, Owen; RESNIK, Judith. *Adjudication ant its Alternatives:* An introduction to procedure. New York: Foundation Press, 2003.

FREITAS, Juarez; FREITAS, Thomas Bellini. *Direito e inteligência artificial*: em defesa do humano. Belo Horizonte: Fórum, 2020.

FRY, Bem. *Visualizing Data*: Exploring and Explaining data with the processing environment. O´Reilly Media Inc., 2007.

FUX, Luiz. Juízo 100% digital e a vocação da moderna atividade jurisdicional. *In:* FUX, Luiz; ÁVILA, Henrique; CABRAL, Trícia Navarro Xavier (coords.). *Tecnologia e Justiça Multiportas*. São Paulo: Foco, 2021.

FUX, Luiz; BODART, Bruno. *Processo civil e análise econômica*. Rio de Janeiro: Forense, 2019.

GAJARDONI, Fernando da Fonseca *et al*. *Comentários ao código de processo civil*. 4ª ed. Rio de Janeiro: Forense, 2021.

GAJARDONI, Fernando da Fonseca *et al*. *Teoria geral do processo:* comentários ao CPC de 2015. 2ª ed. Método. São Paulo, 2017.

GAO, United States Government Accountability Office, Report to Congressional Requesters by Technology Assessment: *Blockchain Emerging Technology Offers Benefits for Some Applications but Faces Challenges,* March 2022, disponível em: https://www.gao.gov/assets/720/719826.pdf. Acesso em: 24 jun. 2022.

GARNER, Bryan A. *et al*. *The law of judicial precedent*. Thomson Reuters. USA, 2016.

GLOBAL access to justice, disponível em: https://globalaccesstojustice.com/project-overview/?lang=pt-br. Acesso em: 07 jun. 2022

GRECO, Leonardo. *As garantias fundamentais do processo na execução fiscal*. In LOPES, João Batista. CUNHA, Leonardo José Carneiro da (coords.). *Execução Civil* (aspectos polêmicos). São Paulo: Dialética, 2005.

GUIZZARDI, Silvia. *L'intelligenza artificiale e le invenzioni industriali*. RUFFOLO, Ugo. *XXVI Lezioni di diritto dell'intelligenza artificiale*. Torino: Giappichelli, págs. 318-327.

HAGAN, M. *Law by Design*. 2020. Disponível em: https://lawbydesign.co/. Acesso em: 14 mar. 2022.

HARARI, Yuval Noah. *21 lições para o século 21*. Tradução: Paulo Geiger. Companhia das Letras. São Paulo, 2018.

HARTMANN, Fabiano; SCHIEFLER, Eduardo; DEZAN, Matheus Lopes. A decisão administrativa robótica e o dever de motivação: Robôs proferirem decisões administrativas é decerto inovador. A necessidade de motivação, não. *Jota*, em: 01 set. 2020, disponível em: https://www.jota.info/coberturas-especiais/inova-e-acao/a-decisao-administrativa-robotica-e-o-dever-de-motivacao-01092020. Acesso em: 18 mar. 2022.

HELLO, World: Artificial intelligence and its use in the public sector, publicado pela Organização para a Cooperação e Desenvolvimento Econômico (OCDE) (2019) e disponível em: https://www.oecd.org/gov/innovativegovernment/working-paper-hello-world-artificial-intelligence-and-its-use-in-the-public-sector.htm?utm_content=buffer2b1a0&utm_medium=social&utm_source=facebook.com&utm_campaign=buffer. Acesso em: 29 jul. 2022.

HILL, Flávia Pereira. *Lições do isolamento*: reflexões sobre direito processual em tempos de pandemia. Niterói-RJ: 2020.

INTELIGÊNCIA artificial, execução fiscal e seus cenários, disponível em: http://www.pg.df.gov.br/wp-conteudo/uploads/2020/06/IAExecucaoFiscal_Cenarios.pdf. Acesso em: 03 jul. 2022.

INTELIGÊNCIA ARTIFICIAL: Tecnologia aplicada à gestão dos conflitos no âmbito do Poder Judiciário brasileiro. 2ª ed. Coordenação: Luis Felipe Salomão. FGV conhecimento, Rio de Janeiro/São Paulo, 2022.

KAHNEMAN, Daniel. *Rápido e devagar*: duas formas de pensar. Traduzido por Cássio de Arantes Leite. Objetiva. Rio de Janeiro, 2012.

KATSH, Ethan; RABINOVICH-EINY, Orna. *Digital Justice*: technology and the internet of dispute. Oxford University Press. 2017.

KATSH, Ethan; RIFKIN, Janet. *Online Dispute Resolution, Resolving Conflicts in Cyberspace*. Jossey Bass: São Francisco, 2001.

KRELL, Andreas J. A relevância da teoria do fato jurídico no âmbito do moderno direito constitucional e administrativo. DIDIER JR., Fredie; EHRHARDT JR, Marcos (coord.). *Revisitando a teoria do fato jurídico*: homenagem a Marcos Bernardes de Mello. São Paulo: Saraiva, 2010.

LAGE, Fernanda de Carvalho. *Manual de Inteligência Artificial no Direito Brasileiro*. Salvador: JusPodivm, 2021.

LEE, Kai-Fu. *Inteligência artificial:* Como os robôs estão mudando o mundo, a forma como amamos, nos relacionamentos, trabalhamos e vivemos. Traduzido por Marcelo Barbão. Globo Livros. 2019.

LEE, Lik-Hang et al. All One Needs to Know about Metaverse: A Complete Survey on Technological Singularity, Virtual Ecosystem, and Research Agenda, *Journal of latex class files*, vol. 14, nº 8, september 2021.

LEONEL, Ricardo de Barros. Provas, meios eletrônicos e garantias constitucionais: reflexões iniciais. In: LUCON, Paulo Henrique dos Santos et al. *Direito, Processo e Tecnologia*. São Paulo: Revista dos Tribunais, 2022, edição eletrônica.

LOPES JUNIOR, Aury. *Direito processual penal*. 17. ed. São Paulo: Saraiva Educação 2020.

LORDELO, João Paulo. *Constitucionalismo digital e devido processo legal*. São Paulo: JusPodivm, 2022.

LUTTERMANN, Karin. Be Clear! The Role of Clarity in Legal Communication. *Catholic University of Eichstaett-Ingolstadt*, 2021. Disponível em: https://ojs.law.cornell.edu/index.php/joal/index. Acesso em: 03 fev. 2022.

LUU, Loi; CHU, Duc-Hiep et al. Making smart contracts smarter, CCS'16, octubre 2016, p. 266 ss.

MACÊDO, Lucas Buril. *Precedentes judiciais e o direito processual civil*. 3ª edição. Salvador: JusPodivm, 2019.

MALONE, Hugo; NUNES, Dierle. *Manual da justiça digital:* compreendendo a *Online Dispute Resolution* e os Tribunais *Online*. Salvador: JusPodivm, 2022.

MARINONI, Luiz Guilherme. *Julgamento nas cortes supremas: precedente e decisão do recurso diante do novo CPC*. São Paulo: Revista dos Tribunais, 2015.

MARINONI, Luiz Guilherme. *O precedente na dimensão da igualdade*. In: MARINONI, Luiz Guilherme (org.). *A força dos precedentes*: estudos dos cursos de mestrado e doutorado em direito processual civil da UFPR. 2ª ed. Salvador: JusPodivm, 2012.

MARINONI, Luiz Guilherme. *Precedentes obrigatórios*. 2ª ed. São Paulo: Revista dos Tribunais, 2011.

MARINONI, Luiz Guilherme. *Processo Constitucional e Democracia*. São Paulo: Thomson Reuters Brasil, 2021.

MARINONI, Luiz Guilherme; ARENHART, Sérgio Cruz; MITIDIERO, Daniel. *Curso de Processo Civil*: teoria geral do processo. Vol. 1. 4ª ed. São Paulo: Thomson Reuters, 2019.

MARINONI, Luiz Guilherme; ARENHART, Sérgio Cruz. *Accountability* e transparência da justiça civil no Brasil. MITIDIERO, Daniel (coord.). *Accountability* e transparência da justiça civil: uma perspectiva comparada. São Paulo: Thomson Reuters, 2019.

MAZZOLA, Marcelo Leite da Silva. *Tutela jurisdicional colaborativa*: a cooperação como fundamento autônomo de impugnação. Curitiba: CRV, 2017.

MELLO, Marcos Bernardes. *Teoria do fato jurídico* – Plano da existência. 20ª Edição. São Paulo: Saraiva, 2014.

MENDES, Aluisio Gonçalves de Castro; POCHMANN DA SILVA, Larissa Clare. Breves considerações sobre desafios e perspectivas para a eficiência do cumprimento de sentença e do processo de execução no Brasil. In: BELLIZZE, Marco Aurélio et al. *Execução Civil*: novas tendências. São Paulo: Foco, 2022.

MENDES, Gilmar Ferreira; FERNANDES, Victor Oliveira. Constitucionalismo digital e jurisdição constitucional: uma agenda de pesquisa para o caso brasileiro. *Revista Brasileira de Direito*, Passo Fundo, vol. 16, n. 1, p. 1-33, Janeiro-Abril, 2020 – ISSN 2238-0604.

MITIDIERO, Daniel. *Cortes superiores e cortes supremas: do controle da interpretação, da jurisprudência ao precedente*. 2ª ed. São Paulo: Revista dos Tribunais, 2014.

MITIDIERO, Daniel. *Processo Civil*. São Paulo: Thomson Reuters, 2021.

MIZIARA, Raphael. Novas tecnologias e direito probatório: aspectos atuais sobre provas digitais. *Consultor Jurídico*, 8 de maio de 2022. Disponível em: https://www.conjur.com.br/2022-mai-08/raphael-miziara-aspectos-provas-digitais#_ftn9. Acesso em: 24 jun. 2022.

MOREIRA, Adilson José. *Tratado de direito antidiscriminatório*. São Paulo: Contracorrente, 2020.

NAVARRO, Susana Navas *et al*. *Inteligencia artificial: tecnologia/derecho*. Tirant Lo Blanch. Valencia, 2017.

NIVEN, Timothy; KAO, Hung-Yu. *Probing Neural Network Comprehension of Natural Language Arguments*. ACL (2019).

NOBLE, Safiya Umoja. *Algoritmos da opressão: como o google fomenta e lucra com o racismo*. Traduzido por Felipe Damorim. Santo André-SP: Rua do Sabão, 2021.

NOGUEIRA, Pedro Henrique. *Negócios jurídicos processuais*. 3ª ed. JusPodivm. Salvador, 2018, p. 175.

NOVA ferramenta de triagem de matérias repetitivas agiliza o fluxo processual, disponível em: http://www.stj.jus.br/sites/portalp/Paginas/Comunicacao/Noticias/Nova-ferramenta-de-triagem-de-materias-repetitivas-agiliza-o-fluxo-processual.aspx. Acesso em: 08 jul. 2022.

NÚCLEO de Justiça 4.0, Rio de Janeiro, disponível em: http://www.tjrj.jus.br/web/guest/noticias/noticia/-/visualizar-conteudo/5111210/94687967. Acesso em: 22 jun. 2022.

NUNES, Dierle. Fases de implementação de tecnologia no sistema brasileiro de precedentes qualificados. *Palestra proferida no Supremo Tribunal Federal no III Encontro Nacional sobre Precedentes Qualificados ocorrido em 24/9/2021*. Disponível em: https://www.youtube.com/watch?v=kYpzgc7HjI8. Acesso em: 05 jul. 2022.

NUNES, Dierle; ANDRADE, Tatiane Costa de. *Recuperação de créditos:* A Virada Tecnológica: A Serviço Da Execução Por Quantia Certa Teoria E Prática. Expert editora digital, e-book, 2021, disponível em: https://experteditora.com.br/recuperacao-de-creditos--a-virada-tecnologica/. Acesso em: 24 jun. 2022.

NUNES, Dierle; BAHIA, Alexandre; PEDRON, Flávio. *Teoria geral do processo*. 2ª ed. Salvador: JusPodivm, 2021.

NUNES, Dierle; BAHIA, Alexandre; PEDRON, Flávio Quinaud. *Teoria geral do processo:* com comentários sobre a virada tecnológica no direito processual. Salvador: JusPodivm, 2020.

NUNES, Dierle; LISBOA, Cícero. Primeiras impressões da arguição de relevância no recurso especial. *Conjur*, 18 de julho de 2022, disponível em: https://www.conjur.com.br/2022-jul-18/nunes-lisboa-emenda-constitucional-12522. Acesso em: 21 jul. 2022.

NUNES, Dierle; PAOLINELLI, Camilla. Acesso à justiça e virada tecnológica no sistema de justiça brasileiro: gestão tecnológica de disputas e o alinhamento de expectativas para uma transformação com foco no cidadão – novos designs, arquitetura de escolhas e tratamento adequado de disputas. *In*: NUNES, Dierle; WERNECK, Isadora; LUCON, Paulo Henrique dos Santos. *Direito processual e tecnologia*: os impactos da virada tecnológica no âmbito mundial. São Paulo: JusPodivm, 2022, p. 15-91.

NUNES, Dierle *et al*. *Visual Law*: o design em prol do aprimoramento da advocacia. Brasília: OAB Editora, 2021.

NUNES, Marcelo Guedes. *Jurimetria*: como a estatística pode reinventar o direito. 2ª ed. Revista dos Tribunais. São Paulo, 2019.

OECD, Artificial Intelligence in Society, (2019), Disponível em: https://nam12.safelinks.protection.outlook.com/?url=https%3A%2F%2Fread.oecd-ilibrary.org%2Fscience-and-technology%2Fartificial-intelligence-in&data=05%7C01%7C%7C8354ef912bc1451ad97808da716e758a%7C84df9e7fe9f640afb435aaaaaaaaaaaa%7C1%7C0%7C637947016484044203%7CUnknown%7CTWFpbGZsb3d8eyJWIjoiMC4wLjAwMDAiLCJQIjoiV2luMzIiLCJBTiI6Ik1haWwiLCJXVCI6Mn0%3D%7C3000%7C%7C%7C&sdata=PlHN6YvoXxqis19KJoAlwPh2NZj67ZSrJQkXqAkVaEc%3D&reserved=0society_eedfee77-en#page127. Acesso em: 29 jul. 2022.

O ENGENHEIRO do *Google* afastado por dizer que inteligência artificial da empresa ganhou consciência própria, notícia veiculada pelo G1 Tecnologia, advinda da BBC News, em 14 jun. 2022, disponível em: https://g1.globo.com/tecnologia/noticia/2022/06/14/o-engenheiro-do-google-afastado-por-dizer-que-inteligencia-artificial-da-empresa--ganhou-consciencia-propria.ghtml. Acesso em: 12 jul. 2022.

OLIVEIRA, Rafael Carvalho Rezende. *Curso de Direito Administrativo*. 9ª edição. Rio de Janeiro: Método, 2021.

O'NEIL, Cathy. *Weapons of math destruction: how big data increases inequality and threatens democracy*. New York: Broadway Books, 2016.

PEIXOTO, Fabiano Hartmann. *Inteligência artificial e direito*: convergência ética e estratégica. Vol. 5. Curitiba: Alteridade, 2020.

PEIXOTO, Fabiano Hartmann. Projeto Victor: relato do desenvolvimento da inteligência artificial na repercussão geral do Supremo Tribunal Federal, *Revista Brasileira de Inteligência Artificial e Direito*, Brasília, v. 1 n. 1, 2020.

PEIXOTO, Fabiano Hartmann; SILVA, Roberta Zumblick Martins da. *Metodologia para Projeto de Pesquisa & Desenvolvimento no Direito: machine learning* e repercussão geral no Supremo Tribunal Federal, Brasília, 2018.

PENROSE, Roger; HAMEROFF, Stuart. Consciousness in the universe: a review of the 'orch OR'theory'. *Physics of life Reviews,* v. 11, Issue 1, p. 38-78, 2014.

PEREIRA, João Sergio dos Santos Soares. As decisões administrativas robóticas: das possibilidades aos limites. *In:* SADDY, André. *Inteligência artificial e direito administrativo.* Rio de Janeiro: Centro para Estudos Empírico-Jurídicos (CEEJ), 2022.

PEREIRA, João Sergio dos Santos Soares. *E-personality* aos robôs dotados de inteligência artificial: uma terceira via de personalidade? Utopia ou realidade? A necessidade de discutir a interação entre seres humanos e robôs. *Revista de Direito e Novas Tecnologias,* São Paulo, v. 3, n. 7, abr./jun. 2020.

PEREIRA, João Sérgio dos Santos Soares. *A padronização decisória na Era da Inteligência Artificial:* uma possível leitura hermenêutica e da autonomia do Direito. Belo Horizonte: Casa do Direito, 2021.

PEREIRA, João Sérgio dos Santos Soares; MAFALDO, Denize Reginato. O acesso à justiça e o Metaverso: possíveis caminhos de integração. *In:* AZEVEDO E SOUZA, Bernardo de (coord.). *Metaverso e Direito:* Desafios e oportunidades. São Paulo: Thomson Reuters Brasil, 2022.

PGE lança plataforma para contratos inteligentes, disponível em: https://pge.ro.gov.br/2021/09/13/pge-lanca-plataforma-para-contratos-inteligentes/. Acesso em: 24 jan. 2022.

PGFN adota novo modelo de Carta de Cobrança inclusiva e mais acessível, notícia atualizada em 06 jun. 2022, disponível em: https://www.gov.br/pgfn/pt-br/assuntos/noticias/2022/pgfn-adota-novo-modelo-de-carta-de-cobranca-inclusiva-e-mais--acessivel. Acesso em: 24 jun. 2022.

PINHO, Humberto Dalla Bernardina; MAZZOLA, Marcelo. *Manual de mediação e arbitragem.* São Paulo: Saraiva, 2019.

PODER JUDICIÁRIO capixaba institui núcleos de Justiça 4.0, disponível em: http://www.tjes.jus.br/poder-judiciario-capixaba-institui-nucleos-de-justica-4-0/. Acesso em: 04 jun. 2022.

PONTES DE MIRANDA, Francisco Cavalcanti. *Tratado de Direito Privado.* 2ª Tiragem. São Paulo: Revista dos Tribunais, 2012, Tomo I.

PONTES DE MIRANDA, Francisco Cavalcanti. *Tratado de Direito Privado.* 2ª Tiragem. São Paulo: Revista dos Tribunais, 2012, Tomo III.

POSNER, Richard. *A economia da justiça.* Traduzido por Evandro Ferreira e Silva. Martins Fontes. São Paulo, 2007.

POSNER, Richard. *Problemas de filosofia do direito.* Traduzido por Jefferson Luiz Camargo. Martins Fontes. São Paulo, 2007.

RAMIÓ, Carles. *Inteligencia artificial y administración pública: robots y humanos compartiendo el servicio público.* Catarata. Madrid, 2019.

RIFKIN, Janet; KATSH, Ethan. *Online Dispute Resolution, Resolving Conflicts in Cyberspace.* Jossey-Bass, A Wiley Company, San Francisco, 2001.

RIJMENAM, Mark Van. *Step into the metaverse:* How the Immersive Internet will unlock a trillion-dolar social economy. New Jersey: Wiley, 2022.

RINALDI, Giovanni. *Smart contract: meccanizzazione del contratto nel paradigma della blockchain.* ALPA, Guido. Diritto e intelligenza atificiale. Pisa: Pacini, págs. 343-375.

RODRIGUES, Bruno Alves. *A inteligência Artificial no Poder Judiciário e a convergência com a consciência humana para a efetividade da Justiça*. São Paulo: Thomson Reuters Brasil, 2021.

RODRIGUES, Marcelo Abelha. *Manual de direito processual civil*. 5. ed. São Paulo: Revista dos Tribunais, 2010.

RODRIGUES, Marco Antonio. *Curso de processo administrativo e judicial tributário*. Salvador: JusPodivm, 2021.

RODRIGUES, Marco Antonio; TAMER, Maurício. *Justiça digital:* o acesso digital à Justiça e as tecnologias da informação na resolução de conflitos. Salvador: JusPodivm, 2021.

ROQUE, André Vasconcelos. *A tecnologia blockchain como fonte de prova no processo civil*. Disponível em: https://www.notariado.org.br/artigo-a-tecnologia-blockchain-como-fonte-de-prova-no-processo-civil-por-andre-vasconcelos-roque/. Acesso em: 24 jun. 2022.

SCARPINELLA BUENO, Cassio (coord.). *Comentários ao código de processo civil*. Vol. 4. Saraiva. São Paulo, 2017.

SCHWAB, Klaus. *Aplicando a quarta revolução industrial*. Edipro. São Paulo, 2018.

SEJNOWSKI, T.J. *A revolução do Aprendizado Profundo*. Rio de Janeiro: Alta Books, 2019.

SIEGEL, Eric. *Análise preditiva: o poder de prever quem vai clicar, comprar, mentir ou morrer*. Traduzido por Wendy Campos. Alta Books. Rio de Janeiro, 2018.

SILVA, Beclaute Oliveira. A prova: (in)subsistência dos modelos declaratório e constitutivo do fato. *In:* SILVA, João Calvão; CUNHA, Leonardo Carneiro da; CAPELO, Maria José, et al. (org.). *Processo civil comparado:* análise entre Brasil e Portugal. São Paulo: Forense, 2017.

SOLUÇÃO Serpro aprimora justiça? https://www.serpro.gov.br/menu/noticias/noticias-2020/solucao-serpro-aprimora-justica?utm_source=facebook&utm_medium=social&utm_campaign=pgfn&utm_content=20201207--materia-solucao-rating. Acesso em: 02 jul. 2022.

SOUSA, José Augusto Garcia de; PACHECO, Rodrigo Baptista; MAIA, Maurílio Casas (Orgs.). *Acesso à justiça na era da tecnologia*. São Paulo: JusPodivm, 2022.

STOCK, Brendon. *The first guide to conquer the blockchain word and invest in virtual lands, NFT (crypto art), altcoins and cryptocurrency plus best defi projects*. Blockchain NFT Academy, 2022.

STRECK, Lenio; ABBOUD, Georges. Dos processos nos tribunais e dos meios de impugnação as decisões judiciais. *In:* STRECK, Lenio Luiz; NUNES, Dierle; CUNHA, Leonardo Carneiro da. *Comentários ao Código de Processo Civil*. São Paulo: Saraiva, 2016.

STRECK, Lenio; ABBOUD, Georges. *O NCPC e os precedentes – afinal, do que estamos falando?* DIDIER JR., Fredie et al. (coord.). Precedentes. Salvador: JusPodivm, 2015, p. 175-182.

STRECK, Lenio Luiz. *O que é isto –* decido conforme minha consciência? 6. ed. Porto Alegre: Livraria do Advogado, 2017.

SUSSKIND, Richard. *Online courts and the future of justice*. United Kingdom: Oxford University Press, 2019.

SZABO, Nick. *Smart contracts*: building blocks for digital markets. Phonetic Sciences Amsterdam, 1996. Disponível em: http://www.fon.hum.uva.nl/rob/Courses/InformationInSpeech/CDROM/Literature/LOTwinterschool2006/szabo.best.vwh.net/smart_contracts_2.html. Acesso em: 19 jun. 2022.

TAMER, Mauricio; THAMAY, Rennan. *Provas no direito digital:* conceito da prova digital, procedimento e provas digitais em espécie. São Paulo: Thomson Reuters Brasil, 2020.

TARUFFO, Michele. Precedente e jurisprudência. *Revista de Processo*, São Paulo, ano 36, vol. 199, set. 2011, p. 142-143.

TAURION, Cezar. *Big data*. Brasport. Rio de Janeiro, 2015, p. 35.

TECNOLOGIA da informação e comunicação, justiça 4.0, disponível em: https://www.cnj.jus.br/tecnologia-da-informacao-e-comunicacao/justica-4-0/nucleos-de-justica-4-0/. Acesso em: 11 jul. 2022.

TEPEDINO, Gustavo; SILVA, Rodrigo da Guia. *Inteligência artificial e responsabilidade civil*. FRAZÃO, Ana; MULHOLLAND, Caitlin (coord.). Inteligência artificial e direito: ética, regulação e responsabilidade. Revista dos Tribunais. São Paulo, 2019.

THAMMY, Rennan; TAMER, Maurício. Provas digitais: conceito, princípios probatórios e provas digitais em espécie. *In*: RODRIGUES, Marco Antonio; FEIGELSON, Bruno; BECKER, Daniel (coord.). *Litigation 4.0*: o futuro da justiça e do processo civil vis-à-vis as novas tecnologias. São Paulo: Thomson Reuters, 2021.

THEODORO JÚNIOR, Humberto. *Teoria geral do processo civil, processo de conhecimento e procedimento comum*. vol. I. 57ª ed. rev., atual. e ampl. Rio de Janeiro: Forense, 2016.

THIERER, Adam. The Internet of Things and Wearable Technology: Addressing Privacy and Security Concerns without Derailing Innovation, *George Mason University*, February 18, 2015, p. 12-16. Disponível em: https://papers.ssrn.com/sol3/papers.cfm?abstract_id=2494382. Acesso em: 21 jun. 2022.

TJPE disponibiliza ferramenta de inteligencia artificial. Disponível em: https://www.tjpe.jus.br/-/tjpe-disponibiliza-ferramenta-de-inteligencia-artificial-para-execucao-fiscal-em-programa-de-formacao-do-cnj. Acesso em 03 jul. 2022.

TOFFOLI, José Antônio Dias; GUSMÃO, Bráulio Gabriel Gusmão (Coord.). *Inteligência artificial na Justiça* / Conselho Nacional de Justiça. Brasília: CNJ, 2019.

TRANSPARÊNCIA no Supremo Tribunal Federal, disponível em: https://transparencia.stf.jus.br/single/?appid=b282ea92-29ef-4eeb-9676-2b9615ddfabd&sheet=ef87c134-e-282-47ac-8f8f-813754f74e76. Acesso em: 14 abr. 2022.

TROCKER, Nicolò. *Processo civile e constituzione*. Milão: Giuffrè, 1974.

TUCCI, Rogério Lauria; CRUZ E TUCCI, José Rogério. *Devido processo legal e tutela jurisdicional*. São Paulo: Revista dos Tribunais, 1993.

TURING, Alan. *Computing Machinery and Intelligence*. Disponível em: https://academic.oup.com/mind/article/LIX/236/433/986238. Acesso em: 21 jun. 2022.

UC Business *Analytics R Programming Guide*, disponível em: http://uc-r.github.io/. Acesso em: 13 jul. 2022.

VALE, André Rufino do. *Argumentação constitucional:* um estudo sobre a deliberação nos tribunais constitucionais. São Paulo: Almedina, 2019.

VALE, Luís Manoel Borges do. A tomada de decisão por máquinas: a proibição, no Direito, de utilização de algoritmos não supervisionados. NUNES, Dierle; LUCON, Paulo Henrique dos Santos; WOLKART, Erik Navarro. *Inteligência artificial e direito processual: os impactos da virada tecnológica no direito processual.* 3ª ed. Salvador: JusPodivm, 2022, págs. 819-833.

VALE, Luís Manoel Borges do. A tomada de decisão por máquinas: a proibição, no direito, de utilização de algoritmos não supervisionados. NUNES, Dierle; LUCON, Paulo Henrique dos Santos; WOLKART, Erik Navarro. *Inteligência Artificial e direito processual: os impactos da virada tecnológica no direito processual.* JusPodivm. Salvador, 2020.

VALE, Luís Manoel Borges do. *O modelo cooperativo de processo: a necessidade de construção cooperativa do algoritmo para aplicação de precedente obrigatório.* Disponível em: https://www.jota.info/opiniao-e-analise/artigos/o-modelo-cooperativo-de-processo-18032019. Acesso em: 08 jun. 2022.

VALE, Luís Manoel Borges do. *Precedentes vinculantes no processo civil e a razoável duração do processo.* Rio de Janeiro: GZ, 2019.

VALE, Luís Manoel Borges do. Teoria tecnológica dos precedentes judiciais. NUNES, Dierle; WERNECK, Isadora; LUCON, Paulo dos Santos. *Direito processual e tecnologia: os impactos da virada tecnológica no âmbito mundial.* Salvador: JusPodivm, 2022.

VALE, Luís Manoel Borges do; SILVA JÚNIOR, Denarcy Souza e. *Recurso extraordinário e inteligência artificial: novas perspectivas.* Disponível em: https://www.jota.info/opiniao-e-analise/artigos/recurso-extraordinario-e-inteligencia-artificial-novas-perspectivas-07022019. Acesso em: 21 jun. 2022.

VALE, Sheyla Suruagy Amaral Galvão do. *A adequada construção dos precedentes judiciais e o problema da responsabilidade solidária dos entes federativos em matéria de saúde.* Rio de Janeiro: GZ, 2021.

VERONESE, Alexandre. *A quarta revolução industrial e blockchain: valores sociais e confiança.* A quarta revolução industrial: inovações, desafios e oportunidades Rio de Janeiro: Fundação Konrad Adenauer, abril 2020.

WOLKART, Erik. *Análise econômica do processo civil: como a economia, o direito e a psicologia podem vencer a tragédia da justiça.* Revista dos Tribunais. São Paulo, 2019.

ZANETI JR., Hermes. *A constitucionalização do processo:* o modelo constitucional da justiça brasileira e as relações entre processo e constituição. 2ª ed. São Paulo: Atlas, 2014.

ZANETI JR., Hermes. *Processo constitucional:* o modelo constitucional do processo civil brasileiro. Rio de Janeiro: Lumen Juris, 2008.

Diagramação eletrônica:
Linotec Fotocomposição e Fotolito Ltda., CNPJ 60.442.175/0001-80

Impressão e encadernação:
DEK Comércio e Serviços Ltda., CNPJ 01.036.332/0001-99

A.S. L10818-1